MANUEL TOMÁS ABAD ROBLES
FRANCISCO JAVIER GIMÉNEZ FUENTES-GUERRA

LA FORMACIÓN DEL ENTRENADOR DE JÓVENES FUTBOLISTAS

Título:	LA FORMACIÓN DEL ENTRENADOR DE JÓVENES FUTBOLISTAS.
Autores:	MANUEL TOMÁS ABAD ROBLES y FRANCISCO JAVIER GIMÉNEZ FUENTES-GUERRA
Editorial:	WANCEULEN EDITORIAL DEPORTIVA, S.L. C/ Cristo del Desamparo y Abandono, 56 41006 SEVILLA Tlfs 954656661 y 954920298 www.wanceulen.com infoeditorial@wanceulen.com
ISBN:	978-84-9993-270-5

Dep. Legal:
©Copyright: WANCEULEN EDITORIAL DEPORTIVA, S.L.
Primera Edición: Año 2012
Impreso en España: Publidisa

Reservados todos los derechos. Queda prohibido reproducir, almacenar en sistemas de recuperación de la información y transmitir parte alguna de esta publicación, cualquiera que sea el medio empleado (electrónico, mecánico, fotocopia, impresión, grabación, etc), sin el permiso de los titulares de los derechos de propiedad intelectual. Cualquier forma de reproducción, distribución, comunicación pública o transformación de esta obra solo puede ser realizada con la autorización de sus titulares, salvo excepción prevista por la ley. Diríjase a CEDRO (Centro Español de Derechos Reprográficos, www.cedro.org) si necesita fotocopiar o escanear algún fragmento de esta obra.

Agradecimientos

Normalmente cuando se lleva a cabo cualquier tipo de trabajo, muy pocas veces se hace sin la ayuda, apoyo o colaboración de alguien más, ya sea directa o indirectamente. Por este motivo queremos expresar nuestra gratitud a todas aquellas personas e instituciones que lo han hecho posible.

En primer lugar, deseamos agradecer la colaboración de la Diputación de Huelva, a través de su área de deportes. Además, esta investigación no hubiera podido realizarse sin la colaboración de los coordinadores de los Servicios Deportivos Agrupados de la provincia de Huelva, y sin la ayuda de los coordinadores de fútbol de los municipios de la Mancomunidad de la Costa de Huelva. En segundo lugar, no podemos olvidar, lógicamente, a los propios entrenadores encuestados ni a los expertos entrevistados. A todos ellos, nuestras más sinceras gracias.

En tercer lugar, queremos expresar nuestro agradecimiento a todos los profesores del Departamento de. Educación Física, Música y Artes Plásticasde la Universidad de Huelva, especialmente a los del área de Expresión Corporal. Por último, también nos complace agradecer la ayuda y colaboración prestada al personal de la Biblioteca Central de la Universidad de Huelva y, especialmente, al Servicio de Préstamo Interbibliotecario.

En el libro que a continuación se presenta empleamos los términos generales «entrenadores», «jugadores», «alumnos», «niños», «padres», etc., con los que nos estamos refiriendo indistintamente a entrenadores y entrenadoras, jugadores y jugadoras, alumnos y alumnas, niños y niñas, etc., siempre que no se indique lo contrario. Hemos tomado esta decisión con el fin de facilitar la lectura del texto, sin pretender con ello utilizar un lenguaje sexista.

ÍNDICE

INTRODUCCIÓN 17

CAPÍTULO I: EL FÚTBOL Y LA EDUCACIÓN 23
1. EL DEPORTE Y SUS POSIBILIDADES EDUCATIVAS 23
2. EL FÚTBOL EDUCATIVO 31
3. LA COMPETICIÓN Y LA EDUCACIÓN 36

CAPÍTULO II: LA INICIACIÓN AL FÚTBOL 39
1. FUNDAMENTOS DEL FÚTBOL COMO DEPORTE 39
   1.1. Descripción y caracterización del fútbol............................42
   1.2. Carácter de las habilidades en la práctica del fútbol.........44
   1.3. Implicaciones para su enseñanza 48
2. LA INICIACIÓN AL FÚTBOL 53
   2.1. Iniciación al fútbol: Concepto 53
   2.2. Características de la iniciación al fútbol 53
   2.3. Factores que intervienen en la iniciación al fútbol............56
   2.4. Fases o etapas de la iniciación al fútbol 60

CAPÍTULO III: MODELOS DE ENSEÑANZA DEL DEPORTE Y SU APLICACIÓN AL FÚTBOL. 65
1. MODELO TRADICIONAL DE ENSEÑANZA DEL FÚTBOL 66
   1.1. Características de la enseñanza tradicional del fútbol......66
   1.2. Necesidad de cambio en la enseñanza del fútbol..............73
2. MODELO COMPRENSIVO DE ENSEÑANZA DEL FÚTBOL 73
   2.1. Modelo de enseñanza comprensivo 80
   2.2. Modelo comprensivo (aplicación al fútbol).....................100
3. INVESTIGACIONES SOBRE LOS MODELOS DE ENSEÑANZA EN EL DEPORTE Y EN EL FÚTBOL 103
4. LA FORMACIÓN DEL ENTRENADOR, CLAVE EN LA ENSEÑANZA DEL FÚTBOL 108

CAPÍTULO IV: EL ENTRENADOR DE FÚTBOL Y SU FORMACIÓN............111
1. EL ENTRENADOR DE FÚTBOL 111
2. TIPOS DE ENTRENADOR 114
3. EL ENTRENADOR EN LA INICIACIÓN AL FÚTBOL......................116
4. LA FORMACIÓN DEL ENTRENADOR DEPORTIVO 118
5. LA FORMACIÓN DEL ENTRENADOR DE FÚTBOL......................129
6. EL ENTRENADOR DE FÚTBOL COMO FORMADOR...................143

CAPÍTULO V: EL ENTRENADOR EN LA INICIACIÓN: PERFIL, FORMACIÓN Y ENSEÑANZA DEL FÚTBOL **147**
    1.   DISEÑO Y PROCEDIMIENTO DE LA INVESTIGACIÓN 148
    2.   CONTEXTO Y SUJETOS DE LA INVESTIGACIÓN 150
        2.1. Contexto 150
        2.2. Sujetos 151
    3.   INSTRUMENTOS DE LA INVESTIGACIÓN 151
        3.1. El cuestionario 152
        3.2. La entrevista 157

CAPÍTULO VI: ANÁLISIS DE LOS RESULTADOS DE LA INVESTIGACIÓN **165**
    1.   ANÁLISIS DE LOS RESULTADOS DEL CUESTIONARIO 165
        1.1. Resultados procedentes del estudio estadístico descriptivo 165
        1.2. Resultados procedentes del estudio estadístico de correlación 190
    2.   ANÁLISIS DE LOS RESULTADOS DE LA ENTREVISTA 195

CAPÍTULO VII: TRIANGULACIÓN DE LOS RESULTADOS DE LA INVESTIGACIÓN **231**
    1.   INTRODUCCIÓN 231
    2.   TRIANGULACIÓN POR DIMENSIONES 232

CAPÍTULO VIII: CONCLUSIONES DE LA INVESTIGACIÓN **249**
    1.   LIMITACIONES DEL ESTUDIO 249
    2.   CONCLUSIONES 250
    3.   PERSPECTIVAS DE FUTURO 262

REFERENCIAS **263**

ANEXOS **285**
    Anexo 1. CUESTIONARIO 285
    Anexo 2. ENTREVISTA 296

ÍNDICE DE CUADROS

Cuadro 1. Valores que podemos desarrollar por medio del deporte, Parra et al. (2002)
Cuadro 2. Aspectos que el deporte puede aportar desde el punto de vista educativo, basado en Sáenz-López (1997); Giménez y Sáenz-López (2000)
Cuadro 3. Factores que determinan la enseñanza del deporte educativo, Giménez (2006)
Cuadro 4. Valores educativos de los deportes colectivos, según Sáenz-López (1997, p. 65)
Cuadro 5. Criterios metodológicos para la iniciación al fútbol, basado en Feu (2001)
Cuadro 6. Condiciones que ha de reunir la competición educativa, adaptado de Alcázar (1983), citado por Trepat (1999); Giménez y Sáenz-López y Sáenz-López (1997)
Cuadro 7. Aspectos comunes en los deportes colectivos, según De la Rica (1993a)
Cuadro 8. Características de los deportes de equipo, según Lasierra y Lavega (1993)
Cuadro 9. Aspectos fundamentales para el entrenamiento y la formación deportiva integral, según Arias (2008)
Cuadro 10. Objetivos de la iniciación deportiva al baloncesto según Giménez y Sáenz-López (2000), basado en Antón (1990)
Cuadro 11. Objetivos de la iniciación deportiva a los deportes colectivos y sus bases, Antón y Dolado (1997)
Cuadro 12. Conclusiones sobre la didáctica de la iniciación deportiva, modificado de M. A. Delgado (1994)
Cuadro 13. Etapas para la enseñanza del fútbol, según Gianni Leali, citado por J. Hernández (1988)
Cuadro 14. Modelo para la formación del jugador de fútbol, basado en Wein (1995)
Cuadro 15. Fases de iniciación deportiva al fútbol, basado en C. Romero (1997)
Cuadro 16. Fases de la enseñanza del juego del fútbol, Dugrand (1989), citado por Garganta y Pinto (1997)
Cuadro 17. Momentos característicos de la actividad deportivo-motora, según el C.O.N.I., citado por R. Cohen (1998)
Cuadro 18. Características del Modelo Tradicional de Enseñanza en relación con el fútbol como deporte de cooperación/oposición
Cuadro 19. Características del Modelo Tradicional de Enseñanza en relación con el alumno-jugador que aprende
Cuadro 20. Características del Modelo Tradicional de Enseñanza en relación con la intervención didáctica del educador-entrenador
Cuadro 21. Posibles limitaciones del Modelo Tradicional de Enseñanza del fútbol

Cuadro 22.	Cuadro comparativo de los Modelos de Enseñanza Alternativa de los Juegos Deportivos (tomado de Devís y Sánchez, 1996, p. 176)
Cuadro 23.	Comparación de los modelos técnico y comprensivo (TGfU), Butler (1998), citado por Butler y McCahan (2005)
Cuadro 24.	Directrices que forman el esquema de una sesión del modelo comprensivo, según Spackman (1985)
Cuadro 25.	Consideraciones a tener en cuenta por el entrenador deportivo, según Trepat (1999)
Cuadro 26.	Factores de respeto, según Halliwell (1994)
Cuadro 27.	Áreas, horas, créditos y prácticas de la formación de Técnicos Deportivos basado en el Real Decreto 594/1994
Cuadro 28.	Finalidades de las enseñanzas conducentes a la obtención de las titulaciones de técnicos deportivos según el Real Decreto 1913/1997
Cuadro 29.	Duración de las enseñanzas conducentes a la obtención de los títulos de Técnico Deportivo y Técnico Deportivo Superior en las especialidades deportivas de Fútbol y Fútbol Sala, basado en el R. D. 320/2000
Cuadro 30.	Duración y organización de las enseñanzas conducentes a la obtención de los títulos de Técnico Deportivo en las especialidades deportivas de Fútbol y Fútbol Sala, basado en el R. D. 320/2000
Cuadro 31.	Duración y organización de las enseñanzas conducentes a la obtención de los títulos de Técnico Deportivo Superior en las especialidades deportivas de Fútbol y Fútbol Sala, basado en el R. D. 320/2000
Cuadro 32.	Duración de las enseñanzas conducentes a la obtención de los títulos de Técnico Deportivo y Técnico Deportivo Superior en la especialidad deportiva de Fútbol, basado en el D. 12/2004
Cuadro 33.	Duración de los módulos de formación del Técnico Deportivo en Fútbol, bloque común: Primer Nivel, basado en el D. 12/2004
Cuadro 34.	Duración de los módulos de formación del Técnico Deportivo en Fútbol, bloque común: Segundo Nivel, basado en el D. 12/2004
Cuadro 35.	Duración de los módulos de formación del Técnico Deportivo en Fútbol, bloque específico: Primer Nivel, basado en el D. 12/2004
Cuadro 36.	Duración de los módulos de formación del Técnico Deportivo en Fútbol, bloque específico: Segundo Nivel, basado en el D. 12/2004
Cuadro 37.	Duración del bloque complementario de formación del Técnico Deportivo en Fútbol: Primer y Segundo Nivel, basado en el D. 12/2004
Cuadro 38.	Duración del bloque de formación práctica del Técnico Deportivo en Fútbol: Primer y Segundo Nivel, basado en el D. 12/2004
Cuadro 39.	Carga horaria total de la formación del Técnico Deportivo en Fútbol: Primer y Segundo Nivel, basado en el D. 12/2004
Cuadro 40.	Duración de los módulos de formación del Técnico Deportivo Superior en Fútbol: bloque común, basado en el D. 12/2004
Cuadro 41.	Duración de los módulos de formación del Técnico Deportivo Superior en Fútbol: bloque específico, basado en el D. 12/2004

Cuadro 42.	Duración del bloque complementario de formación del Técnico Deportivo Superior en Fútbol, basado en el D. 12/2004
Cuadro 43.	Duración del bloque de formación práctica del Técnico Deportivo Superior en Fútbol, basado en el D. 12/2004
Cuadro 44.	Duración del Proyecto Final del Técnico Deportivo Superior en Fútbol, basado en el D. 12/2004
Cuadro 45.	Carga horaria total de la formación del Técnico Deportivo Superior en Fútbol, basado en el D. 12/2004
Cuadro 46.	Ámbitos de formación del entrenador en la iniciación al fútbol según Giménez (2001)
Cuadro 47.	Servicios Deportivos Agrupados y entidades de población participantes
Cuadro 48.	Dimensiones e ítems del cuestionario
Cuadro 49.	Pasos seguidos en la aplicación de la entrevista
Cuadro 50.	Dimensiones del cuestionario
Cuadro 51.	Triangulación de la dimensión Personal
Cuadro 52.	Triangulación de la dimensión Variables Sociodemográficas
Cuadro 53.	Triangulación de la dimensión Experiencia Docente
Cuadro 54.	Triangulación de la dimensión Formación Inicial
Cuadro 55.	Triangulación de la dimensión Formación Permanente
Cuadro 56.	Triangulación de la dimensión Concepción Enseñanza del Fútbol
Cuadro 57.	Triangulación de la dimensión Metodología
Cuadro 58.	Triangulación de la dimensión Necesidades de Formación
Cuadro 59.	Propuesta de mejora del proceso de Enseñanza-Aprendizaje del fútbol

ÍNDICE DE FIGURAS

Figura 1.	Posibilidades o aspectos en los que podemos incidir con la práctica del fútbol educativo
Figura 2.	Descripción y caracterización del fútbol, como base para su enseñanza
Figura 3.	Pilares de la enseñanza del fútbol
Figura 4.	Esquema del modelo comprensivo, basado en Bunker y Thorpe (1982)
Figura 5.	Elementos que subyacen en el modelo compresivo
Figura 6.	Fundamentos teóricos de la formación del entrenador-educador de fútbol, basado en Giménez (2003a)
Figura 7.	Esquema general de la metodología de la investigación
Figura 8.	Etapas de la investigación, basado en Briones (1990)
Figura 9.	Dimensiones que componen la entrevista
Figura 10.	Principales resultados de la dimensión personal
Figura 11.	Principales resultados de la dimensión variables sociodemográficas
Figura 12.	Principales resultados de la dimensión experiencia docente
Figura 13.	Principales resultados de la dimensión formación inicial
Figura 14.	Principales resultados de la dimensión formación permanente
Figura 15.	Principales resultados de la dimensión concepción enseñanza del fútbol

Figura 16. Principales resultados de la dimensión metodología
Figura 17. Principales resultados de la dimensión necesidades de formación
Figura 18. Triangulación de la investigación

ÍNDICE DE TABLAS

Tabla 1. Dimensiones y valores del Alpha de Cronbach
Tabla 2. Servicios deportivos agrupados de la provincia de Huelva
Tabla 3. Edad
Tabla 4. Titulación académica
Tabla 5. Años como entrenador de fútbol base
Tabla 6. Máxima titulación de fútbol
Tabla 7. Importancia de haber sido jugador/a federado/a de fútbol
Tabla 8. Utilidad de los contenidos de desarrollo profesional
Tabla 9. Grado de acuerdo con el tiempo empleado en el curso de entrenadores
Tabla 10. Grado de acuerdo con el trabajo en grupo de los entrenadores
Tabla 11. Grado de acuerdo con el fútbol como medio educativo
Tabla 12. Grado de acuerdo con la utilización de métodos de enseñanza directivos
Tabla 13. Grado de acuerdo con programar la temporada antes de su comienzo
Tabla 14. Grado de acuerdo con el planteamiento de objetivos educativos
Tabla 15. Grado de acuerdo con el planteamiento de objetivos recreativos
Tabla 16. Grado de acuerdo con programar a partir de la evaluación inicial
Tabla 17. Grado de acuerdo con la satisfacción personal de entrenar
Tabla 18. Grado de acuerdo con la intención de entrenar en categorías superiores
Tabla 19. ¿Está dispuesto a seguir formándose?
Tabla 20. Dimensiones, categorías, subcategorías y frecuencias

ÍNDICE DE GRÁFICAS

Gráfica 1. Entidades de población participantes
Gráfica 2. Edad
Gráfica 3. Años como entrenador de fútbol base
Gráfica 4. Máxima titulación de fútbol
Gráfica 5. Importancia de haber sido jugador/a federado/a de fútbol
Gráfica 6. Grado de acuerdo con el tiempo empleado en curso de entrenadores
Gráfica 7. Grado de acuerdo con el fútbol como medio educativo
Gráfica 8. Grado de acuerdo con la utilización de métodos de enseñanza directivos
Gráfica 9. Grado de acuerdo con programar la temporada antes de su comienzo
Gráfica 10. Grado de acuerdo con el planteamiento de objetivos educativos
Gráfica 11. Grado de acuerdo con el planteamiento de objetivos recreativos
Gráfica 12. Grado de acuerdo con la satisfacción personal de entrenar

Gráfica 13.	Grado de acuerdo con la intención de entrenar en categorías superiores
Gráfica 14.	Edad y titulación académica
Gráfica 15.	Edad y titulación de fútbol
Gráfica 16.	Titulación académica e intención de entrenar en categorías superiores
Gráfica 17.	Categoría/s en la/s que entrena y la importancia de los resultados de las competiciones

INTRODUCCIÓN

La enseñanza del fútbol tiene gran importancia ya que éste es el deporte más practicado en España, tanto a nivel federativo como en los espacios escolares, tal como prueban estudios como los de González y Aznar (2007) y Nuviala (2003). Este gran campo de incidencia, nos debe hacer reflexionar sobre el gran número de chicos y chicas implicados y sobre sus consecuencias, tal como manifiestan Quinn y Carr (1998). Somos de la opinión de que el fútbol ha de ser enseñado de forma adecuada, entendiendo por adecuada, aquella forma de enseñar que es lo más educativa posible, es decir, que respeta las características del que aprende, la estructura interna del contenido que se enseña y, sobre todo, aquélla que favorece una formación integral de la persona, la cual debe hacer referencia a los distintos ámbitos de la persona: cognoscitivo, afectivo, social y motor. Creemos que, debido a múltiples factores, en muchas ocasiones la enseñanza de los deportes, incluido el fútbol, dista mucho de ser educativa. Sin embargo, pensamos que el fútbol como deporte tiene grandes posibilidades educativas, las cuales han de aprovecharse al máximo (salud mental y física, desarrollo motor, desarrollo cognoscitivo, socialización, vivencia de experiencias, emociones, etc.). En este sentido se expresa S. González (2009) cuando afirma que el fútbol posee una relevancia especial a nivel sociocultural e influye en la educación de muchos chicos y chicas. Abundando al respecto, Sabock y Chandler-Garvin (1986) concluyen contundentemente, que la prioridad número uno deben ser los niños y niñas que practican deporte.

En cuanto a la razón principal que nos ha empujado para llevar a cabo este trabajo ha sido la de acercarnos un poco más a la realidad de la enseñanza y el aprendizaje del fútbol. Pensamos que, a tal efecto, la figura del entrenador es clave, como una de las fuerzas más influyentes en el desarrollo de los niños y niñas (Jones, 1992). En este sentido Feltz (1992), citado por S. Jiménez (2008), tras realizar una investigación, señala que el 80% de los niños que se inician en el deporte, al poco tiempo lo abandonan. Entre las causas más destacadas aparece la actuación del entrenador, puesto que el 60% lo hace debido a su conducta punitiva, malos tratos, falta de refuerzos, prejuicios, entrenamientos excesivos y otros comportamientos negativos del entrenador. Todas estas conductas pueden ser paliadas de alguna forma a través de una adecuada formación. Como vemos, la figura del entrenador es de vital importancia y su formación, decisiva, por lo que es menester estudiarla, analizarla y, si es posible, mejorarla. El estudio sobre los entrenadores se justifica debido a que cada año más niños y niñas toman parte en el deporte organizado en todo el mundo (Gilbert y Trudel, 2004a). Estos mismos autores destacan que más de la mitad de los artículos publicados entre 1970 y 2001 relacionados con la ciencia del entrenamiento, y con el entrenador, hacen referencia al comportamiento de éste, mientras que otros temas tratados (la mayoría de las veces relacionados con el comportamiento del entrenador) fueron las características, el desarrollo de la carrera y los pensamientos de los entrenadores. Como podemos comprobar son pocos los trabajos dedicados a estudiar la formación de los entrenadores, con lo que parece necesario que este tipo de investigaciones sean cada vez más abundantes.

En nuestra opinión, el entrenador de fútbol base, no sólo es un docente (persona que enseña), sino, primordialmente, es un educador, que interviene en la formación y educación de chicos y chicas cuya edad va desde los 7/8 años a los 16 años, las cuales se corresponden con las categorías siguientes: Pre-benjamín, Benjamín, Alevín, Infantil y Cadete. Para Woodman (1993) el rol del entrenador de principiantes es el de asegurar el desarrollo y la maestría secuencial de las destrezas básicas, además de proporcionar diversión y participación. También considera Woodman que la buena calidad del entrenamiento asegura que todos los participantes tengan una gran satisfacción personal, independientemente de su mejora; y que la formación y desarrollo de los entrenadores constituyen la clave del entrenamiento de calidad. Por tanto, dada la importancia del papel de este entrenador/educador, pensamos que su formación ha de ser adecuada, para lo cual, creemos que ésta ha de tener muchas de las características que tiene la formación del profesorado en general y del profesorado en Educación Física en particular (consideración ésta defendida actualmente por la mayoría de los autores estudiosos del tema: Giménez, 2003a; Ibáñez y Medina, 1999; Moreno, 1997; y Stewart y Sweet, 1992, entre otros). Además, a lo anterior se une el hecho de que existen pocas investigaciones relacionadas con los entrenadores de fútbol en comparación con otros deportes, como el baloncesto (Gilbert y Trudel, 2004b). Por eso, pretendemos analizar la formación que tienen los distintos entrenadores que desempeñan su labor en el fútbol base, pero también otros aspectos relevantes para nosotros. En este sentido, nos interesa conocer las actitudes, pensamientos y opiniones acerca de elementos como los motivos que tienen los entrenadores para entrenar y enseñar en el fútbol base, metodología empleada por éstos, etc. También, pretendemos sacar a la luz las necesidades de formación que tienen aquéllos que se dedican a la enseñanza diaria del fútbol base.

Además del entrenador y de su formación, creemos que existe un aspecto esencial que va a hacer que la intervención del mismo sea más o menos educativa. Nos referimos a la metodología utilizada para transmitir los conocimientos relacionados con el fútbol. Por tanto, nos interesa también conocer y describir la metodología utilizada por los entrenadores de fútbol, a la vez que dilucidar, a la luz de los conocimientos e investigaciones disponibles en la actualidad, si desde el punto de vista educativo, ésta es la más idónea o no, y por qué. En este sentido, hemos de decir que en los últimos años están surgiendo otros modelos de enseñanza del deporte en general, y del fútbol en particular, que se ofrecen como alternativa al modelo tradicional de enseñanza del fútbol, y que, precisamente, hacen hincapié en aspectos educativos que muchas veces se olvidan en la enseñanza tradicional. Estos modelos están despertando gran interés por parte de diferentes autores, tanto nacionales (Castejón, 2005; Castejón, Giménez, Jiménez y López, 2003a y b; Contreras, 1998; Devís y Peiró, 1992; H. F. Martínez, 2001; Méndez 1999a; Ponce, 2007...), como extranjeros (Allison y Thorpe, 1997; Bunker y Thorpe, 1982; Gréhaigne, Richard y Griffin, 2005; Kirk y MacPhail, 2002; Rink, 1996; Wein 2005a y b...), lo cual hace que este tema tenga gran vigencia en la actualidad, ya que, desde el ámbito educativo, se consideran modelos de gran utilidad a la hora de conseguir las grandes finalidades educativas, así como las competencias básicas. Algunos de estos modelos están relacionados con la perspectiva constructivista del aprendizaje aplicada a la enseñanza de los deportes. Al respecto, destacaremos el hecho de que los principios constructivistas subyacen en la actual legislación educativa, con lo que la utilidad y la vigencia de estos modelos se ven así reforzadas.

No obstante, tal como ya afirmaba Jones (1990 y 1992), siguen siendo escasas las investigaciones que tratan acerca de la formación del entrenador de fútbol base, por lo que se hace necesaria la realización de nuevas investigaciones al respecto. Parece, pues, que necesitamos saber más acerca del conocimiento, formación y percepciones de quienes tienen tanta influencia sobre los jugadores de fútbol jóvenes que están en una etapa formativa de su desarrollo (Jones, 1992).

En definitiva, nuestro propósito es conocer la realidad de la enseñanza del fútbol y a la persona encargada de llevar a cabo esta tarea, que no es otra que el entrenador. En esta edad los niños y niñas están todavía en la Educación Primaria y/o principios de Secundaria, donde suelen darse los primeros contactos con los deportes, de ahí también nuestro enfoque predominantemente educativo. También pretendemos conocer cuáles son las claves en la formación de estos entrenadores, para poder así mejorar su cualificación. Por tanto, una vez constatada la realidad de la enseñanza del fútbol, la formación y aspectos relevantes del entrenador de fútbol, y una vez determinados los aspectos a mejorar, nos gustaría establecer unas consideraciones o propuestas para la mejora de la enseñanza del mismo. También nos encantaría que nuestro estudio sirviese de aliciente para futuras investigaciones relacionadas con nuestro tema de investigación. En suma, si tuviéramos que resumir en una frase el principal objetivo de nuestra investigación diríamos que pretende mejorar, en la medida de lo posible, la enseñanza del fútbol desde una perspectiva educativa.

Una vez comentado y analizado de forma resumida el tema objeto de estudio en la presente investigación, enumeramos a continuación los principales **objetivos** de la misma:

1. Establecer el perfil del entrenador de fútbol base.
2. Exponer los motivos que llevan a los entrenadores de fútbol base a dedicarse a esta labor.
3. Determinar las características que debe reunir el entrenador de fútbol base.
4. Analizar la formación y cualificación que tienen los distintos entrenadores de fútbol base.
   4.1. Precisar la formación inicial de los entrenadores de fútbol base.
   4.2. Concretar la formación permanente de los entrenadores de fútbol base.
   4.3. Exponer la experiencia docente que tienen los entrenadores de fútbol base.
   4.4. Explicar y analizar la utilidad de los contenidos de los cursos de entrenadores de fútbol base.
5. Describir y examinar la metodología de enseñanza aplicada por los entrenadores de fútbol base.
6. Identificar la concepción de la enseñanza del fútbol que tienen los entrenadores de fútbol base.
7. Establecer las necesidades de formación de los entrenadores de fútbol base.
8. Determinar y analizar las relaciones entre la edad, la titulación académica, la titulación de fútbol, las categorías en las que entrenan, los años entrenando de los entrenadores de fútbol base y las demás variables estudiadas.

A continuación, y como conclusión de esta introducción, exponemos los capítulos que vamos a tratar en nuestro trabajo, así como una breve referencia de las cuestiones tratadas en cada uno de ellos. De esta manera, en el

capítulo I nos referimos a las posibilidades educativas que tiene el deporte en general, y el fútbol en particular. Además trataremos el posible desarrollo de una competición educativa. En el **capítulo II** nos centramos en la etapa de formación de los deportistas, es decir, en la iniciación deportiva. Aquí tratamos temas como el concepto y las características de la misma, factores a tener en cuenta y fases o etapas en la iniciación deportiva en general, y en la iniciación al fútbol. También hablamos sobre el fútbol como deporte de colaboración/oposición, su descripción y caracterización y las implicaciones para su enseñanza. A continuación, en el **capítulo III** tratamos la cuestión referida a la metodología de enseñanza del fútbol, abordando los aspectos más destacados del método tradicional y comprensivo. Posteriormente, en el **capítulo IV**, nos centramos en el entrenador deportivo y en su formación, para, a continuación (**capítulo V**) tratar la formación del entrenador del entrenador de fútbol. El **capítulo VI** versa sobre el desarrollo de la investigación refiriéndose al diseño, contexto, sujetos e instrumentos de la investigación. En el **capítulo VII** exponemos y analizamos los resultados obtenidos con nuestro estudio, mientras que en el **capítulo VIII** se procede a su triangulación. Seguidamente, en el **capítulo IX**, presentamos las principales conclusiones del estudio, así como las limitaciones encontradas y las perspectivas de futuro de la misma. A continuación se relacionan las referencias bibliográficas y otras fuentes utilizadas, y, finalmente, anexamos el cuestionario y la entrevista de la investigación.

Capítulo I
EL FÚTBOL Y LA EDUCACIÓN

«La naturaleza quiere que los niños sean niños antes que hombres. Si pretendemos invertir este orden, produciremos frutas verdes sin jugo ni fuerza»
(Rousseau).

1. EL DEPORTE Y SUS POSIBILIDADES EDUCATIVAS

Son numerosos los autores [Arnold (1990); Cagigal, (1981); Casamort (1999); Castejón (2004b); Giménez y Sáenz-López (2000); Sáenz-López (1997); Seirul·lo (1992 y 1999b), etc.] que atribuyen al deporte la posibilidad de servir como un medio para la transmisión de capacidades, bien motrices, bien cognitivas o bien afectivas y sociales. Una vez dejado claro que el deporte puede ser un medio muy interesante para transmitir a nuestros alumnos y alumnas capacidades, conocimientos, valores, etc., tenemos que decir, coincidiendo con Castejón et al. (2003), que hay maneras de enseñar el deporte a las que se les debe dedicar más atención que otras, ya que ofrecen más posibilidades de conseguir el desarrollo integral de nuestros pupilos.

A continuación pasaremos a destacar las diferentes atribuciones que se le suele asignar al deporte, siempre, lógicamente, desde una perspectiva educativa.

Según Landsheere (1977), citado por Casamort (1999), la educación física y el deporte contribuyen fundamentalmente al desarrollo biomotriz, psicomotriz y sociomotriz, aunque no debemos olvidar su aportación a las áreas cognitiva (conocimientos teóricos) y socio-afectiva (valores, actitudes y normas). Además, como indica el propio Casamort (1999), aunque tradicionalmente la responsabilidad del desarrollo de estos ámbitos haya sido delegada a otras disciplinas de índole más intelectual, eso no significa que la educación física y el deporte no tengan nada que decir respecto a estos ámbitos (como creen algunas personas ajenas a la educación física y al deporte). De hecho, se ha reclamado desde hace mucho tiempo, y aún se reclama, la consideración de las aportaciones que desde nuestro campo se pueden hacer a los ámbitos cognitivo, afectivo y social de la persona.

Según Cagigal, (1981, p. 194), y en la misma línea que lo expuesto anteriormente, el principal objetivo que ha de cubrir la educación del ser humano es la de «*aprender a ser uno mismo*». Es decir, conocerse y saber vivir consigo mismo. Más adelante, nos sigue diciendo Cagigal, y basándose en los estudios de Piaget (1979), que las personas aprendemos a ser y a vivir gracias a que «*todos los mecanismos cognitivos se apoyan en la motricidad... El conocimiento es ante todo una acción sobre el objeto*». Incluso, además de la inteligencia y del pensamiento, el acto motor es muy importante para la adquisición y estructuración de otras capacidades del ser humano como pueden ser la relación con el medio, la adaptación a la realidad, capacidades senso-perceptivas, resultados académicos tradicionales (lectura, escritura, cálculo, etc., la agresividad, la ansiedad, el autoconcepto y la imagen del cuerpo, la comunicación, la sociabilidad, etc.), (Cagigal, 1981).

Para Cagigal es tan decisiva e importante la educación física y el deporte en la vida y en la educación de la persona que llega a defender «*la tesis de que una educación por el movimiento puede constituirse en uno de los núcleos fundamentales del sistema educativo en general*» (1981, p. 204).

Fraile (1997) manifiesta que en el deporte escolar han de primar la participación y la adquisición de una serie de valores educativos, siendo, como no podría ser de otra forma, el técnico el principal responsable de velar por esa filosofía. Este mismo autor esboza una serie de orientaciones educativas que exponemos a continuación:

1. El deporte debe facilitar el desarrollo de conductas saludables, relacionadas con la creación de hábitos higiénicos, de alimentación y de control en la realización de ejercicios.
2. También debe fomentar la formación en valores y actitudes positivas relacionadas con la actividad física y deportiva: respeto a los demás, compañeros, a las reglas o normas, al árbitro, solidaridad...
3. El deporte debe contribuir a una formación crítica respecto al consumo y publicidad de material deportivo, hacia la utilización de la imagen de los deportistas, etc.
4. Además debe hacer reflexionar sobre el modelo deportivo imperante basado en la actividad puramente competitiva, donde la búsqueda del resultado destaca sobre la participación.
5. La práctica deportiva debe fomentar los principios y valores que estén en consonancia con la no discriminación, es decir, debe estar abierta a todos.

Por su parte, Parra et al. (2002) hacen referencia a una serie de valores que podemos educar a través del deporte, los cuales aparecen distribuidos en diferentes dimensiones:

DIMENSIONES	VALORES
PERSONALIZACIÓN	Identidad. Autonomía personal. Responsabilidad. Toma de decisiones. Etc.
INTELECTUAL	El valor del hábito. La disciplina. Técnicas de trabajo intelectual. Etc.
SOCIALIZACIÓN	Dignidad de la persona. Libertad de expresión. Tolerancia. Convivencia democrática. Respeto a las normas. Relación con el medio. Etc.
ÉTICA	Solidaridad. Igualdad. Tolerancia. Paz. Etc.
ESTÉTICA Y VITALES	Salud. Calidad de vida. Etc.

Cuadro 1. Valores que podemos desarrollar por medio del deporte, Parra et al. (2002).

El deporte desde hace mucho tiempo ha venido ocupando un lugar predominante en el currículum de Educación Física, tanto en España como en otros países (Gréhaigne, Godbout y Bouthier, 1999 y Holt, Stream y García, 2002). Esto hace que su enseñanza sea enormemente importante, ya que, como hemos visto, el deporte puede ser un medio fundamental para educar a chicos y chicas. Hoy en día, aunque todavía tenemos que avanzar en muchos aspectos y cuestiones, parece que la sociedad es consciente de la importancia del deporte y de la educación física; como prueba de ello nos puede servir el papel, cada vez más relevante, que ha tenido la educación física como disciplina en los distintos currículos educativos.

En este sentido, el Real Decreto 1513/2006 por el que se establecen las enseñanzas mínimas de la Educación Primaria, nos dice que uno de los objetivos de esta etapa es *«valorar la higiene y la salud, aceptar el propio cuerpo y el de los otros, respetar las diferencias y utilizar la educación física y el deporte como medios para favorecer el desarrollo personal y social»* R. D. 1513/2006 (p. 43054). A continuación exponemos los aspectos más destacados de este Real Decreto respecto a la Educación Física y al Deporte.

De la educación física:

«La enseñanza de la Educación Física debe fomentar especialmente la adquisición de capacidades que permitan reflexionar sobre el sentido y los efec-

tos de la actividad física y, a la vez, asumir actitudes y valores adecuados con referencia a la gestión del cuerpo y de la conducta motriz. En este sentido, el área se orienta a crear hábitos de práctica saludable, regular y continuada a lo largo de la vida, así como a sentirse bien con el propio cuerpo, lo que constituye una valiosa ayuda en la mejora de la autoestima» R. D. 1513/2006 (p. 43075).

«De la misma manera, las posibilidades expresivas del cuerpo y de la actividad motriz potencian la creatividad y el uso de lenguajes corporales para transmitir sentimientos y emociones que humanizan el contacto personal» R. D. 1513/2006 (p. 43075).

Del deporte:

«La complejidad del fenómeno deportivo exige en el currículo una selección de aquellos aspectos que motiven y contribuyan a la formación del alumnado, tanto desde la perspectiva del espectador como desde la de quienes lo practican» R. D. 1513/2006 (p. 43075).

Por su parte, la Ley de Educación de Andalucía (LEA), 2008, en su artículo 51 de *promoción del deporte en edad escolar*, nos dice que «*la Consejería competente en materia de educación promocionará la implantación de la práctica educativa en los centros escolares en horario no lectivo, que tendrá, en todo caso, un carácter eminentemente formativo*» (p. 67).

De la importancia del deporte en la vida de la persona también nos habla El Código de Ética Deportiva del Consejo Superior de Deportes, el cual reconoce «*el deporte como una actividad sociocultural que enriquece la sociedad y la amistad…, permite a la persona conocerse, expresarse y realizarse mejor, desarrollarse, adquirir conocimientos prácticos y demostrar sus capacidades; el deporte hace posible la interacción social, es fuente de disfrute y aporta bienestar y salud*» (Consejo de Europa, 1996).

Por otra parte, debemos destacar también el hecho de que existen autores que han realizado un considerable esfuerzo por concretar las distintas contribuciones a las que el deporte educativo puede llevar. En este sentido, Sáenz-López (1997) y Giménez y Sáenz-López (2000) realizan una propuesta en relación con los distintos aspectos que puede aportar el deporte desde una perspectiva educativa. Estos aspectos se enuncian en función del ámbito de la persona al que haga referencia.

ÁMBITO COGNITIVO	- Favorecer el paso de las operaciones concretas al pensamiento hipotético-deductivo (Piaget) - Contribuir al desarrollo de los procesos en el alumno de comprensión, aplicación, análisis y síntesis - Mejorar la capacidad de inteligencia motriz que utiliza los mecanismos de percepción y toma de decisión ante una situación problema
ÁMBITO AFECTIVO	- Cubrir necesidades orgánicas de realizar ejercicio - Satisfacer necesidades lúdicas, aumentando la motivación por ser el deporte una forma de juego - Facilita la integración en el grupo o en el medio - Mejora la auto-identificación al conocer sus posibilidades, mejorar su autocontrol, aumentar la confianza en sí mismo o adquirir independencia - Desarrolla capacidades volitivas
ÁMBITO SOCIAL	- Desarrolla la socialización - Familiarización con el trabajo en grupo y en equipo - Respeto a oponentes, árbitros y reglas, produciendo una interesante transferencia a la vida real - Aprender a ganar y a perder
ÁMBITO MOTOR	- Desarrollar cualidades físicas como la resistencia, la fuerza, la velocidad y la movilidad articular - Desarrollar cualidades perceptivo-motrices como la coordinación, el equilibrio, la percepción o la lateralidad - Colaborar con la educación para la salud, mejorando el estado general de nuestro organismo

Cuadro 2. Aspectos que el deporte puede aportar desde el punto de vista educativo, basado en Sáenz-López (1997) y Giménez y Sáenz-López (2000).

Desde una perspectiva socio-filosófica Blake (1996), citado por Rodríguez, Díaz y Nájera (2001), hace referencia a que la educación física (también el deporte) fomenta el desarrollo de las siguientes capacidades: *espiritual*, ya que deja a la persona que manifieste sus sentimientos, emociones, conocimiento de sí misma, etc.; *moral*, porque los niños y niñas cuando realizan educación física y deporte ponen en juego valores personales, los cuales pueden ser positivos o negativos; *social*, en la medida en la que se favorecen las interacciones personales (comunicación, cooperación, etc.); *cultural*, porque los conocimientos y tradiciones se reflejan en las distintas actividades lúdicas y deportivas de una sociedad determinada. Como podemos comprobar, y según Rodríguez et al. (2001), la educación física y el deporte tienen implicaciones afectivas, sociales y culturales nada desdeñables, involucrando a la persona en lo individual y en lo colectivo. En este sentido, viene a colación la afirmación realizada por Cagigal (1985, p. 7), *«la persona en sí misma, con su adaptabilidad (no adaptación) a la vida en general, su forma de asumir jerárquicamente los valores»*, refiriéndose al principal objetivo de la educación.

Para Trepat (1999) son muy importantes los contenidos referidos a la actitud, los cuales pueden trabajarse cuando realizamos una iniciación deportiva adecuada. Dentro de estos contenidos va a distinguir entre actitudes, valores y normas.

Actitudes: Se trata de estados de ánimo expresados por la persona. Pueden ser adquiridas tanto consciente como inconscientemente y van a propiciar que la persona responda de una forma concreta ante un estímulo determinado.

Ejemplos:
- Actitud de disfrute del aspecto lúdico del movimiento.
- Actitud de aceptación de la victoria sin triunfalismos.
- Actitud de lucha contra las trampas.
- Actitud de ayuda mutua.
- Actitud de superación personal.
- Actitud de esfuerzo de colaboración con el árbitro.

- Actitud de valoración de la práctica deportiva como fuente constante de salud, recreación, felicidad y calidad de vida.

- Actitud de respeto hacia el adversario ganador o perdedor.

Valores: Hacen referencia a los principios normativos que rigen toda conducta.

Ejemplos:
- Deportividad.
- Nobleza.
- Valentía.
- Constancia.
- Espíritu de lucha y sacrificio.
- Cooperación.
- Colaboración.
- Compañerismo.

Normas: se trata de determinadas reglas que van a condicionar las conductas de las personas y que van a velar por el buen funcionamiento social.

Ejemplos: - Normas de corrección en la utilización del material y las instalaciones.

- Normas para la sensibilización por la conservación y el mantenimiento del material y las instalaciones.

> - Normas para la consolidación de hábitos higiénicos.
> - Normas internas.
> - Normas reglamentarias en juegos y deportes.
> - Pactos para el establecimiento de normas de juego.
> - Normas para la eliminación de actitudes de indisciplina.
> - Reglas para una vida deportiva sana.

En esta misma línea, Marcet (1999) hace, a nuestro parecer, una interesantísima reflexión cuando se pregunta sobre qué cosas podemos enseñar a través del deporte y cuando se refiere al papel de los padres para ayudar a sus hijos (nosotros pensamos que también podrían ayudar en el mismo sentido los entrenadores/educadores, directivos, etc.). Para este autor los padres pueden ayudar a sus hijos:

1. A pensar en los *«porqués»* y en los *«cómos»* de las cosas, a partir de los sucesos deportivos.
2. A sentar ideas aprovechando la receptividad del niño o niña hacia lo referente el tema.
3. A comprender que la ética deportiva debe estar presente en el deporte (nosotros pensamos que la ética ha de estar presente siempre en la vida de las personas).
4. A ser un espectador correcto (ser objetivo, respetar al contrario, etc.).

Cabe destacar también la visión que nos da Siedentop (2002) cuando nos habla de su modelo de Educación deportiva (*Sport Education*). Según este autor, éste trata de ayudar a los estudiantes para llegar a ser competentes, cultos y entusiastas: competentes porque ellos son jugadores conocedores de los juegos o deportes; cultos, en el sentido de que comprenden y valoran el deporte, y pueden distinguir entre buenas y malas prácticas deportivas; y entusiastas respecto a que participan y se comportan de forma que preservan, protegen y realzan la cultura deportiva.

Como corolario a este apartado podemos decir que según Cagigal (1985) la actividad física y el deporte tienen dos actitudes fundamentales: lo lúdico y lo agonístico. Para este autor, a lo largo de la historia de la humanidad parece haberse demostrado que estas dos actitudes han enriquecido al hombre, a pesar de que *«no se ha podido comprobar científicamente una relación causa/efecto entre el juego y la maduración de la personalidad»* (p. 8), y tampoco entre competición y crecimiento personal. Más tarde, Seirul·lo (1999b) añade a estas dos actitudes el valor «*eronístico*» que tienen las prácticas físicas y deportivas. Se trata de aquellas actividades que se realizan sin otra finalidad que el gusto o el placer que producen al hacerlas.

En resumen, tenemos que decir que *«por todo lo aquí expuesto, podemos asegurar que el deporte no solo tiene suficientes contenidos en su configuración para ser una actividad educativa, sino que posiblemente sea la realización humana que más puede estructurar la personalidad del que la practica»* (Seirul·lo, 1999b, p. 68). A continuación, y basándonos en Giménez (2006, p. 4), exponemos los factores a tener en cuenta en el deporte educativo y sus implicaciones educativas.

FACTORES	IMPLICACIONES EDUCATIVAS
EDAD INICIO	Sobre los 8-9 años No adelantar, y no buscar aprendizajes demasiado precoces
SELECCIÓN	Desterrada en el ámbito educativo Mismas oportunidades para todos
VALORES EDUCATIVOS	Necesidad de orientar la enseñanza en este sentido Buscar estrategias para conseguir su desarrollo Programar en cada sesión los valores a fomentar
METODOLOGÍA	Necesidad de cambio Utilidad de metodologías activas donde el alumno es mucho más responsable de su proceso de aprendizaje Entrenamiento integrado
PROCESO FORMACIÓN	A largo plazo desde el punto de vista psicomotriz A corto plazo desde el punto de vista de motivación, disfrute, desarrollo de hábitos...
ESPECIALIZACIÓN	Trabajo polivalente durante las etapas de iniciación práctica de diferentes deportes Trabajo de todas las posiciones
MEDIOS TÉCNICO-TÁCTICOS	Entrenamiento conjunto de la técnica y la táctica Implicación cognitiva del alumno en su aprendizaje
COMPETICIÓN	No buscar resultados Intrascendente que sirve principalmente de motivación hacia la práctica
JUEGO	Importancia de lo lúdico en todo el proceso de enseñanza-aprendizaje No todos los juegos valen, hay que diseñarlos de forma que trabajen realmente lo que pretendemos (situaciones reales)
REGLAS	Modificarlas en beneficio del practicante Adaptar el deporte al niño y no el niño al deporte

Cuadro 3. Factores que determinan la enseñanza del deporte educativo, Giménez (2006, p. 4).

2. EL FÚTBOL EDUCATIVO

En la actualidad, son numerosos los pedagogos, psicólogos, profesores, etc., que piensan que el deporte en general, y el fútbol en particular, constituye un elemento fundamental como medio para educar a las personas. Entre los defensores de esta postura destaca Coca (2002), para quien el fútbol es un elemento educativo de inestimable valor. Para este autor el fútbol, considerado como elemento educativo, proporciona a los niños y niñas una oportunidad única para crecer, tanto *hacia dentro* como *hacia fuera*. Hacia dentro en el sentido de que en el fútbol, por sus características (ver apartado correspondiente del presente trabajo) ayuda al niño a entender y a enfrentarse a la vida, ya que este deporte requiere la puesta en marcha de capacidades como la atención, la concentración, toma de decisiones, etc., las cuales, evidentemente, están a la orden del día en la vida cotidiana de cualquier persona, ya que «*estar atentos al juego es estar atentos a la vida*» (Coca, 2002, p. 37). Pero también el fútbol ayuda al niño y a la niña a crecer hacia fuera, ya que con la práctica del mismo los chicos y las chicas se dan cuenta de la necesidad que tienen de los demás, se comunican entre sí, sintiendo la dependencia que tienen de los demás. Todo esto converge en una socialización de la persona, lo cual, como es sabido, constituye uno de los objetivos básicos de toda educación. Siguiendo en la misma línea, este mismo autor nos sigue hablando de una serie de lecciones que los padres y los entrenadores pueden ofrecer a través del fútbol. No obstante, el autor insiste en que estas mismas lecciones pueden ir en sentido inverso, es decir, desde los niños y niñas, a través de la práctica del fútbol, hacia padres y entrenadores, porque, como sabemos, cualquier persona en cualquier momento puede aprender algo de cualquier otra persona. Las lecciones que elige Coca (2002) son las siguientes:

1. Atrevimiento: se trata de que el niño o niña tiene de por sí una gran valentía ante las cosas y situaciones, es decir, no tiene miedo a fallar. Esta actitud no debe ser reprochada por parte de los adultos, ya que podríamos quitarle además, de su iniciativa, una de los requisitos básicos para aprender, que no es otro que el *hacer voluntariamente*.

2. Actualización: en este sentido cabe destacar el hecho de que el niño vive en el presente, no piensa en un futuro, ni siquiera inmediato. El niño o niña que está jugando un partido de fútbol sólo piensa en el juego, no en que tiene que irse a casa porque tiene que estudiar o porque ya es tarde. El niño se involucra tanto en la actividad que se olvida de todo lo demás y no piensa en ello. Teniendo en cuenta esto el hecho de que muchos padres y madres tengan urgencias en que sus hijos lleguen a profesionales

lo antes posible constituye un error, ya que le están robando a sus propios hijos e hijas *su presente*, en definitiva, su vida.

3. Adaptación: el fútbol como deporte de cooperación/oposición de participación simultánea en espacio común, según J. Hernández (1994), ofrece a los niños y niñas que lo practican gran variedad de situaciones en las que constantemente tienen que percibir información, analizarla, seleccionarla, y tomar decisiones en función de ésta, además de intervenir motrizmente en cada una de ellas, con lo que requiere una gran adaptación de la conducta en función de las demandas de cada situación. En función de esta adaptación así será el desarrollo de su inteligencia.

4. Apropiación: se trata de que el niño o niña cuando juega se apropia del balón y lo hace suyo. Pero todos y todas quieren apropiarse del balón, lo cual origina constantes apropiaciones y pérdidas por parte de todos los participantes en el juego, lo cual permitirá a cada niño y a cada niña intentar dominar el balón, pero simultáneamente los chicos y las chicas van descubriendo su posibilidades y sus limitaciones, tanto las propias como las ajenas, lo cual es un gran aprendizaje, para el fútbol y también para la vida.

5. Apoyo: el fútbol, como decíamos más arriba, es un deporte de cooperación/oposición, lo cual hace que el niño o la niña que lo practique sienta, poco a poco y conforme a su maduración mental, la necesidad de apoyarse en los demás de su equipo y aprenda a cooperar y a colaborar con ellos para el logro de los mismos objetivos. Todo ello, contribuye a una socialización idónea.

Posteriormente, Coca (2005) nos dice que el fútbol puede contribuir al desarrollo de la personalidad de los jugadores de fútbol, no sólo durante las etapas de iniciación, formación o consolidación, sino que va mucho más allá, hasta que éstos terminen de jugar. En este mismo sentido, Boixadós, Valiente, Mimbrero, Torregrosa y Cruz, (1998) afirman que «*el proceso de socialización a través del deporte para la mayoría de las personas no termina en la adolescencia..., sino que, ya sea como practicantes de ejercicio físico o de deporte recreativo o ya sea como aficionados a espectáculos deportivos, el deporte continúa transmitiendo valores y actitudes a muchas personas adultas*» (p. 299). Para Sáenz-López (1997) los deportes colectivos, entre los que se encuentra el fútbol y a los que nosotros, siguiendo la clasificación de J. Hernández (1994), basada a su vez en la clasificación realizada por Parlebas (1981), preferimos denominar deportes de cooperación/oposición en los que la participación es simultánea y el espacio es común para los equipos participantes, tienen los valores educativos que se exponen:

- Aumento de la motivación
- Practicar deportes más populares
- Mejora de la condición física
- Máxima riqueza motriz
- Implica factores cognitivos
- Máximas dificultades perceptivas y decisionales
- Máxima exigencia táctica y estratégica
- Anticipación
- Sociabilidad
- Desarrolla capacidad de cooperación
- Coordinar acciones individuales con colectivas
- Respeto al oponente
- Contracomunicación motriz
- Canalizar positivamente competición

Cuadro 4. Valores educativos de los deportes colectivos, según Sáenz-López (1997, p. 65).

A continuación, y sin ánimo de ser exhaustivos, exponemos los diferentes aspectos educativos en los que podemos incidir a través de la práctica del fútbol, teniendo en cuenta los diferentes ámbitos de la persona sobre los que se incide y la posible interacción entre ellos.

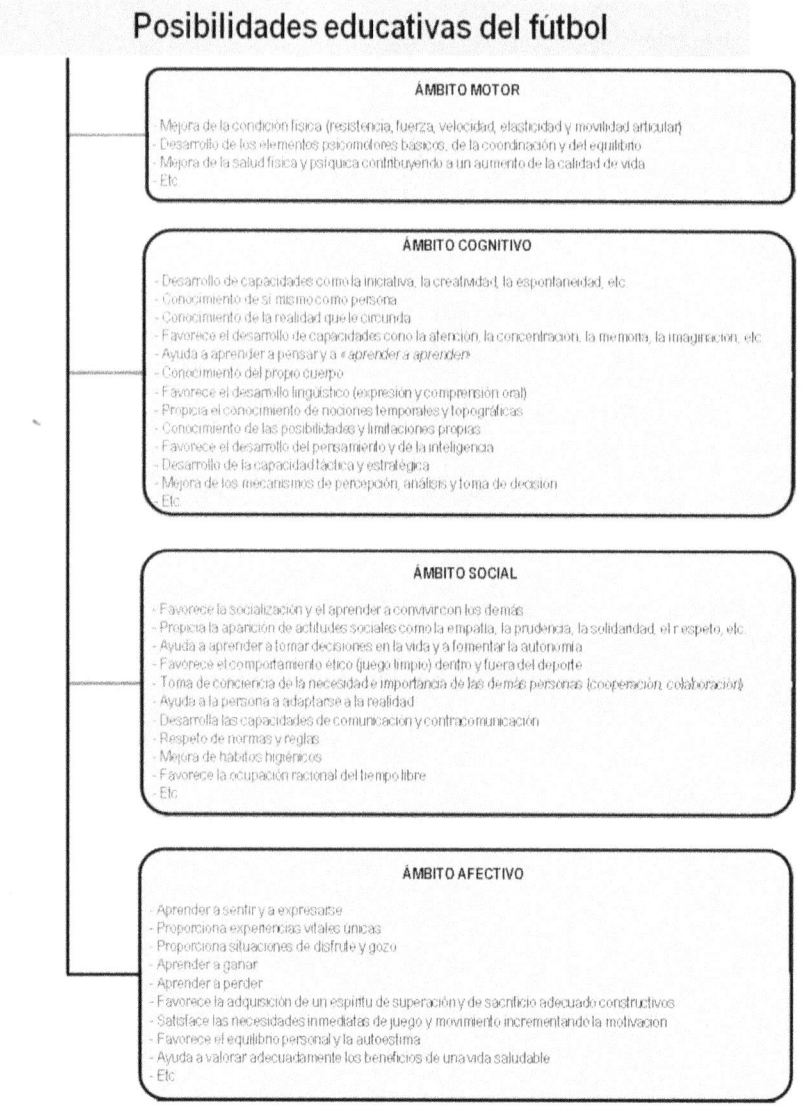

Figura 1. Posibilidades o aspectos en los que podemos incidir con la práctica del fútbol educativo.

Por su parte, Feu (2001) establece una interesante propuesta en la que se hace referencia a una serie de criterios para que la iniciación al balonmano sea educativa. Nosotros, a continuación, aplicaremos y adaptaremos aquellos criterios que sean válidos para el fútbol e, incluso, añadiremos alguno más.

1.	El acceso y la elección de cualquier deporte debe ser de forma libre y voluntaria
2.	Los objetivos y metas deben ser coincidentes y complementarios de la educación física escolar (Fraile, 1997)
3.	Evitar la especialización temprana
4.	La práctica debe adaptarse a las capacidades motrices, cognitivas y socioafectivas del alumno evitando cualquier forma de discriminación por razones de sexo, raza, nivel de habilidad, etc.
5.	Proponer materiales, tareas y situaciones significativas para el alumno, favoreciendo la relación de los nuevos aprendizajes con situaciones y experiencias previas
6.	Plantear situaciones de superación de dificultad creciente y progresiva de forma que sea un reto alcanzable para el niño
7.	Utilizar predominantemente una pedagogía basada en el juego, de manera que el niño se exprese de forma lúdica y creativa
8.	Utilizar los juegos con normas para el diseño de situaciones específicas que potencien la mejora de los contenidos a trabajar
9.	Ofrecer una práctica multideportiva, enriqueciendo así el acervo cultural y motor de los practicantes
10.	Debemos potenciar la colaboración y la participación del alumno para conseguir los objetivos propuestos
11.	Ofrecer una competición enfocada hacia el proceso y no hacia el producto
12.	Plantear tareas de dificultad perceptiva y de decisión de forma creciente y progresiva
13.	Proporcionar experiencias con opciones abiertas a la toma de decisiones y a la reflexión para la elaboración de las respuestas
14.	Trabajar sobre el mecanismo de ejecución cuando aparezcan problemas graves en la ejecución técnica
15.	Ofrecer al niño situaciones que faciliten el reconocimiento de los elementos y reglas del juego de una forma global
16.	Utilizar predominantemente los estilos de enseñanza que impliquen cognitivamente a los jugadores
17.	Ofrecer un conocimiento de los resultados orientado hacia las intenciones técnico-tácticas correctas
18.	Favorecer la práctica contextualizada, en las que las situaciones que se propongan tengan gran semejanza con el juego real

Cuadro 5. Criterios metodológicos para la iniciación al fútbol, basado en Feu (2001).

3. LA COMPETICIÓN Y LA EDUCACIÓN

Como decíamos más arriba el deporte tiene una serie de aspectos que son inherentes a él, ya que si despojáramos a las prácticas deportivas de alguno de estos elementos, el deporte no sería deporte, sino que sería otra cosa. Uno de estos aspectos, siguiendo a Cagigal (1985) y a Seirul·lo (1999b), es el componente agonístico del que es casi imposible separar al deporte, ya que cuando se realiza una actividad deportiva casi siempre se compite en oposición a algo (entorno o medio), frente a alguien (adversario) o contra uno mismo. La competición es, por tanto, un ingrediente esencial del deporte, y por ese motivo, no puede separarse del deporte educativo (De la Rica, 1993b). Por tanto, el problema, pensamos, no está en el espíritu competitivo propiamente dicho que fomenta la práctica deportiva, sino en encauzar adecuadamente la competición para que ésta sea educativa, es decir, para que pueda preparar para la vida, porque la vida, no nos engañemos, no es un camino de rosas carente de fracasos, dificultades y hostilidades. Según Giménez y Sáenz-López (1996, p. 139):

> La competición en sí no es negativa, sino su mala interpretación y aplicación en la enseñanza...podemos utilizar la competición como medio educativo cuando no priman los resultados, cuando participan todos, cuando nos sirve como mejora del aprendizaje de nuestros alumnos y cuando no especializamos en edades tempranas en una modalidad deportiva.

Gordillo (1992) manifiesta que con niños y niñas, nunca ha de priorizarse el resultado de las competiciones, y que deberíamos utilizar la competición no como un objetivo en sí misma, sino como un medio a través del cual educar a nuestros pupilos. También Arias (2008) considera interesante emplear la competición como un medio de aprendizaje. Por su parte, Cárdenas (2006) nos dice al respecto que al planificar el proceso formativo de los deportistas es menester considerar la competición como un medio importante para conseguir el fin que nos proponemos.

Nosotros somos partidarios de una competición educativa, cuya principal preocupación sea la de educar a la persona que realiza deporte y no la de tener grandes resultados deportivos, obtener marcas deportivas inalcanzables, beneficios económicos cuantiosos, etc. Como podemos comprobar, este tipo de competición pertenece a la concepción del deporte para el rendimiento y para el espectáculo, mientras que la competición educativa se acerca más a la concepción del deporte como elemento formador de la persona.

Entonces, podemos aprovechar, tal como nos sugieren Águila y Casimiro (2000) y también Giménez y Sáenz-López (2000), que los niños y niñas en edad escolar se sienten atraídos por todo aquello que le suponga un riesgo o un reto y que les gusta demostrar sus habilidades y lo que son capaces de hacer. Al respecto, pensamos que la competición deportiva, dentro de un contexto educativo, puede tener grandes beneficios para la persona que participa en ella. En este sentido Blázquez (1999a) manifiesta que cuando aceptamos el deporte estamos implícitamente aceptando la competición, y al mismo tiempo reconocer que ésta puede tener valores educativos. Para Trepat (1999) estos aspectos educativos pueden estar relacionados con la afirmación de la propia personalidad, el espíritu de lucha, la cooperación y la colaboración, la superación personal, la integración en el equipo, el autocontrol, el saber ganar, el saber perder, etc. Ahora bien, *«ganar no lo es todo... En definitiva, la competición es buena, pero no se puede ganar a cualquier precio»* (Trepat, 1999, p. 107).

Por otro lado, Cruz, Boixadós, Torregrosa y Mimbrero (1996) llevan a cabo una investigación en fútbol tras la cual concluyen que no se puede afirmar que la simple participación en competiciones deportivas constituya una actividad deportiva, aunque tampoco podemos sacar la conclusión de que la trampa y el engaño en la actividad deportiva sean un problema extendido. Aluden, además a la necesidad de más investigaciones al respecto. En esta línea, Arnold (1990, p. 58) nos habla de *«escepticismo, porque son escasos o nulos los datos empíricos que muestren un nexo positivo entre el desarrollo de cualidades admiradas y una participación en los deportes»*. También Devís (1995) habla de que no está muy claro que la práctica deportiva desarrolle en los chicos y chicas valores deseables. En nuestra opinión, la competición por sí misma, no es ni buena ni mala, será la forma de participar y organizar dicha actividad la que la hará más o menos educativa. Por eso desde nuestra humilde posición hacemos una llamada de atención a todos los responsables implicados: asociaciones, federaciones, directivos, padres, entrenadores, etc. El deporte, para ser educativo tiene que cumplir unas orientaciones educativas básicas, encauzadas a través de las instituciones y personas nombradas anteriormente (Cruz et al., 1996 y Giménez, 2006).

A modo de conclusión, una vez hemos convenido sobre las posibilidades educativas del deporte y de la competición, es menester establecer, al menos con carácter general, cuáles son las condiciones que debe reunir la competición para que ésta pueda considerarse formativa. Basándonos en Alcázar (1983), citado por Trepat (1999); Giménez y Sáenz-López (1996); y Sáenz-López (1997), y añadiendo algunas aportaciones propias, exponemos algunas consideraciones importantes a la hora de proponer competiciones deportivas para los niños y niñas en edad escolar.

1. La competición ha de estar destinada a todos los niños y niñas, independientemente de su sexo, raza, facultades físicas y psíquicas, etc.
2. No debe comportar riesgos para salud, tanto a nivel físico como psíquico
3. Ha de adaptarse a las características físicas, psicológicas y afectivas de los niños y niñas, teniendo siempre en cuenta sus intereses
4. En las competiciones debe existir gran variedad
5. No deben tener estructuras demasiado rígidas, pudiendo los niños y niñas tomar decisiones en algunos aspectos
6. Han de utilizarse como medio de aprendizaje y no como fin
7. Han de estar programadas y dirigidas por personal cualificado
8. Han de ser motivadoras para los chicos y chicas que participan en ella
9. Se deben realizar agrupando a los niños y niñas según su edad, su grado de maduración y su nivel de destreza deportiva
10. Han de propiciar oportunidades de conseguir éxito a todos los participantes
11. Tienen que favorecer la participación, la cooperación y el espíritu deportivo o «juego limpio»
12. En la medida de lo posible, no deben verse afectadas por las presiones de los adultos
13. Han de educar a los chicos y a las chicas a saber ganar sin triunfalismos, pero también a saber perder sin dramatismos

Cuadro 6. Condiciones que ha de reunir la competición educativa, adaptado de Alcázar (1983), citado por Trepat (1999); Giménez y Sáenz-López (1996); y Sáenz-López (1997).

A continuación, y una vez realizadas las sugerencias y consideraciones relacionadas con el deporte (y dentro de éste el fútbol) y la educación, abordaremos, en el capítulo siguiente, aquellas cuestiones relacionadas con la iniciación deportiva y con el fútbol como deporte.

Capítulo II
LA INICIACIÓN AL FÚTBOL

> *«La vida de un niño es como un trozo de papel en el que todos los que pasan dejan una señal»*
> (Proverbio chino).

1. FUNDAMENTOS DEL FÚTBOL COMO DEPORTE

Antes de comenzar a describir y a caracterizar el fútbol como deporte, nos gustaría destacar la gran relevancia que tiene éste en nuestro país, y más concretamente, en los niños y niñas, y sus posibles consecuencias. Nos referimos a que el fútbol es el deporte más practicado en España, posiblemente con el mayor número de licencias federativas y con el mayor número de practicantes, tanto en el ámbito federativo y educativo, como en el recreativo. Al respecto, Zabala, Viciana y Lozano (2002) encuentran, no sólo que el deporte es el contenido con mayor presencia en el currículum de Educación Física en la E.S.O., sino que, además, el fútbol es el deporte más utilizado de todos y el preferido por alumnos y alumnas. Tal como exponíamos al principio de este trabajo, este hecho hace que la enseñanza de éste cobre especial relevancia, ya que al abarcar a gran cantidad de chicos y chicas, sería menester que dicha enseñanza fuera lo más adecuada posible. Nos referimos a una enseñanza del fútbol que también eduque a nuestros alumnos-jugadores.

Centrándonos ya en la clasificación de los deportes y en el fútbol, tenemos que decir que, y basándonos en la clasificación que realiza Parlebas (1996), podemos encuadrar al fútbol dentro del grupo de deportes denominados *sociomotrices*, en los que existe incertidumbre en los compañeros y en los adversarios, pero no en el medio, el cual es estable. Por tanto, estaríamos hablando de un deporte de cooperación/oposición o deporte de equipo en el que los miembros de cada equipo colaboran entre sí, bien para conseguir los objetivos propios, bien para neutralizar las acciones de los contrarios (Ibáñez, 2000). Además, siguiendo las sugerencias de Parlebas (1996), en el desarrollo del juego del fútbol se dan relaciones de *comunicación motriz* y cooperación (entre los compañeros del mismo equipo) y relaciones de *contracomunicación motriz* u oposición (con los adversarios). Siguiendo en la misma línea que el autor anterior, J. Hernández (1994) nos habla de deportes de cooperación/oposición, en los que dos equipos, formados cada uno por el mismo número de jugadores, se enfrentan entre sí. De esta manera, en este grupo de deportes se encontrarían todos los denominados deportes colectivos. Además, también va a diferenciar, dentro de este grupo de deportes y en función del uso del espacio y de la forma de participación, tres subgrupos, los cuales son:

- Subgrupo en el que están los deportes en los que los participantes ocupan espacios separados y cuya participación es alternativa. Como ejemplos podemos citar el voleibol y el balonmano.

- Subgrupo en el que entrarían aquellos deportes que se llevan a cabo en un espacio común, compartido por ambos equipos, y en los que la participación sigue siendo alternativa. Como ejemplos tenemos el frontón por parejas, el squash por parejas, etc.

- Subgrupo en el que estarían los deportes en los que el espacio es común para los dos equipos y la participación simultánea. En este grupo entrarían deportes como el baloncesto, el hockey, el fútbol, etc. Según F. Jiménez (1994, p. 207) en este tipo de deportes «*se desarrollan situaciones cambiantes continuamente, en las que el jugador en función del móvil, los compañeros, los adversarios, el espacio y las reglas del juego, ha de estar continuamente tomando información, elaborando y realizando respuestas adaptadas y creando a su vez nuevas situaciones*».

Por otra parte, siguiendo a Bayer (1986), pueden destacarse seis aspectos comunes en los deportes colectivos.

ASPECTOS COMUNES EN LOS DEPORTES COLECTIVOS
a. Un móvil u objeto esférico, que puede ser lanzado por el jugador
b. Un espacio o terreno de juego, más o menos grande, en el interior del cual se desarrolla el partido
c. Una meta que atacar o defender
d. Compañeros que impulsan el avance del balón
e. Adversarios a los que hay que vencer
f. Reglas que hay que respetar, variables según los juegos

Cuadro 7. Aspectos comunes en los deportes colectivos, según Bayer (1986).

Para Lasierra y Lavega (1993), los deportes de equipo de cooperación/oposición, se caracterizan por la presencia de jugadores, compañeros que colaboran para conseguir un mismo fin, ante unos adversarios que en igualdad numérica persiguen el fin opuesto.

Según Antón y López (1989), de los deportes colectivos podemos destacar las siguientes características:

1. Todas las acciones están determinadas por la solución táctica, lo cual es debido a las relaciones que se establecen en el juego entre sus componentes: compañeros, adversarios, balón, objetivos a alcanzar (portería) y terreno de juego.
2. La actividad deportiva (interacción) se realiza en cooperación directa con los compañeros de juego y en oposición a los adversarios.
3. Esta interacción conduce a la utilización de acciones individuales inteligentes.
4. El concepto de espacio varía constantemente al igual que las situaciones de juego (variabilidad).
5. Existe una gran cantidad de combinaciones de movimientos (simultáneas o sucesivas) y acciones motoras colectivas o en grupos. Esto hace que la dinámica de juego no permita acciones preestablecidas, salvo excepciones, y que difícilmente el jugador puede reproducir exactamente en su desarrollo.

Gréhaigne y Godbout (1995 y 1997) y Gréhaigne, Godbout y Bouthier (1997) nos dicen que los deportes de equipo (*team games*) nos ofrecen las siguientes características indisociables:

- Relación estrecha de fuerza. Un grupo de jugadores enfrentado a otro grupo, luchando por o para intercambiar un objeto (normalmente un balón), donde existe una relación de oposición, la cual es central en los deportes de equipo.
- Selección de habilidades motrices. Los jugadores deben dominar cierto rango de respuestas motoras, algunas habilidades y destrezas básicas (correr, saltar, etc.) y otras más específicas y elaboradas (lanzar, driblar, etc.). Dada una situación, teniendo en cuenta el tiempo disponible y su grado de dominio de las diferentes destrezas o habilidades técnicas, el jugador tiene que decidir cuál es la más apropiada.
- Elecciones tácticas y estratégicas individuales y colectivas. Se trata de decisiones explícitas e implícitas, tomadas por el grupo, sobre la base de un marco común de referencia, en orden a derrotar a los oponentes.

Respecto a los juegos de invasión (*invasion games*), definidos por Bedford (1990, p. 31), «*como aquellos que requieren que un equipo invada el área de juego del otro equipo en orden a anotar un punto o puntos*», es decir, deportes de cooperación/oposición de espacio común y participación simultánea (como el fútbol), Gréhaigne et al. (1999) establecen cuatro nociones esenciales, que se dan al mismo tiempo en este tipo de deportes: 1. Oposición a oponentes. 2. Cooperación con compañeros. 3. Ataque sobre el campo contrario. 4. Defensa del campo propio.

También Lasierra y Lavega (1993) enumeran las siguientes características de los deportes de equipo.

CARACTERÍSTICAS DE LOS DEPORTES DE EQUIPO
- Presentan una **estructura de duelo** en la que se enfrentan dos equipos en igualdad numérica
- Se dan cita siempre en **escenarios estandarizados**
- Los **imperativos temporales** están muy definidos
- Normalmente existe una **manipulación del material**

Cuadro 8. Características de los deportes de equipo, según Lasierra y Lavega (1993).

Por su parte, Moreno, Fuentes, Del Villar, Iglesias y Julián, (2003) nos dicen que debido al carácter dinámico y cambiante de este tipo de deportes, la eficacia se ve mediatizada por el análisis previo de la situación de juego y por la toma de decisión.

Una vez descritos y caracterizados los deportes de equipo o colectivos, y dentro de éstos los de espacio común y participación simultánea, pasamos a hablar concretamente del fútbol.

1.1. DESCRIPCIÓN Y CARACTERIZACIÓN DEL FÚTBOL

Siguiendo a Castelo (1999, p. 31) podemos definir el fútbol *como «deporte colectivo que opone dos equipos formados por once jugadores en un espacio claramente definido, en una lucha incesante por la conquista del balón, con la finalidad (objetivo) de introducirlo el mayor número de veces posible en la portería adversaria (marcar gol) y evitar que éste entre en la suya propia (evitar gol)».*

En cuanto a lo que se refiere a la estructura básica del fútbol, al igual que los demás deportes de colaboración-oposición de espacio común y participación simultánea, cabe destacar que se compone de, según Bayer (1986), adversarios, compañeros, pelota, terreno de juego (zonas fijas y zonas variables), porterías y reglas. En el mismo sentido se expresa J. Hernández (1994) cuando identifica como parámetros al reglamento/reglas, espacio de juego y sociomotor, técnica o modelo de ejecución, comunicación motriz, el tiempo deportivo y la estrategia motriz. F. Jiménez et al. (1999) destacan también una elevada cantidad de elementos; a saber: móvil, compañeros, adversarios y metas espaciales a defender y/o atacar. En definitiva, y siguiendo a autores como F. Jiménez (1994), López y Castejón, (1998a), podemos citar como elementos estructurales de los deportes de colaboración-oposición los siguientes:

- Objetivos: la consecución o no de los mismos está condicionada por el reglamento.
- Reglamento: se trata de un elemento determinante de la acción de juego, ya que éste va a diferenciar unos deportes de otros (Lorenzo y Prieto, 2002).
- Espacio: se trata de que, normalmente, existe un espacio de juego delimitado y distintos niveles de organización interna, donde se lleva a cabo la acción.
- Tiempo: hace referencia a que la actividad se desarrolla siempre teniendo en cuenta el factor temporal en el que se produce, el cual también puede tener diferentes niveles de organización.
- Móvil (generalmente un balón): se trata de un elemento fundamental en el deporte, ya que a través de él se pueden conseguir los objetivos marcados.
- Adversarios: intentan conseguir los objetivos del deporte, para lo cual colaboran entre sí. Los adversarios tienen los mismos objetivos que los compañeros por lo que se generará una situación de oposición entre todos estos.
- Compañeros: se trata del grupo antagonista del anterior, con lo que también tienen unos objetivos comunes a conseguir, para lo cual es necesaria la colaboración entre ellos. Al respecto Bayer (1986), afirma que la colaboración es un aspecto relevante en los deportes colectivos o de colaboración/oposición, ya que en éstos cada jugador debe ayudar a sus compañeros y comunicarse con ellos en función de un objetivo común.

Como podemos ver, los elementos de colaboración y oposición en estos deportes son muy importantes y, más aún, cuando añadimos el hecho de que se produzca en un espacio común y a través de una participación simultánea de los interventores. Esta consideración, entre otras, ha hecho que numerosos autores, al tratar el tema de la enseñanza-aprendizaje de estos deportes, hayan puesto especial interés en que a la hora de diseñar tareas, actividades o situaciones de enseñanza se tengan en cuenta todos los elementos estructurales de los deportes de colaboración-oposición, fundamentalmente el hecho de que en este tipo de deporte existan compañeros y adversarios que interaccionan. En este sentido se expresan Konsag, Döbler y Herzog (2000, p. 25) cuando nos dicen que *«el jugador debe enfrentarse constantemente al sistema de referencia compañeros-contrarios-balón-espacio de juego-finalidad de la acción- y sus propias condiciones de rendimiento. Por esta razón, los métodos y medios de entrenamiento, así como las formas de ejercicio y juego deben estar dirigidos siempre hacia estas exigencias complejas de la actividad de competición».* Al respecto también se expresa F. Jiménez (1994) cuando nos advierte de que es importante que las situaciones pedagógicas se diseñen teniendo en cuenta los elementos estructurales nombrados (especialmente el móvil, los compañeros y los adversarios), facilitando así la transferencia de los aprendizajes al juego real. Por tanto, el modelo pedagógico ha de basarse en contenidos donde aparezcan los distintos elementos de la estructura global del juego juntamente, es decir, las relaciones entre jugador-balón-adversario y compañero (Bayer, 1986).

En relación, pues, con su estructura se puede definir el fútbol como *«un deporte colectivo donde se produce una interacción motriz en un contexto y en unas condiciones dadas entre los participantes, como consecuencia de la presencia de compañeros y adversarios, utilizándose un espacio común (estandarizado y sin incertidumbre) y con una participación simultánea mediante una cooperación/oposición y con unos objetivos o metas a alcanzar»* (C. Romero, 2005, p. 9).

1.2. CARÁCTER DE LAS HABILIDADES EN LA PRÁCTICA DEL FÚTBOL

En nuestro intento de descripción del fútbol como deporte y con la intención de abundar en su caracterización, a continuación haremos referencia a algunas de las clasificaciones de las habilidades y destrezas deportivas, centrándonos en las que aluden al grado de control del sujeto sobre las habilidades y la influencia del ambiente sobre el sujeto que las realiza.

Singer (1980), citado por Ruiz (1994, pp. 98-99), distingue entre: *habilidades de carácter autorregulado*, donde el ejecutante puede decidir cuándo empezar, acabar y el ritmo de ejecución a llevar; y *habilidades de regulación externa o de carácter mixto*, en las que existe influencia de las condiciones ambientales, de forma que es difícil realizar la habilidad en cuestión sin tener en cuenta las fluctuaciones ambientales o del contexto. Un ejemplo de las primeras podría ser un pase en corto en fútbol sin oposición directa, mientras que un pase con oposición de un adversario sería un ejemplo claro del segundo tipo de habilidades según este autor. En la misma dirección, Poulton (1957), citado por Moreno, Oña y Martínez (1999), va a distinguir *entre habilidades motoras cerradas*, en las que el deportista sabe de antemano lo que se va a encontrar en cada momento de su ejecución, y *habilidades motoras abiertas*, en las que el sujeto no sabe lo que se va a encontrar en su ejecución debido al condicionamiento del medio. En el primer caso podríamos citar ejemplos como el lanzamiento de disco en atletismo, el tiro al blanco, etc., mientras que la esgrima, el tenis de mesa, el fútbol, etc., podrían considerarse como habilidades motoras abiertas.

Por tanto, coincidimos con Ruiz (1994, p. 100) cuando afirma *«que los deportes de conjunto* (como el fútbol) *son de carácter abierto, porque es difícil que se repitan las mismas acciones, una y otra vez; es más, se trata de que el oponente conozca lo menos posible cómo actuaremos»*, y con Rieder y Fischer (1990) cuando se refieren a los juegos deportivos como *situaciones de acciones abiertas*, las cuales exigen a los deportistas aspectos como flexibilidad, espontaneidad, actitud continua para tomar decisiones y una buena capacidad de reacción.

Knapp (1979, p. 149) nos va a hablar también de *habilidades habituales o predominantemente motrices*, en las que estarían habilidades que *«el conformarse con una secuencia estándar de actos motores es lo más importante»*; y de *habilidades con predominio perceptivo*, las cuales se caracterizarían por actividades que *«en todo momento la actividad motriz ha de estar regulada por la situación externa y ajustarse a ella»*. Además, entre estos dos extremos estarían las demás habilidades.

Resumiendo lo expuesto más arriba, podemos decir que el fútbol es una tarea o actividad perceptiva, abierta y de regulación externa donde la secuencia de movimientos es desconocida y variable, lo cual implica una gran exigencia cognitiva, que debe tenerse muy en cuenta en su enseñanza, como veremos más adelante.

Entonces, si el fútbol es un deporte que se caracteriza por su carácter abierto, no podemos, o no debemos, enseñarlo como si se tratase de una tarea cerrada, lo cual ocurre cuando centramos la enseñanza-aprendizaje de este deporte en la técnica (enseñanza tradicional), incidiendo casi exclusivamente, de esta manera, en el mecanismo de ejecución, menoscabando la necesidad de trabajar los mecanismos de percepción y decisión, cosa que se produce cuando empleamos el modelo de enseñanza tradicional o técnico. En este sentido, Singer (1986), citado por F. J. Moreno et al. (1999) nos dice refiriéndose a las habilidades abiertas, que *«estas acciones requieren que el actuante se anticipe y tome decisiones sobre la adaptación de la respuesta en un breve período de tiempo. Están guiadas exteriormente, en cuanto la situación marca el paso de la persona. A pesar de haberse establecido planes, debe existir un sentido de adaptación ante los posibles incidentes cambiantes o no previstos»* (p.12). Autores como Morcillo, Cano y Martínez (2006) y C. Romero (2005) nos dicen que el fútbol es un deporte muy complejo en el que la incertidumbre es muy alta (incertidumbre en compañeros y adversarios, multitud de soluciones posibles, etc.), donde el jugador se encuentra permanentemente en la tesitura de resolver situaciones-problema.

En relación con lo expuesto anteriormente, Cárdenas, Conde y Ortega (1999) y Cárdenas y López (2000) nos apuntan que los deportes de colaboración-oposición, como tareas abiertas que son, se caracterizan por desarrollarse en un entorno extremadamente variable en el que los interventores en el juego tienen que adaptar sus conductas a la inestabilidad producida por el móvil, los compañeros y por los adversarios. Es decir, existe una gran incertidumbre que va a condicionar el comportamiento de los jugadores. Este hecho significativo ha llevado a autores como Vanek y Cratty (1972), citados por Castelo (1999), a denominar a estos deportes como *deportes de situación*, ya que las características que presenta cada situación van a condicionar los comportamientos motores de los jugadores, exigiendo de éstos, en todo momento, una adaptación a la variabilidad contextual.

Otro argumento que nos puede servir para conceptuar y caracterizar al fútbol como tarea abierta, de regulación externa y predominantemente perceptiva, es el que esgrime Yagüe (en Giraldez, Yagüe y Cuadrado, 2001, p. 18) cuando nos dice que *«El fútbol es un deporte eminentemente táctico, generador de problemas cognitivos a los jugadores, producidos por las situaciones y los contextos de juego permanentemente cambiantes que se suceden ininterrumpidamente ya sea en ataque o en defensa»*; y también C. Romero (2005), cuando nos dice que *«se necesita de una inteligencia para resolver las situaciones complejas del juego»* (p.7); y Metzler (1987), citado por Morcillo (2004a, p. 32), al precisar, respecto al fútbol, que *«se trata de resolver en el acto, entre varios y simultáneamente, cascadas de problemas no previstos a priori en su orden de aparición, su frecuencia y su complejidad»*. En los deportes de equipo el jugador debe saber adaptarse constantemente a cada una de las variadas y continuas situaciones que van surgiendo a lo largo del juego (Lasierra y Lavega, 1993). Esta realidad descarta la posibilidad del jugador de dar respuestas estereotipadas y hace necesaria una constante toma de decisiones, tanto individuales como grupales y colectivas, para poder adaptar la actuación del jugador-grupo-equipo a las necesidades concretas de cada situación de juego (Sainz, Llopis y Ortega, 2005a). Parece adecuado, pues, siguiendo a Lasierra y Lavega (1993, p. 31), «*introducir progresivamente al jugador en este tipo de situaciones*».

Por otra parte, hemos de decir que son numerosos los autores que han estudiado las diferentes fases de la acción motriz intentando aplicarlas a la enseñanza de los deportes (Gentile, 1972; Marteniuk, 1976; Rigal, 1986, citados por Ruiz, 1994; y Mahlo, 1981). En un intento por resumir y concretar las distintas fases y mecanismos propuestos por los distintos estudiosos del tema, podemos decir que en el actor motor se distinguen los siguientes mecanismos: mecanismo de percepción, mecanismo de decisión y mecanismo de ejecución. Pero debemos tener en cuenta que en el fútbol, no sólo consiste en habilidades de ejecución, sino que las perceptivas y las de decisión (conocimiento táctico del juego) tienen gran importancia (Morcillo, 2004a), a veces, más que las primeras. De nada sirve realizar un pase ejecutado impecablemente, si no hay ningún compañero que lo pueda recibir. Un partido raramente consiste en la aplicación simple de combinaciones tácticas aprendidas previamente durante el entrenamiento. En realidad, en un encuentro, la oposición genera lo inesperado, haciendo necesaria la adaptación a los obstáculos derivados de la confrontación, Gréhaigne y Godbout (1995). Según estos mismos autores, estas consideraciones hacen necesaria una renovación en la enseñanza de los deportes de equipo.

Entonces, si relacionamos estos mecanismos del acto motor con el carácter variable y abierto que caracteriza las situaciones motrices de las que se compone el fútbol, podemos decir que la información (percepción) es muy compleja, la toma de decisión, muy alta, y la ejecución, básica (De la Rica, 1993b). También obtendremos, siguiendo a Sarasa (2002), las siguientes características del fútbol:

- Situaciones del juego con continuas e innumerables variaciones.
- Importancia de la participación de los mecanismos de percepción y decisión.
- El jugador que percibe y decide correcta y rápidamente disminuye la incidencia negativa de un discreto nivel de ejecución.

Como podemos ver, y a modo de conclusión de este apartado, a la hora de enseñar un deporte como el fútbol, es primordial tener en cuenta las características de éste desde una perspectiva global, es decir, desde el juego real en sí, ya que como dice Parlebas, 1996, en F. Jiménez et al. (1999, p. 780), «*en el juego, el maestro del juego, no es el maestro, sino el juego mismo*».

A continuación exponemos esquemáticamente los diferentes aspectos comentados a lo largo de este apartado.

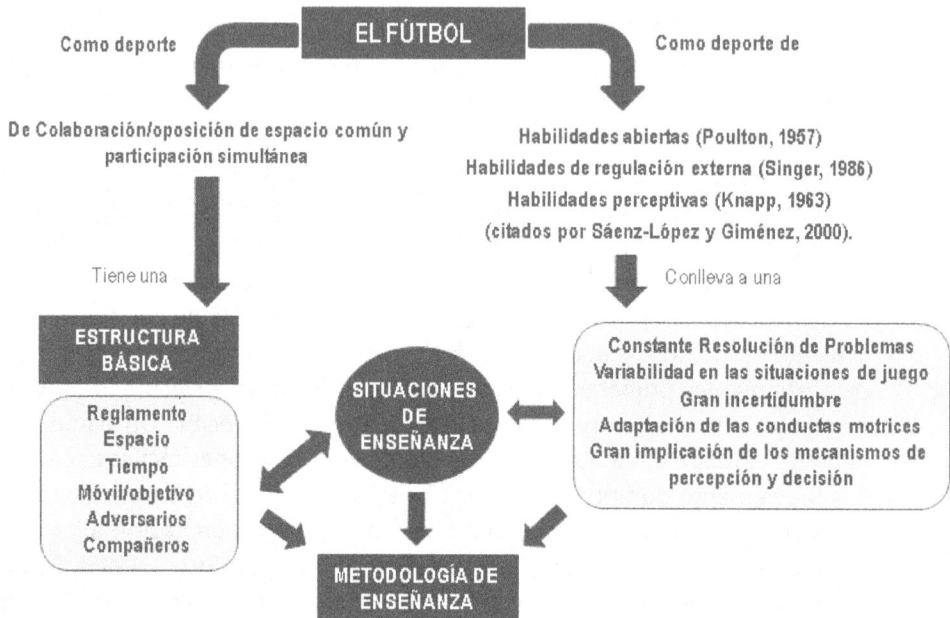

Figura 2. Descripción y caracterización del fútbol, como base para su enseñanza.

1.3. IMPLICACIONES PARA SU ENSEÑANZA

Todas las cuestiones expuestas anteriormente nos llevan a establecer una serie de posibles implicaciones a tener en cuenta en la enseñanza del fútbol, las cuales pasamos a explicar a continuación.

1. Adaptación del fútbol al niño. Si decimos que el niño no es un adulto en miniatura, todos estaremos de acuerdo; por tanto, sus características psicológicas, fisiológicas, anatómicas, intereses, motivaciones, etc., son diferentes a las de una persona adulta; entonces, ¿por qué no adaptar el fútbol y su enseñanza a sus peculiaridades infantiles, propias de su edad, desarrollo biológico y madurativo? En este sentido nos recuerda Solana (2004) que el niño tiene que ser el verdadero protagonista del proceso. Una vez estamos de

acuerdo en la necesidad de adecuar la enseñanza del fútbol al chico (y no al revés, como ha venido siendo habitual), nos tendríamos que preguntar ahora: ¿qué debemos adaptar? Siguiendo las consideraciones realizadas por diferentes autores, referentes a la adaptación de la enseñanza del deporte en general, y del fútbol en particular, destacamos los siguientes elementos:

a) Equipamiento: de acuerdo con Arias (2008) el equipamiento adulto no es el más adecuado para los niños y niñas. Debemos, pues, utilizar balones con menor tamaño y peso (de otros deportes o de fútbol nº 4) con baja presión de inflado, sobre todo en categorías pequeñas (R. Cohen, 1998). También se puede aumentar el número de metas, incrementar o disminuir su tamaño, incluso podrían convertirse en móviles (Méndez, 1999b).

b) Espacio de juego: es conveniente reducir el terreno de juego para buscar una mayor participación y un mayor protagonismo, lo cual redundará positivamente en un aumento de la motivación intrínseca e interés por el fútbol. También se pueden delimitar espacios de juego de forma diversa e introducir normas relacionadas con el espacio, según convenga (Méndez, 1999b).

c) Jugadores (adversarios y compañeros): a medida que disminuimos el número de jugadores se incrementan las posibilidades de participación de los mismos. También se puede variar el número de jugadores para crear superioridad o inferioridad numérica, según nos interese. Además, se puede establecer el rol del jugador neutro, quien colabora indistintamente con ambos equipos. (Méndez, 1999b).

d) Tiempo: se trata de la utilización de la duración de las tareas en función de nuestros objetivos. Se puede limitar el tiempo para llevar a cabo un ataque, el tiempo de posesión del balón, aumentar los períodos de descanso, etc.

e) Reglas: para Velázquez (2002) iniciar a un chico o chica en un deporte manteniendo las reglas *«oficiales»* es *«una barbaridad pedagógica difícilmente injustificable»* (p.2), debido a que éstos no están preparados para tal complejidad y porque eso conlleva que se produzcan fracasos, lo cual puede tener efectos negativos. Parece, pues, adecuado ir introduciendo progresivamente las reglas, de manera que la complejidad del juego se incremente poco a poco. De esta forma las normas, además de ser un contenido de aprendizaje deportivo, también se utilizan como un recurso didáctico (C. Martínez, 1996; Velázquez, 2002). Incluso se puede variar el sistema de anotación, para estimular o ciertos comportamientos técnico-tácticos, lo cual coincide con los planteamientos de Morcillo (2004a).

f) Situaciones de enseñanza (juegos, actividades jugadas, etc.): somos de la opinión de que los rasgos y las características de las situaciones de enseñanza van a ser de vital importancia. Si como veíamos anteriormente, el fútbol es una actividad perceptiva, abierta y de regulación externa, parece conveniente que las situaciones de enseñanza, juegos, etc., que planteemos para su enseñanza, deben estar en íntima relación con estas consideraciones. Se trataría de contextualizar su enseñanza (situaciones reales) y de la transferencia de los aprendizajes. Según Morcillo et al. (2006) deberíamos diseñar las situaciones de entrenamiento lo más próximas posible a la lógica interna del fútbol, tal como se juega. Sería «*entrenar y "jugar" para desarrollar lo que el juego demanda*» (p.7). Para F. Jiménez (2001) la problemática respecto a las situaciones de enseñanza para los deportes colectivos se resume en dos problemas: uno, diseñar situaciones de enseñanza que respondan a la estructura de estos juegos; y dos, realizar una adecuada progresión de la complejidad de las mismas.

g) Adaptar la dificultad: en este sentido, parece lógico ir de lo simple a lo complejo. Según Gómez y Lorenzo (2006) al analizar las acciones de juego, tiene gran importancia la toma de decisiones y el número de estímulos presentes durante el juego. Por tanto, estos elementos deben aparecer en nuestra propuesta de tareas, comenzando por las acciones más elementales que componen el juego colectivo (1x1, 2x1...). En este sentido, Famose (1992) nos dice que la progresión en la dificultad de las tareas es una de las acciones más importantes que realizamos en la enseñanza de las habilidades motrices. En este sentido, este mismo autor manifiesta que tareas muy fáciles o muy difíciles no ayudan a motivar a los alumnos hacia la práctica, mientras que aquellas tareas con un nivel de dificultad óptima favorecen el aprendizaje y la motivación de los chicos y chicas. Viciana (1999a), en relación con la progresión en el aprendizaje deportivo, propone ir desde la ayuda técnica a la corrección reglamentaria, desde la situación táctica sencilla al juego real, desde la facilitación física al aumento del trabajo físico y de menor a mayor complejidad perceptiva, de decisión y de ejecución.

h) Volumen e intensidad de entrenamiento: se debe adecuar a la edad y a las características de los chicos y chicas.

i) La competición: hoy en día, la mayoría de los autores (Cárdenas, 2006; Velázquez, 2002; Wein, 1995 y 1998) piensan que si hay que adaptar el deporte al niño, su máximo exponente, como es la competición, también ha de adaptarse.

2. Resolución de problemas. Según Viciana (1999a) el aprendizaje deportivo es más motivador y eficaz si utilizamos una técnica de enseñanza de indaga-

ción o resolución de problemas. En este sentido, Fraile (2005, p. 1) dice: «*El fútbol es uno de los deportes que se basan en habilidades abiertas... Esto nos exige preparar a los jugadores para responder ante diferentes acciones que implican incertidumbre, variedad e improvisación... En base a esto, considero que el estilo de enseñanza más adecuado para el trabajo táctico es la resolución de problemas*».

3. Metodología de enseñanza. En relación con el punto anterior, tenemos que decir que abogamos por una enseñanza del fútbol basada en modelo de enseñanza comprensivo, por diversas razones, entre las cuales destacamos la de que permite enseñar en condiciones muy próximas al juego real, y no enseñar otras cosas, que por sí tienen poca o ninguna relación con nuestro deporte. En este sentido, y como acertadamente expone C. Romero (2005) el fútbol es eminentemente táctico, ¿por qué no enseñarlo a partir de la táctica?

1.3.1. Algunas implicaciones para la enseñanza del fútbol desde el prisma del aprendizaje motor.

Desde el ámbito cognitivo es necesario tener en cuenta una serie de aspectos que van a influir en el proceso de enseñanza-aprendizaje. Algunos de estos elementos son: las ideas y experiencias previas del niño, la ZDP de Vygotsky, los aprendizajes significativos, la motivación, utilización del juego como medio de enseñanza, esquema motor y variabilidad en la práctica.

1. Aprendizajes significativos y funcionales. Tareas relacionadas con el contexto real de juego y con la transferencia de los aprendizajes.
2. Importancia de las ideas y experiencias previas. Según C. Romero (2005) de lo que los jugadores ya conocen y de lo que son capaces de hacer en el momento de emprender nuevos aprendizajes.
3. Importancia de la interacción entre alumnos (socialización). Aprendizaje social. Esto está relacionado con el aumento progresivo de la dificultad de las tareas y con la zona de desarrollo próximo de Vygotsky (ZDP).
4. Motivación. Uno de los pilares del aprendizaje, junto con la práctica, es la motivación (Sáenz-López, 1997). Este aspecto es esencial para que los chicos y chicas se sientan atraídos por la práctica de la actividad física y del deporte. En este sentido, Martínez et al. (2008) concluyen tras su estudio que uno de los principales motivos por los que los niños y niñas practican el fútbol es la diversión/socialización. Los jugadores han de sentirse protagonistas de sus aprendizajes (C. Romero, 2005).
5. Utilización del juego. La mayoría de los estudiosos de la enseñanza de los deportes, están a favor de la utilización del juego como medio o re-

curso (Castro y López, 2004; Parlebas, 1996; Sáenz-López y Giménez, 2000; Sainz, Llopis y Ortega, 2005b).
6. Variabilidad en la práctica. Según Ruiz (1998, p. 1) «*el aprendizaje deportivo supone la toma de contacto por parte del aprendiz con un mundo de acciones diferentes que deben ser ajustadas y adaptadas a las demandas de las numerosas y variables situaciones del juego*». Esto está relacionado con el concepto de *esquema* motor de Schmidt (1975). Además, para F. J. Moreno et al. (1999) la práctica variable favorece la adquisición y el aprendizaje de patrones motores en habilidades abiertas. Por tanto, parece adecuado pensar que, teniendo en cuenta que el fútbol es un deporte en el que existe gran incertidumbre y gran variabilidad en las acciones de juego, es necesario enseñarlo de acuerdo a estos parámetros, de esta manera fomentaremos la transferencia y generalización de aprendizajes y contextualizaremos nuestra enseñanza.

A continuación se resumen de forma esquemática los contenidos expuestos en este apartado, en relación con tres aspectos: adaptación del fútbol, situaciones de enseñanza e implicaciones desde el aprendizaje motor.

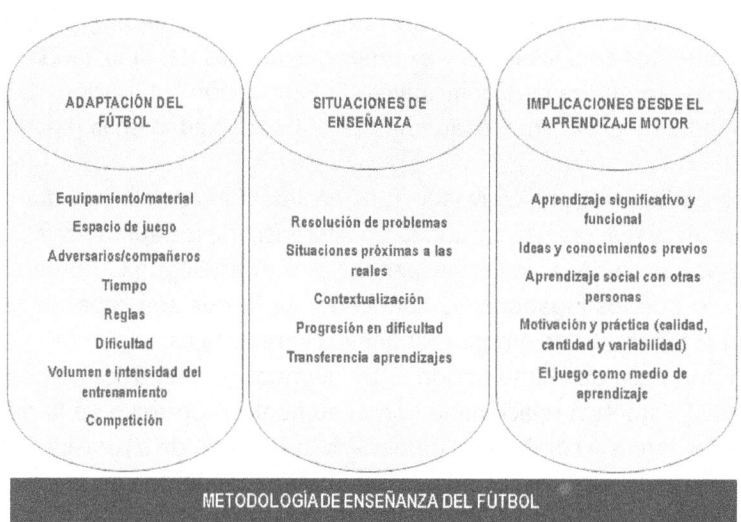

Figura 3. Pilares de la Enseñanza del Fútbol.

2. LA INICIACIÓN AL FÚTBOL

2.1. INICIACIÓN AL FÚTBOL: CONCEPTO

El concepto de iniciación deportiva es un término que ha sido definido por numerosos autores, aportando cada uno de ellos su propia interpretación personal al respecto. Según Sánchez (1992, p. 181) *«no consideramos a un individuo iniciado hasta que no es capaz de tener una operatividad básica, sobre el conjunto global de la actividad deportiva, en la situación real de juego o competición»*. Desde la perspectiva de los deportes de equipo, Sánchez (1992, p. 181) nos dice, refiriéndose a éstos en general, que un individuo está iniciado cuando *«es capaz de tener una operatividad básica, sobre el conjunto global de la actividad deportiva, en la situación real de juego o competición»*. En cuanto al fútbol, Nuviala (1997) expresa que *«un niño está iniciado en el fútbol, cuando es capaz de jugar con sus compañeros contra unos adversarios respetando unas reglas mínimas de juego, y sabiendo cuál es el objetivo de éste»* (p. 76). También C. Romero (1997) va a entender la iniciación deportiva desde un prisma educativo, ya que, según él, ésta no ha de entenderse como una especialización deportiva, sino más bien como una adaptación progresiva a las posibilidades del niño o niña. Para este autor (1997, p. 30) la iniciación deportiva debe ser comprendida como *«la etapa en que el niño empieza a aprender de forma específica la práctica deportiva... un período facilitador y de preparación de una posterior especialización, ofreciendo actividades genéricas y específicas del deporte a preparar»*.

Resumiendo, podemos concluir diciendo que cuando hablamos de iniciación deportiva al fútbol nos estamos refiriendo al proceso incipiente de enseñanza-aprendizaje que abarca desde que los sujetos toman contacto con el fútbol y con sus componentes básicos (técnica, táctica, estrategia, psicología y reglamento), hasta que son capaces de poner en práctica los conocimientos adquiridos con una eficacia básica en una situación real de juego.

2.2. CARACTERÍSTICAS DE LA INICIACIÓN AL FÚTBOL

Tenemos que comenzar este apartado diciendo que la cuestión de la iniciación al fútbol, al igual que la iniciación deportiva a otros deportes, es algo un tanto controvertida. Desde los diferentes ámbitos deportivos, a veces suelen salir voces que critican los planteamientos de la iniciación a los deportes (Tabernero, Márquez y Llanos, 2002). Estos mismos autores nos dicen que es cuestionada la edad de iniciación, precoz en algunos casos; también se cuestiona la formación de los técnicos y los pocos recursos de los que se dispone en la iniciación deportiva. En este sentido, Saura (1996) resume la problemática de la iniciación deportiva haciendo referencia a:

1. Dar excesiva importancia al aspecto competitivo.
2. Problemas de especialización prematura.
3. Ser copia del deporte adulto.
4. No estar adaptado.
5. Excesiva importancia al aprendizaje técnico y al rendimiento.
6. Cada vez hay más entrenadores y menos educadores como responsables del deporte escolar.
7. Modelo selectivo, solamente deporte para los mejores.

Por otro lado, la creencia, por parte de numerosos autores, de que la iniciación deportiva, sea cual sea el ámbito en el que esté enmarcada (educativo o competitivo de rendimiento), ha de reunir una serie de condiciones, ha hecho que surjan numerosas sugerencias para que la iniciación deportiva sea lo más adecuada posible, y que pueden aplicarse a la iniciación al fútbol. En este sentido, Contreras (1998) nos dice que la iniciación deportiva, desde el punto de vista educativo, ha de poseer las siguientes características: participación abierta a todos los alumnos sin ningún tipo de discriminación; la búsqueda de objetivos más amplios que los meramente motores, buscando, así, otros de índole cognitiva, de equilibrio personal o de inserción social; no debe estar condicionada por el resultado, primándose las pretensiones educativas.

Para Blázquez (1999a) la iniciación al deporte debe realizarse de forma paulatina, han de tenerse en cuenta las posibilidades y necesidades de los individuos, se debe evitar la especialización precoz, también ha de favorecerse la toma de contacto con diferentes deportes (individuales, colectivos, adversarios), ha de permitir la participación e inclusión de todos los sujetos a la vez que ha de tratar de evitar el pensamiento, a veces tan común entre técnicos y entrenadores deportivos, de que todos nuestros pupilos pueden llegar a ser campeones. Nos sigue diciendo este mismo autor que de manera muy resumida la iniciación deportiva se caracteriza por:

- Ser un proceso socializador, de integración de los sujetos.
- Ser un proceso de enseñanza-aprendizaje progresivo, cuya intención es conseguir la máxima competencia en una o varias actividades deportivas.

- Ser un proceso de adquisición de capacidades, habilidades, destrezas, conocimientos y actitudes que ayuden a practicar una o varias especialidades deportivas con cierta eficacia.
- Ser una etapa de contacto y experimentación en la que se debe conseguir unas capacidades funcionales aplicadas y prácticas.

Feu (2000) hace referencia a las características que debe reunir un deporte para que éste contribuya a la formación y educación de los sujetos que se inician en el mismo.

- No discrimina y participan todos.
- Ofrece diversión y placer en la práctica.
- Enseña a ocupar el tiempo de ocio con actividades deportivas.
- Fomenta la autonomía personal.
- Permite la reflexión y la toma de decisiones en los participantes.
- Mejora la condición física y las habilidades motrices básicas y específicas.
- Enseña a respetar y a valorar las propias capacidades y las de los demás.
- Favorece la comunicación, expresión y creatividad.
- La competición y el entrenamiento están enfocados al proceso y no al producto.
- Enseña hábitos saludables de práctica deportiva.

Abundando en los aspectos más importantes que repercuten en la formación deportiva integral, Arias (2008) expone los siguientes:

1. Realizar un trabajo general, basado en el desarrollo de las habilidades básicas
2. Proponer situaciones que comprometan a la toma decisión, la percepción, la anticipación, la capacidad de elección y de ejecución
3. Asegurar el mayor tiempo posible de práctica en contacto con el móvil o balón
4. Adaptar la práctica a las necesidades y habilidades de los individuos, principalmente sobre las reglas o normas, los equipamientos y las tareas
5. Variar las condiciones de práctica para asentar con mayor riqueza las habilidades iniciales
6. Utilizar el juego y la competición como medios de aprendizaje
7. Motivar a los jugadores
8. Involucrar a padres y madres en el proceso de formación de sus hijos

Cuadro 9. Aspectos fundamentales para el entrenamiento y la formación deportiva integral, según Arias (2008).

Como hemos podido comprobar, la iniciación a cualquier deporte (incluido el fútbol) ha de reunir una serie de características para que ésta pueda contribuir al desarrollo y a la formación integral de las personas implicadas en ese deporte.

2.3. FACTORES QUE INTERVIENEN EN LA INICIACIÓN AL FÚTBOL

Hoy en día, la mayoría de los autores que estudian la iniciación deportiva abogan por la existencia de ciertos elementos, cuya actuación e influencia en esta etapa de formación deportiva resulta de vital importancia. En este sentido se expresan Blázquez (1999b) y J. Hernández (1999), para quienes los aspectos más importantes que influyen de manera decisiva en la iniciación deportiva, y que nosotros podemos aplicar a la iniciación al fútbol, son los siguientes:

1. <u>Las características del individuo que aprende.</u> Se trata de conocer y tener en cuenta aspectos tan importantes como las experiencias previas que tiene el sujeto que se inicia, capacidad y ritmo de aprendizaje, sus intereses, motivaciones, etc. Aquí nos parece relevante destacar la reflexión que hace Rozengardt (2006), quien nos dice, respecto a la enseñanza del deporte en relación con la edad de los niños y niñas, que no debe anticiparse éste a las posibilidades de comprensión e interés de los alumnos. Este autor nos sigue diciendo que «*el deporte como práctica externamente codificada es más adecuada para los adolescentes y jóvenes que para los niños, quienes deben jugar, aprender a jugar y aprender jugando. Las prácticas corporales adecuadas para el mundo infantil son construcciones ligadas al juego antes que a los estereotipos motrices y conductuales que propone el deporte*» (p. 3). Para Le Boulch (1991, p. 23), basándose en los trabajos de Piaget, la idea de deporte carece de valor antes de los 9 años, ya que «*este período requiere una madurez de las funciones cognitivas que posibilite la descentralización*». Esto va a permitir la cooperación y va a posibilitar adoptar el punto de vista de los compañeros (descentralización), lo cual facilitará la iniciación a los deportes colectivos. A partir de los 8-9 años se puede utilizar el deporte como medio de educación psicomotriz (Le Boulch, 1991).

2. <u>Las características de la actividad deportiva, su estructura lógica.</u> Aunque la iniciación deportiva, sobre todo en su inicio, debe tener un carácter básico, común y general para todas las actividades deportivas, ésta ha de tener en cuenta también las características de la estructura lógica interna del tipo de deporte del que se trate, e incluso, los aspectos más relevantes de esa estructura respecto al deporte en cuestión en el que pretendamos

iniciar a nuestros pupilos y pupilas. Según J. Hernández (1999) la estructura de los deportes está configurada por los siguientes parámetros: la técnica o modelos de ejecución, el reglamento de juego, el espacio de juego y su uso, el tiempo de juego y su empleo, la comunicación motriz y la estrategia motriz deportiva (incluyendo dentro de ésta, la táctica).

3. <u>Los objetivos que se pretenden alcanzar.</u> En este sentido, y teniendo en cuenta la cruda realidad de la iniciación deportiva hoy en día, dependiendo de la perspectiva bajo la cual encuadremos la iniciación deportiva, así será el acento predominante de los objetivos que nos propongamos en la iniciación deportiva. De esta manera, si entendemos la iniciación deportiva desde el ámbito educativo y recreativo, evidentemente los objetivos que nos propongamos tendrán un marcado carácter formativo. Sin embargo, si nos situamos bajo el prisma competitivo y de rendimiento, este enfoque educativo pasa a segundo plano, y eso, en el mejor de los casos. No obstante, y dentro del ámbito educativo, Giménez y Sáenz- López (2000), modificando la propuesta realizada por Antón (1990), establecen una serie de objetivos para la iniciación deportiva al baloncesto. A continuación exponemos la proposición de estos autores, aplicándola a la iniciación deportiva en general.

- Mejorar la salud de los alumnos
- Trabajar los contenidos técnico-tácticos del deporte, fundamentalmente los individuales y los colectivos básicos
- Enseñar de forma progresiva las reglas básicas del deporte
- Mejorar la socialización y el trabajo en equipo
- Conseguir hábitos de práctica deportiva

Cuadro 10. Objetivos de la iniciación deportiva al baloncesto según Giménez y Sáenz-López (2000), basado en Antón (1990).

Más adelante, Antón y Dolado (1997) establecen para la iniciación a los deportes colectivos los siguientes principios y sus bases:

OBJETIVOS
- Que el niño *comprenda la lógica interna del deporte* (fundamentos del juego, fases, principios, roles y alternativas, elementos clave, etc.)
- Que el niño *adquiera hábitos higiénicos-educativos*
- Que el niño *asimile los contenidos técnico-tácticos específicos del deporte que se trate* (pases, fintas, regates, lanzamientos, golpeos, remates, bloqueos de balón, sus relaciones, medios tácticos como cruces, bloqueos, paredes, etc.)
- Que el niño *satisfaga sus necesidades psicológicas de diversión*

BASES
• *Desarrollar y mejorar la capacidad corporal*, por medio de una programación que implique un desarrollo armónico general y una adquisición de una motricidad rica y amplia en el sujeto
• *Aprender y perfeccionar los hábitos específicos técnico-tácticos*
• *Aumentar progresivamente el número de experiencias y vivencias* de todo tipo den función de la variabilidad que conlleva el deporte de equipo
• *Convertir el deporte que se trate en una motivación intrínseca* al sujeto, a través de la búsqueda de una permanente satisfacción en la actividad desarrollada
• *Desarrollar los factores psicológicos que inciden en su formación* y en el rendimiento futuro (voluntad, motivación, concentración, disciplina, iniciativa, valoración del riesgo, etc.)

Cuadro 11. Objetivos de la iniciación deportiva a los deportes colectivos y sus bases, Antón y Dolado (1997).

4. <u>Los planteamientos pedagógicos o métodos didácticos.</u> Al respecto, hemos de decir que actualmente se suelen distinguir dos grandes planteamientos en cuanto a la metodología a seguir en la enseñanza-aprendizaje de los deportes: enfoque basado en modelo tradicional y enfoque fundamentado en el modelo comprensivo.

Nos parece relevante aquí, en cuanto a las actuales preocupaciones en torno a la iniciación deportiva, hacer mención a las consideraciones realizadas por Castejón, Giménez, Jiménez y López, (2003a). Estos autores nos comentan que éstas se hallan fundamentalmente en tres niveles: 1º. Carácter educativo del deporte. 2º. Mecanismos implicados en el aprendizaje deportivo y 3º. Enseñanza del deporte. El primer aspecto ya lo hemos comentado en el capítulo 1. En cuanto a los mecanismos implicados en el aprendizaje motor, se refiere a las distintas teorías del aprendizaje (conductismo y cognitivismo, fundamentalmente), y en lo referente a la enseñanza del deportiva se hace mención a los modelos de enseñanza (tradicional y comprensivo), que veremos en el capítulo correspondiente a los modelos de enseñanza del deporte y del fútbol.

Por otro lado, además de los factores expuestos, y siguiendo a Giménez (1999), pensamos que en la iniciación deportiva han de tenerse en cuenta las siguientes consideraciones didácticas:

1. Los alumnos han de aprender los contenidos básicos del deporte que practiquen. Con esta consideración, el autor quiere manifestar que los contenidos más complejos del deporte en cuestión han de dejarse para

etapas posteriores y no para la de iniciación, ya que, en muchas ocasiones se practican movimientos técnico-tácticos, sistemas de juego, etc., complejísimos para niños y niñas que están empezando, lo cual puede resultar negativo y frustrante para quienes comienzan su formación deportiva.

2. Durante la iniciación deportiva el aprendizaje ha de ser variado. Esto favorecerá la adquisición de un acervo motor rico y completo y evitará la monotonía y el aburrimiento, favoreciéndose así la motivación hacia la práctica del deporte o deportes en cuestión.

3. La iniciación deportiva debe comenzar entre 8 y 10 años [coincide aproximadamente con la mayoría de autores, Feu (2002); Le Boulch (1991); Pintor (1989) y con la opinión de la mayoría de los técnicos, S. Romero, (1999)], aunque previamente se ha de haber tenido una adecuada educación física de base. Coincidiendo con estas edades, el Real Decreto 1513/2006 por el que se establecen las enseñanzas mínimas de la Educación Primaria, habla de iniciación a la práctica de actividades deportivas a partir del segundo ciclo de Primaria, a través de juegos. De esta manera aprovecharemos la llamada «*edad de oro de los aprendizajes*», período en el que los niños y niñas reúnen las condiciones físicas y psicológicas idóneas para el aprendizaje motor (8-12 años).

4. Han de tenerse en cuenta las características del alumno o alumna que aprende y las del deporte en el que pretendemos iniciar a nuestros alumnos y alumnas.

En este mismo sentido, presentamos en el siguiente cuadro una serie de conclusiones que han de tenerse en cuenta en la didáctica de la iniciación deportiva y que podemos aplicar también a la iniciación al fútbol.

1. Utilizar situaciones de juego progresivas. Aprender jugando
2. Asegurarnos de que el aprendiz tiene adquiridos los prerrequisitos: habilidades básicas y genéricas
3. Tener en consideración la lógica interna de cada deporte. Iniciemos pensando en su aplicación futura
4. Tener en cuenta las diferencias individuales
5. Disponer del tiempo necesario para el aprendizaje
6. Organizar las actividades permitiendo máxima participación y posibilidad de actuación individual
7. Buscar un aprendizaje integrado y significativo
8. Presentar situaciones progresivas en cuanto a los mecanismos perceptivos, de ejecución y toma de decisión

9. Plantear situaciones (problemas a resolver). «*Lo que se descubre por uno mismo se olvida menos*»
10. Hacer uso adecuado de la transferencia
11. Dar al principio una visión general de lo que se pretende conseguir
12. Tener en cuenta la atención selectiva. Dar informaciones breves
13. Desde el primer momento hacer consciente al principiante de su propio feedback (conocimiento de los resultados propios del alumno)
14. Dar conocimiento de resultados y de la ejecución de forma continuada e inmediata
15. Motivar continuamente a los aprendices
16. Recordar que no hay sustitutivo a la práctica en los aprendizajes motores. Se tiene que realizar una práctica significativa para que exista retención
17. Emplear estrategias de práctica globales
18. Adoptar actitud de paciencia y crear un clima emotivo favorable
19. Distribuir la práctica para conseguir mayor eficacia en el aprendizaje

Cuadro 12. Conclusiones sobre la didáctica de la iniciación deportiva, modificado de M. A. Delgado (1994).

2.4. FASES O ETAPAS DE INICIACIÓN AL FÚTBOL

Después de haber expuesto el concepto, las características y los factores a tener en cuenta en la iniciación deportiva, ahora nos centraremos en las fases y etapas de formación deportiva e iniciación deportiva para el fútbol, según diferentes autores.

En primer lugar Gianni Leali, citado por J. Hernández (1988), concreta las etapas para la enseñanza del fútbol en las siguientes:

ETAPAS	EDAD	CONTENIDOS A DESARROLLAR
1ª Preparación preliminar	7-8/10 años	Varias disciplinas deportivas a través del juego
2ª Especialización deportiva inicial	10-12 años	Introducción de una orientación hacia la especialización. El juego sigue siendo esencial
3ª Especialización deportiva intensificada	12-14 años	Desarrollo de la capacidad técnica y física específica. Reparto equilibrado entre preparación especial y general

Cuadro 13. Etapas para la enseñanza del fútbol, según Gianni Leali, citado por J. Hernández (1988).

En nuestra opinión, estamos de acuerdo con las dos primeras etapas ya que nos parece adecuada la iniciación al fútbol a través de la práctica de varios deportes para pasar posteriormente, y poco a poco, a la enseñanza específica del fútbol. Lo que no nos parece correcto son los aspectos de intensidad y perfeccionamiento tan acusados en esta propuesta.

Otro autor destacado dentro del campo de la enseñanza-aprendizaje del fútbol es Wein, quien en 1995 va a proponer un modelo para la formación del jugador de fútbol basado en cinco niveles de formación. A continuación exponemos escuetamente su propuesta.

NIVELES	CONTENIDOS	
1er NIVEL DE FORMACIÓN (A partir de 7 años)	Juegos de habilidades y capacidades básicas	Juegos de malabarismos; Juegos de conducción y persecución; Juegos de control, pase y tiro a portería; Juegos en el laberinto; Juegos de entrada; Juegos polivalentes; Triatlón 2:2 y Decatlón 1:1
2º NIVEL DE FORMACIÓN (A partir de los 8 años)	Juegos para mini fútbol	Juegos de habilidades y capacidades básicas; Test de la capacidad de juego en el mini fútbol; Juegos preparatorios/correctivos (3:0, 3:1, 3:2) para mini fútbol; Juegos simplificados (2:2 con juegos/ejercicios correctivos); Triatlón 3:3; Pentatlón de mini fútbol; Mini fútbol 4:4 e Iniciación portero
3er NIVEL DE FORMACIÓN (A partir de los 10 años)	Juegos para el fútbol 7:7	Juegos simplificados (3:3 con ejercicios/juegos correctivos); Juegos para mini fútbol; Juegos de habilidades y capacidades básicas; Formación del portero (decatlón); Triatlón 4:4 y Fútbol 7:7
4º NIVEL DE FORMACIÓN (A partir de los 12 años)	Juegos para el fútbol 8:8 y 9:9	Juegos para fútbol 7:7; Test de la capacidad de juego; Programas formativos para la compenetración en ataque; Juegos simplificados (4:4 y 5:5 con juegos correctivos); Programas formativos para la compenetración en defensa; 8:8 entre las áreas del campo de fútbol reglamentario o fútbol 7; 9:9 en el campo reglamentario con frecuentes sustituciones

Cuadro 14. Modelo para la formación del jugador de fútbol, basado en Wein (1995).

C. Romero (1997) establece las siguientes fases de iniciación deportiva al fútbol, teniendo en cuenta los contenidos y el trabajo a realizar:

FASES	CONTENIDOS	TRABAJO
DE PREPARACIÓN (8-10 años)	• Capacidades perceptivas • Capacidades coordinativas • Habilidades motrices básicas	• Se va desde los juegos genéricos a los pre-deportivos y a los deportes reducidos
DE INSTAURACIÓN (10-12 años)	• Habilidades motrices específicas del fútbol	• Estrategias globales • Resolución de problemas motores • Trabajo grupal de cooperación y oposición • La actividad competitiva comienza a tener importancia sin olvidar lo educativo

Cuadro 15. Fases de iniciación deportiva al fútbol, basado en C. Romero (1997).

Desde nuestra posición, pensamos que la etapa de *«preparación»* propuesta por este autor, no haría referencia al concepto de iniciación deportiva que venimos defendiendo en nuestro trabajo, ya que en ella se trabajarían contenidos que están más en relación con la educación física de base.

Por otro lado, desde una concepción de la enseñanza del fútbol referente a las fases evolutivas y objetivos de complejidad creciente, Dugrand (1989), citado por Garganta y Pinto (1997), establece cinco fases de la enseñanza del juego del fútbol en relación con los diferentes elementos del juego (balón, porterías, adversario/s, compañero/s y el espacio/tiempo).

FASE 1. CONSTRUIR LA RELACIÓN CON EL BALÓN
Ataque: del balón poseído al balón perdido Defensa: del balón esperado al balón capturado
FASE 2. CONSTRUIR LA PRESENCIA DE LAS METAS (PORTERÍAS)
Ataque: entre el juego directo y el juego indirecto Defensa: de la defensa de la portería a la defensa del campo
FASE 3. CONSTRUIR LA PRESENCIA DEL ADVERSARIO
Ataque: del espacio próximo al espacio alejado Defensa: de la pasividad a la conquista del balón; de la defensa anárquica a las tareas defensivas
FASE 4. CONSTRUIR LA PRESENCIA DE LOS COMPAÑEROS Y ADVERSARIOS
Ataque: del juego individual al juego combinado Defensa: de la acción aislada a la acción en bloque; del juego aislado al juego compactado.
FASE 5. DESARROLLAR LAS NOCIONES ESPACIO/TIEMPO
Ataque: una estrategia de evitar Defensa: una estrategia de contacto

Cuadro 16. Fases de la enseñanza del juego del fútbol, Dugrand (1989), citado por Garganta y Pinto (1997).

Otra propuesta interesante es la que plantea el C.O.N.I., citado por R. Cohen (1998), la cual va distinguir diferentes momentos característicos de la actividad deportivo-motora.

EDAD	TIPO ACTIVIDAD	%	CARACTERÍSTICAS ACTIVIDAD
5/6 años	Educación psicomotriz Formación física de base	100%	Ejercicios polivalentes: atletismo, natación, mini-fútbol, mini básquet
8/9 años	Fútbol Otros deportes	50% 50%	Iniciación deportivo-lúdica
11/12 años	Fútbol Otros deportes	70% 30%	Orientación deportiva específica
14/15 años	Fútbol	100%	Iniciación específica al deporte competición

Cuadro 17. Momentos característicos de la actividad deportivo-motora, según el C.O.N.I., citado por R. Cohen (1998).

De esta propuesta nos parece interesante el hecho de que cuando se inicia el aprendizaje del fútbol, se combina éste con otros deportes, lo cual nos parece que puede resultar bastante enriquecedor.

También desde Cuba, Terry (2004), dentro del Programa de Preparación del Deportista, y específicamente en el programa de preparación del deportista (1998), nos llega una propuesta de formación del futbolista que tiene las siguientes etapas:

1. Etapa de acostumbramiento (6, 7 y 8 años).
2. Etapa de iniciación (9, 10 y 11 años).
3. Etapa de aprendizaje (12, 13 y 14 años).

S. González (2009), tras una revisión exhaustiva de la formación de los jóvenes futbolistas, concluye que las distintas progresiones de enseñanza expuestas por los diferentes autores tienen una serie de coincidencias, entre las cuales destacamos las siguientes: 1. Necesidad de adaptar los procesos de enseñanza-aprendizaje a las características psicoevolutivas de los niños y niñas. 2. Se precisa, antes de la iniciación al fútbol propiamente dicha, de una fase en la que se haya trabajado aspectos relacionados con las habilidades básicas, la motricidad general e, incluso, otros deportes tratados de forma inespecífica (enseñanza horizontal del deporte). 3. Importancia del juego y de las actividades jugadas en la enseñanza del fútbol. 4. Es menester la realización de más estudios e investigaciones para llegar a comprender mejor los procesos de enseñanza-aprendizaje del fútbol.

Tras haber comentado en este apartado, aquellos aspectos referentes a la iniciación deportiva al fútbol, nos centraremos, a continuación, en los relativos a los modelos de enseñanza del deporte y su aplicación al fútbol, donde destacamos el modelo tradicional y el comprensivo.

Capítulo III
MODELOS DE ENSEÑANZA DEL DEPORTE Y SU APLICACIÓN AL FÚTBOL

«Cuanto más sabemos, más distancia encontramos entre lo que hacemos y aquello que desearíamos hacer»
(Benilde Vázquez).

Desde hace algo más de dos décadas viene existiendo una gran preocupación por la enseñanza de los deportes, tanto por parte de los profesores de Educación Física (Rink, 1996), como por parte de los entrenadores, lo cual ha propiciado numerosos estudios e investigaciones al respecto, como veremos más adelante. Por tanto, la pregunta clave sería: ¿cuál es la mejor forma de enseñar el deporte (fútbol)? Al respecto, hoy en día existen dos modelos de enseñanza del deporte bien diferenciados. Por un lado, tenemos el modelo de enseñanza tradicional y, por otro, el modelo alternativo o comprensivo. Llegados a este punto, nos parece conveniente, en primer lugar, aludir a lo que se entiende por *«modelo de enseñanza del deporte»*. E. Fernández (1998, p. 73) nos dice que es un *«conjunto de valores y creencias que influyen en el modo de pensar y la actuación del profesorado respecto a cómo ha de ser enseñado el deporte»*.

A continuación, realizaremos una descripción y un análisis crítico del modelo tradicional de enseñanza del fútbol; hablaremos de sus limitaciones y de la necesidad de cambio. Seguidamente, nos centraremos en el modelo comprensivo, describiéndolo y caracterizándolo, para pasar, posteriormente, a destacar las investigaciones realizadas por diferentes autores y sus hallazgos más importantes. Posteriormente nos referiremos a las investigaciones y estudios relativos a los deportes colectivos o de invasión (como el fútbol). Más tarde, hablaremos del modelo vertical aplicado a la enseñanza del fútbol y de los estudios realizados al respecto. Terminaremos con unas consideraciones de todo lo tratado en este apartado.

1. MODELO TRADICIONAL DE ENSEÑANZA DEL FÚTBOL

1.1. CARACTERÍSTICAS DE LA ENSEÑANZA TRADICIONAL DEL FÚTBOL

A continuación procederemos al análisis y caracterización del modelo de enseñanza tradicional, también denominada, de racionalidad técnica o pasivo, basándonos, fundamentalmente, en aquellos aspectos que hacen referencia a las características estructurales y funcionales del fútbol como deporte de cooperación/oposición, las condiciones y capacidades del sujeto que aprende y a la intervención educativa del entrenador-educador.

MODELO TRADICIONAL DE ENSEÑANZA DEL FÚTBOL
Fútbol, deporte de cooperación/oposición
CARACTERÍSTICAS
• Enseñanza analítica de los gestos deportivos, aislando la práctica del contexto real de juego. Énfasis en la técnica deportiva (Castejón, 2005; Devís, 1992; Fradua y Figueroa, 1995; Garganta, 2002; Lago, 2001a; Le Boulch, 1990; Mitchel, Oslin y Griffin, 1995; Rezende y Hiram, 2004; C. Romero, 1997; Sainz et al., 2005a y Wein, 1995)
• Ejercicios estereotipados y demasiado analíticos (Ibáñez, 2000; Sáenz-López, 1997 y Sampedro, 1999a)
• El aprendizaje se da por la repetición (automatización de los movimientos) (Jones y Farrow, 1999; Le Boulch, 1990; Rezende y Hiram, 2004)
• Se insiste en enseñar el «cómo» realizar un gesto técnico, pero no en comprender el *«cuándo»*, *«por qué»* y *«dónde»* realizarlo (Chappell, 1990)
• Existencia de habilidades técnico –deportivas de eficacia probada. Pedagogía por modelos (Devís, 1992)
• Abuso de situaciones de juego parciales de ataque sin defensa y viceversa (Sampedro, 1999a)
• Escasa transferencia entre las tareas planteadas y el deporte (Sáenz-López, 1997; Sampedro, 1999a; y Viciana, 1999a)
• Ejercicios poco participativos, con *«filas eternas»*. Demasiada inactividad (C. Romero, 1997 y Sáenz-López, 1997)
• Excesiva utilización del juego colectivo complejo, 11x11 (Sáenz-López, 1997)
• Calentamientos dirigidos fundamentalmente a la preparación física y técnica, olvidándose la preparación táctica
• Excesivo énfasis en la competición (C. Romero, 1997)

Cuadro 18. Características del Modelo Tradicional de Enseñanza en relación con el fútbol como deporte de cooperación/oposición.

MODELO TRADICIONAL DE ENSEÑANZA DEL FÚTBOL
⬇
Alumno-jugador que aprende
⬇
CARACTERÍSTICAS
• Imitación del deporte adulto. Adaptación del niño al fútbol (Ibáñez, 2000; C. Romero, 1997; Sampedro, 1999a y Wein, 1995) • Entrenamientos demasiados intensos para jóvenes en pleno desarrollo (Sáenz-López, 1997) • Escaso desarrollo de los mecanismos de percepción y decisión a favor del de ejecución (Jones y Farrow, 1999; Lorenzo y Prieto, 2002; C. Romero, 1997 y Sáenz-López, 1997) • Decaimiento de la motivación, debido a ejercicios estereotipados y analíticos (Viciana, 1999a) • Actividades y tareas poco significativas para el alumno-jugador (Lorenzo y Prieto, 2002) • Alumno-jugador receptor pasivo de la información y obediente (Ibáñez, 2000; Pino, Vegas y Moreno, 2001 y Viciana y Delgado, 1999)

Cuadro 19. Características del Modelo Tradicional de Enseñanza en relación con el alumno-jugador que aprende.

MODELO TRADICIONAL DE ENSEÑANZA DEL FÚTBOL
Intervención didáctica del educador-entrenador
CARACTERÍSTICAS
• Profesor experto, autoritario y protagonista de la enseñanza (Arranz et al., 1997; Devís, 1992; Garganta, 2002; Ibáñez, 2000; Pino et al., 2001; C. Romero, 1997 y Sampedro,1999a) • Los fines y objetivos se plantean muy a corto plazo, predominando objetivos de rendimiento inmediato (Ibáñez, 2000) • Los contenidos (técnica y táctica) se parcelan y se enseñan fuera del contexto real de juego (Ibáñez, 2000) • El esquema típico de clase es: calentamiento, enseñanza de la técnica y juego (Thorpe, 1992 y Wein, 1995) • Técnica de Enseñanza basada en la instrucción directa y reproducción de modelos (Ibáñez, 2000; Sampedro, 1999a; Viciana y Delgado, 1999 y Viciana, 1999a) • Utilización excesiva de la estrategia en la práctica analítica (Viciana, 1999a) • Se usa la competición para la evaluación del aprendizaje (Ibáñez, 2000) • Búsqueda rápida de perfeccionamiento técnico (Sampedro, 1999a) • Calentamientos específicos con niños (Sáenz-López, 1997) • Escasa comunicación del profesor-entrenador con los alumnos-jugadores (Sáenz-López, 1997) • Entrenamientos monótonos y aburridos (C. Romero, 1997 y Sáenz-López, 1997) • Escasa individualización del proceso de Enseñanza-aprendizaje (Sáenz-López, 1997) • Se basa en modelos mecanicistas o conductuales (Arranz et al., 1997; Garganta, 2002; Pino et al., 2001 y C. Romero, 1997) • Excesivo énfasis en la victoria (C. Romero, 1997) • Se produce una selección de «los mejores», lo cual conlleva discriminaciones (C. Romero, 1997) • La enseñanza del deporte se aproxima más al rendimiento que a la educación (Devís, 1992 y C. Romero, 1997) • La repetición del modelo aportado por el profesor es la base de la metodología de trabajo (Viciana y Delgado, 1999) • Utilización de los estilos de enseñanza siguientes: mando directo, mando directo modificado y asignación de tareas (Viciana y Delgado, 1999)

Cuadro 20. Características del Modelo Tradicional de Enseñanza en relación con la intervención didáctica del educador-entrenador.

1.1.1. Aproximación crítica

Desde hace algunos años se está produciendo en el ámbito de la enseñanza-aprendizaje de los deportes, fundamentalmente de los deportes de cooperación/oposición (J. Hernández, 1994), tradicionalmente denominados deportes colectivos, también llamados juegos o deportes de invasión [(Thorpe, Bunker y Almond (1986), citados por Jones y Farrow (1999), Read y Devís (1990) y Werner y Almond (1990)] y de territorio (Ellis, 1985), un especial interés por desarrollar una teoría de conocimientos relativa a la especificidad de este tipo de deportes, ya que, según numerosos autores (Moreno y Morcillo, 2001; Seirul·lo, 1999a) la metodología utilizada para su enseñanza-aprendizaje está más en concordancia con los deportes clásicamente denominados individuales. La inadecuada aplicación, pues, del modelo de enseñanza tradicional en la Enseñanza-Aprendizaje de los deportes de cooperación-oposición como el fútbol ha hecho que surjan numerosas críticas por parte de diferentes autores. A continuación veremos sólo algunos ejemplos que pueden ilustrarnos.

Para Thorpe (1992) no es demasiado correcto pensar que los profesores y entrenadores han utilizado este tipo de instrucción en la enseñanza de los deportes de cooperación-oposición por ser descuidados e ineficaces, sino que lo hacían así porque así se les ha enseñado y porque es así como se propone que se enseñen estos deportes en la mayoría de los libros específicos.

Una de las principales críticas que se le hace a Modelo tradicional es que este tipo de enseñanza, entre otras características, ha destacado por preconizar una enseñanza analítica y aislada del contexto real de juego de las distintas habilidades (técnicas o modelos) del bagaje motor del deporte en cuestión. Este hecho ha propiciado que la participación de los alumnos-jugadores en un juego deportivo pueda postergarse hasta que éstos no posean la competencia técnica necesaria, estimada ésta según el profesor, para tener relativo éxito en la práctica del mismo, lo cual suele ocurrir, en la mayoría de los casos, demasiado tarde, porque lo que se ha practicado, y el cómo se ha practicado no tiene nada que ver con las exigencias que demanda el juego real (Read, 1992). Esta misma autora se pregunta, en consecuencia, si la práctica de los gestos técnicos se ha producido de forma aislada, *«¿cómo pueden los alumnos dar buen uso a sus técnicas si no saben dónde encajan dentro del contexto de juego?»* (1992, p. 211). Para Mitchel, Oslin y Griffin (2006) las técnicas han sido enseñadas normalmente en aislamiento, fuera de su contexto táctico, con lo que muchos profesores (y entrenadores, creemos nosotros) han tenido problemas para enlazar técnicas y tácticas. Launder (2001) manifiesta que el problema fundamental de la instrucción basada en la repetición (*«drills»*), es que ésta enseña respuestas estereotipadas para situaciones que en el juego real demandan respuestas flexibles. De esta manera, esta forma de enseñar genera problemas a la hora de producir transferencias positivas, ya que se practican las habilidades fuera de su contexto, y también el tiempo de compromiso motor se ve limitado (Lago,

2001a). Gréhaigne y Godbout (1997) nos dicen que el mayor problema de la orientación técnica es la estructura rígida que se centra en el «*contenido*» más que en el «*aprendiz*».

En este mismo sentido, Castejón (2005) nos dice que la cuestión clave que se le puede achacar al modelo de enseñanza tradicional es que el alumno puede no comprender aquello que está haciendo sin tener, además, una idea clara de para qué sirve. También Turner y Martinek (1995) insisten en las consecuencias de la descontextualización de la práctica, y en que los alumnos a menudo practican una habilidad necesitando saber dónde será aplicada, «*sin este marco de referencia, la práctica no llegará a ser significativa*» (p.45). Para estos autores, por tanto, existe una necesidad de plantear la enseñanza del deporte desde la táctica, ya que así fomentaremos la comprensión de aquello que se está aprendiendo y su utilidad en el juego o deporte. De esta manera los chicos y chicas, con frecuencia, pierden su motivación hacia la práctica, y frecuentemente reclaman: «*¿cuándo vamos a jugar al juego (deporte)*» (Bunker y Thorpe 1982 y Turner y Martinek, 1995). Para Bunker y Thorpe (1982) el modelo tradicional ha conducido, entre otras cosas, a que:

1. Un gran porcentaje de chicos y chicas alcanzan poco éxito a causa del énfasis puesto sobre la realización o rendimiento.
2. La mayoría de los chicos y chicas que dejan la escuela conocen muy poco acerca de los juegos o deportes.
3. La formación de, supuestamente, jugadores diestros, quienes poseen técnicas inflexibles y una capacidad pobre de toma de decisión.

Por su parte, Seirul·lo (1999a) hace referencia a dos grandes críticas: 1, A veces el individuo que se sale del modelo es el que triunfa. 2, La persona humana nunca se debe plantear a sí misma, en el rendimiento deportivo, un límite, ya que un modelo es poner un límite. Resumiendo, podemos decir, de acuerdo en parte con Sibson (1992), que esta forma de enseñanza del deporte es esencialmente *instrucción* más que educación.

1.1.2. Limitaciones del Modelo Tradicional de Enseñanza del fútbol

Algunos autores y estudiosos del tema han atribuido a esta forma de Enseñanza-Aprendizaje ciertas limitaciones y consecuencias negativas.

POSIBLES LIMITACIONES DEL MODELO TRADICIONAL DE ENSEÑANZA DEL FÚTBOL
• Aburrimiento de los alumnos-jugadores por la realización de ejercicios analíticos y estereotipados (J. Medina, 1997 y C. Romero, 1997)
• Si utilizamos el método analítico, el alumno-jugador pierde la capacidad intuitiva, disminuyendo así su capacidad táctica (Devís, 1992; Garganta, 2002 y Lorenzo y Prieto, 2002)
• Ausencia de actividades que favorezcan la culminación en el diseño de las tareas de aprendizaje J. (Medina, 1997)
• La mayoría de los alumnos-jugadores progresan muy poco, al incidirse, sobre todo, en el mecanismo de ejecución (Thorpe, 1992)
• Al estar encaminada la Enseñanza-Aprendizaje hacia la competición y hacia el rendimiento, y al seleccionar a los «*mejores*», se pierde la orientación educativa que favorece la formación integral (C. Romero, 1997)
• Debido a que el Modelo Tradicional se basa en los modos de ejecución de los adultos, no se consideran las características físicas ni psicológicas, las motivaciones e intereses de los chicos y chicas, lo cual es considerado como un error pedagógico y didáctico (C. Romero, 1997)
• Escasa transferencia de los aprendizajes al juego real (Lago, 2001a; J. Medina, 1997; C. Romero, 1997). Este hecho va a propiciar que los aprendizajes tengan poca o ninguna significación para quien aprende (Cárdenas y López, 2000 y Lorenzo y prieto, 2002). No se tiene en cuenta, así, la naturaleza del conocimiento de las actividades, ya que las aísla del contexto real del juego (Devís, 1992). Es frecuente el hecho de que los jugadores no sepan aplicar, en el juego real, lo aprendido en situaciones fuera del contexto real del juego (Wein, 1995)
• El tratamiento analítico de los contenidos de enseñanza-aprendizaje hace que no se tengan en cuentan importantes características de los deportes de cooperación/oposición, tales como: la variabilidad, la incertidumbre y la complejidad (Devís, 1992 y Lago, 2001a)
• Limitación del desarrollo de la creatividad por utilizarse exclusivamente una técnica de enseñanza por instrucción directa o reproducción de modelos (Devís, 1992 y J. Medina, 1997)
• Escasa implicación cognitiva de los alumnos-jugadores al no plantear situaciones que conlleven la resolución de problemas (J. Medina, 1997)
• Se forman alumnos-jugadores dependientes del profesor-entrenador (Thorpe, 1992)
• Inadecuada utilización del juego real, lo cual hace que no se aprovechen todas las posibilidades educativas del mismo (J. Medina, 1997)
• Al dirigir, fundamentalmente, la enseñanza hacia el aprendizaje de la técnica (mecanismo de ejecución), se olvidan otros aspectos importantes como la táctica y la preparación física, tratándolos, además, de forma aislada (J. Medina, 1997; C. Romero, 1997)
• Énfasis en una especialización precoz en puestos específicos, limitando, así, la formación del jugador (J. Medina, 1997)

Cuadro 21. Posibles limitaciones del Modelo Tradicional de Enseñanza del fútbol.

Si consideramos todo lo expuesto más arriba, no tenemos más remedio que preguntarnos sobre el porqué de la utilización de este modelo de enseñanza por los profesores, entrenadores, monitores, etc. En este sentido, Sáenz-López (1997) apunta a una serie explicaciones, que pueden arrojar alguna luz al respecto.

- Desconocimiento de las características evolutivas de la persona. Esto hace que muchos educadores/entrenadores apliquen los mismos métodos para adultos que para chavales.
- No tener conciencia de los mecanismos que intervienen en el acto motor, lo cual hace que los educadores/entrenadores se centren únicamente en lo que ven, es decir, en la ejecución.
- Desconsideración de la estructura de los deportes de cooperación/oposición y de sus componentes (principios generales de ataque y de defensa, medios técnico-tácticos individuales y colectivos básicos y complejos, reglas, etc.).
- Influencia que la enseñanza de los deportes colectivos o de cooperación/oposición ha tenido del modelo de enseñanza utilizado en los deportes individuales, psicomotores o de oposición.

Sáenz-López (1997) hace hincapié en que la responsabilidad de esta situación no es tanto de quien entrena o enseña como de quien se encarga de formar a educadores y entrenadores.

Otros autores que exponen algunas consideraciones que pueden haber hecho que los profesores-entrenadores utilicen prioritariamente este modelo tradicional orientado a la técnica, son Thorpe y Bunker (1985), los cuales exponen las siguientes razones:

a) Esto es consecuencia de la forma en la que estas personas fueron formadas, la cual se centró en la adquisición técnica.
b) El deseo de medir y evaluar el trabajo realizado objetivamente, y el reconocimiento de que las habilidades técnicas aisladas son más fáciles de cuantificar y medir que otros aspectos del juego o deporte.
c) Los cursos sobre metodología ofertados hacían hincapié en la división de la sesión en: actividad introductoria, fase técnica y juego. Además, se fomenta el empleo de los estilos de enseñanza basados en el comando y basados en la tarea, los cuales se adecúan más fácilmente a las técnicas que a otros elementos del juego o deporte.

1.2. NECESIDAD DE CAMBIO EN LA ENSEÑANZA DEL FÚTBOL

Llegados a este punto, y una vez descrito y analizado el Modelo de Enseñanza aún predominante en la enseñanza-aprendizaje de los deportes colectivos o de cooperación/oposición, entre los que se encuentra el fútbol, no nos queda más remedio que clamar un cambio de orientación en su enseñanza, que apunte hacia una perspectiva más formativa y educativa. En este sentido se manifestaba Thorpe cuando nos decía que «*es hora de revisar la enseñanza de los juegos deportivos*» (1992, p. 186). Existen, pues, diferencias manifiestas entre los deportes colectivos o de cooperación/oposición y los deportes individuales o psicomotores o de adversario u oposición, que deben llevarnos a desarrollar un corpus científico que apoye las situaciones que se dan en estos deportes (colectivos, de cooperación/oposición o de invasión).

En esta misma línea se expresa Cárdenas y López (2000) cuando nos dicen que las características propias de los deportes colectivos o de cooperación/oposición deben hacernos reflexionar sobre la necesidad de desarrollar, a través de la aplicación de un modelo de enseñanza, en nuestros alumnos-jugadores la capacidad cognitiva o inteligencia motriz (Sampedro, 1999a y 1999b).

En este sentido, como decíamos más arriba, para Turner y Martinek (1995) existe una necesidad de plantear la enseñanza del deporte desde la táctica, ya que así fomentaremos la comprensión de aquello que se está aprendiendo y su utilidad en el juego o deporte. De no ser así, los chicos y chicas, con frecuencia, perderán su motivación hacia la práctica, y frecuentemente reclamarán: «*¿cuándo vamos a jugar al juego* (deporte)?» (Bunker y Thorpe 1982 y Turner y Martinek, 1995).

2. MODELO COMPRENSIVO DE ENSEÑANZA DEL FÚTBOL

En primer lugar, tenemos que decir que estos modelos de enseñanza nacen como reacción a los planteamientos didácticos realizados desde el Modelo Tradicional de enseñanza, los cuales, como hemos visto más arriba, tienen numerosas limitaciones y aspectos negativos. De esta forma, estos modelos tienen su origen en los planteamientos propuestos por autores como, Bunker y Thorpe (1982), profesores del Departamento de Educación Física y Ciencias del Deporte de la Universidad de Loughborough (Contreras, García y Gutiérrez, 2001), quienes proponen el llamado modelo o enfoque comprensivo de la enseñanza de los juegos o deportes *(Teaching Games for Understanding Approach)* procedente del ámbito anglosajón, cuyos inicios se sitúan en los años 60/70 (Holt et al., 2002 y Kirk y MacPhail, 2002). Thorpe y Bunker fueron influenciados por Worthington y Wigmore, respecto a los beneficios de los juegos a *«pequeña escala»*. También recibieron influencias de Wade, Morris y Mauldon y Redfern: Wade introdujo la noción de principios de juego en fútbol; Morris propuso que los juegos y deportes podían tener propósitos educativos; y Mauldon y Redfern sugirieron un enfoque que esbozara una forma de desarrollar las habilidades técnicas dentro de la estructura del juego. Más tarde Almond se unió a ellos y fueron poco a poco dándole forma al modelo, recibiendo también influencias de la gimnasia, al usar ésta la resolución de problemas, y de Ellis, respecto a la noción de reglas primarias y secundarias, y a la exploración de las demandas técnicas del juego (Griffin y Patton, 2005).

Una de las razones que impulsa la introducción de este modelo de enseñanza es el hecho de que los chicos y chicas que dejan los institutos Británicos habían experimentado poco éxito en los juegos y deportes, debido al énfasis puesto sobre la realización o rendimiento, *performance*, (Werner, Thorpe y Bunker, 1996). También estos autores observaron que se empleaba mucho tiempo en el aprendizaje de las técnicas y poco a *«jugar al juego»*, e incluso profesores y entrenadores raramente conectaban esas técnicas con el cómo y cuándo aplicarlas en el juego (Kirk y MacPhail, 2002). Por otro lado, hemos de decir que este modelo ha tenido una gran incidencia en el resto de Europa y también en EE.UU. Si en el Modelo Tradicional se insistía sobre la Técnica, en El Modelo Comprensivo se va a incidir sobre la Táctica. Para Bunker y Thorpe (1982) el énfasis ha de ser cambiado hacia consideraciones tácticas, lo cual, además de hacer de los juegos algo divertido e interesante, también favorecerá la toma de decisiones basada en la conciencia táctica, entendida ésta como la habilidad para identificar los problemas tácticos que surgen durante el juego y responder apropiadamente (Mitchel et al., 2006). Nos siguen diciendo estos autores, *«la aproximación táctica apunta a mejorar el rendimiento de juego de los alumnos combinando la conciencia táctica y la ejecución técnica»* (p. 8).

Investigadores del ámbito de la Educación Física han relacionado el modelo de enseñanza comprensivo (*Teaching Games for Understanding approach*) con teorías del aprendizaje como la cognitiva, la constructivista, el aprendizaje situado y la educación deportiva (Dodds, Griffin y Placek, 2001; Kirk y Macdonald, 1998; Light, 2008; Rovegno, Nevett y Babiarz, 2001).

Relación con las teorías cognitivas. Desde una perspectiva cognitiva, a la luz de la *enseñanza para la comprensión*, los estudiantes son estimulados constantemente cognitivamente, incluyendo el análisis de problemas o de una situación, planificación de soluciones, evaluación de la efectividad de sus acciones, haciendo juicios acerca de las consecuencias de su acción, notando la aparición de constantes, y validando éstas para volver al juego (Gréhaigne et al., 1988; Kirk, 1983; Schwager y Labate, 1993, citados por Gréhaigne y Godbout, 1995).

Relación con el constructivismo. Son numerosos los autores que relacionan el constructivismo con la enseñanza comprensiva del deporte (Butler y McCahan, 2005; Contreras, 1998; Griffin y Patton, 2005; Mitchel et al., 2006; Turner, 2005, etc.). Rovegno y Kirk (1995) han manifestado la relación entre algunos principios de enseñanza constructivista, como la exploración, el aprendizaje por descubrimiento y la resolución de problemas, hacer preguntas a los niños y niñas, etc., utilizados por la Educación Física en los años 60/70, como por ejemplo, los estilos de enseñanza propuestos por Muska Mosston, y el modelo comprensivo. De hecho, el modelo comprensivo utiliza fundamentalmente dos de los estilos propuestos por este autor (1988), que son el descubrimiento guiado y el pensamiento divergente (resolución de problemas) (Smith, 1991). Mosston se apoyaba en estos estilos de enseñanza porque potenciaban la capacidad de los alumnos de atravesar la *barrera cognitiva* yendo más allá de la mera *aceptación cognitiva* (Rovegno y Kirk, 1995).

El modelo de enseñanza comprensivo (*Teaching Games for Understanding*) es un buen ejemplo de un constructivismo social en Educación Física, ya que pone énfasis en la resolución de problemas de forma conjunta entre grupos, parejas o toda la clase, en el que los chicos y chicas son estimulados a aproximarse con soluciones tácticas y al desarrollo de estrategias colectivamente (Light, 2008). Para Mitchel et al. (2006) la aproximación táctica tiene sus raíces en la perspectiva de aprendizaje constructivista, la cual reconoce que el alumno construye significados a través de los dominios psicomotor, cognitivo y social/personal. Estos autores, subrayan el hecho de que el enfoque táctico «*pone a los estudiantes en un juego dinámico que requiere de ellos tomar decisiones a través de la evaluación y facilitación del profesor*» (p. 528). La enseñanza comprensiva del deporte es un enfoque centrado en el alumno y en el juego con fuertes vínculos con la perspectiva constructivista del aprendizaje (Griffin y Patton, 2005). El modelo comprensivo, pues, se apoya en los planteamientos constructivistas del aprendizaje, puesto que resalta el papel activo de los alumnos en la construcción del conocimiento, en el fomento de aprendizajes significativos, todo teniendo en cuenta las ideas y experiencias previas de los discentes (Contreras, 1998). La perspectiva constructivista del aprendizaje, es partidaria de que la comprensión y la significación son construidas gradualmente usando experiencias y contextos que ayudan a los alumnos a estar dispuestos y ser capaces de aprender, cuestión sobre la que hace hincapié la enseñanza comprensiva (Butler y McCahan, 2005).

El constructivismo reconoce que la conciencia debe alcanzar los mecanismos interiores de las actividades para que el aprendizaje verdadero tenga lugar. Esta transformación tiene lugar cuando los alumnos-jugadores se encuentran y resuelven problemas relacionados con la configuración del juego o deporte y llevan a cabo realizaciones por ellos mismos. Los jugadores construyen su conocimiento a partir de la interacción sujeto-ambiente (Gréhaigne y Godbout, 1995). El enfoque comprensivo de los juegos o deportes está particularmente asociado con la orientación constructivista del aprendizaje, donde el profesor debe diseñar experiencias de aprendizaje que estimulen a los estudiantes a descubrir los principios y conceptos por ellos mismos de manera que estos conceptos se transfieran a otras situaciones aplicables (Rink, French y Tjeerdsma, 1996).

La aproximación comprensiva de la enseñanza de los deportes puede ser coherente con la perspectiva constructivista del aprendizaje, particularmente a causa del énfasis puesto sobre el aprendizaje activo; la mejora de los procesos de percepción, toma de decisión y comprensión, así como el desarrollo de los factores implicados en la modificación de los juegos para adaptarlos al aprendiz (Kirk y Macdonald, 1998).

<u>Relación con el aprendizaje situado.</u> Según Kirk y McDonald (1998) la teoría del aprendizaje situado es conceptualizada como un componente de una amplia teoría constructivista del aprendizaje en educación física. El aprendizaje situado asume que el aprendizaje implica el compromiso activo del aprendiz con su ambiente, y experimentando activamente la información apropiada llegando a ser autores de su propio aprendizaje (Kirshner y Whitson, 1998, citados por Richard y Wallian, 2005). La perspectiva del aprendizaje situado, pues, comparte con la enseñanza comprensiva del deporte, entre otras cuestiones, la asunción de que el aprendizaje implica el compromiso activo de los individuos con su ambiente (Rovegno y Kirk, 1995), y el énfasis en la idea de que mucho de lo que es aprendido es específico a la situación en la cual es aprendido (Anderson, Reder y Simon, 1996).

<u>Relación con la educación deportiva.</u> Al respecto, el mismo Siedentop (2002) reconoce haber sido fuertemente influenciado por el modelo comprensivo

de enseñanza de los juegos y deportes. De esta forma, el modelo de *Educación Deportiva* también hace hincapié en la conciencia y capacidad táctica más que el desarrollo asilado de la técnica, así como en la importancia de la toma de decisiones, en el aumento de la motivación y la competencia para continuar jugando a lo largo de la vida (Collier, 2005). Comprobamos, pues, que ambos enfoques tienen mucho en común. Siedentop (2002), manifiesta la existencia de algunas similitudes entre su modelo y las teorías constructivistas y del aprendizaje situado, aunque matiza: *«debo también decir que la educación deportiva no es la aplicación de cualquiera de éstas al deporte. El modelo está, y siempre ha estado, arraigado al deporte y al juego»* (p. 415).

Por otro lado, Devís y Sánchez (1996) diferencian, dentro de los Modelos de Enseñanza Alternativa, entre Modelos Verticales y Modelos Horizontales. Los primeros hacen referencia a la enseñanza-aprendizaje de un deporte. Por otra parte, los segundos van dirigidos a varios deportes con características y aspectos similares. En los Horizontales, diferencian entre estructural y comprensivo.

	Autores representativos España	Recurso Pedagógico básico	Juegos Deportivos a los que va dirigido	Campo de Iniciación Deportiva	Fuentes Teóricas y Autores Representativos	Ámbito Cultural de origen
MODELO VERTICAL	Horst Wein F. Usero y A. Rubio	Juegos Simplificados Juegos Reducidos	Hockey Fútbol Rugby	Rendimiento (con mayúsculas) Educación	Comprensión (Thorpe, Bunker, Almond, Spackman)	Británica Francesa
MODELO HORIZONTAL ESTRUCTURAL	D. Blázquez G. Lasierra y P. Lavega	Formas jugadas y juegos	Juegos deportivos colectivos	Educación (con mayúsculas) Rendimiento	Estructuralismo Praxiología (Bayer y Parlebas)	Francesa
MODELO HORIZONTAL COMPRENSIVO	J. Devís y C. Peiró	Juegos Modificados	Bate y Campo Cancha dividida Invasión Blanco y diana	Educación (con mayúsculas) Rendimiento	Comprensión (Thorpe, Bunker, Almond, Spackman). Investigación acción (Stenhouse, Elliot y Almond) Tradición deportiva Loughborough	Británica

Cuadro 22. Cuadro comparativo de los Modelos de Enseñanza Alternativa de los Juegos Deportivos (tomado de Devís y Sánchez, 1996, p. 176).

En el siguiente cuadro, podemos observar las diferencias más significativas entre el modelo técnico o tradicional y el comprensivo.

	MODELO TÉCNICO (BEHAVIORISTA)	MODELO COMPRENSIVO (CONSTRUCTIVISTA)
¿Por qué es enseñado? (perspectivas filosóficas e históricas)		
Cultura	Fábrica/modelo de producto	Village green/educación progresiva
Sistema de creencia	Dualismo	Integración de mente, cuerpo y espíritu
Contexto	Aislamiento: relación con el entrenamiento y el deporte profesional	Integración de escuela y comunidad
Formación	Eficiencia/influencia militar	Educación del movimiento
Experiencia	Especialización/deporte	Integración e inclusión
¿Qué es enseñado? (Currículum)		
Propósito	Adquisición de conocimiento	Construcción de significado
Objetivo	Definir qué sabemos	Descubrir qué no sabemos y aplicar lo que sabemos
Resultado	Rendimiento	Pensamiento y toma de decisión
Marco de trabajo	Actividades estacionales	Clasificación
¿Cómo es enseñado? (pedagogía)		
Instrucción	Centrada en el profesor	Centrado en el alumno, de desarrollo, progresivo
Estrategia	Parte-todo	Todo-parte-todo
Contenido	Basado en la técnica	Basado en el concepto
Contexto	Interacción profesor-alumno	Interacción multidimensional
Rol del profesor	Transmisión de información	Facilitación de la resolución de problemas
Rol del alumno	Aprendizaje pasivo	Aprendizaje activo
Evaluación	maestría	Demostración de comprensión y contribuciones al proceso

Cuadro 23. Comparación de los modelos técnico y comprensivo (TGfU), Butler (1998), citado por Butler y McCahan (2005).

A continuación pasamos a describir las características más significativas del Modelo Horizontal Comprensivo y del Modelo vertical (aplicado al fútbol).

2.1. MODELO DE ENSEÑANZA COMPRENSIVO

El principal propósito de la enseñanza de cualquier deporte debería ser mejorar la realización o rendimiento del juego de los alumnos-jugadores, así como mejorar su participación y diversión en los juegos o deportes, lo cual podría conducirlos a un estilo de vida más saludable (Werner et al., 1996). El Modelo Comprensivo horizontal hace referencia a la enseñanza de los medios técnico-tácticos y estratégicos básicos y comunes a varios deportes con características similares, previamente a la especialización en un deporte concreto. Es decir, se trata de enseñar habilidades y destrezas comunes a varios deportes que puedan ser aplicados posteriormente (en una enseñanza vertical) a un deporte específico. En el caso del fútbol se enseñarían contenidos relacionados con los deportes de cooperación/oposición, para después, centrarnos en el fútbol. Con el fin de facilitar una mejor comprensión del modelo ilustramos esquemáticamente el esquema y la evolución del mismo, según Bunker y Thorpe (1982).

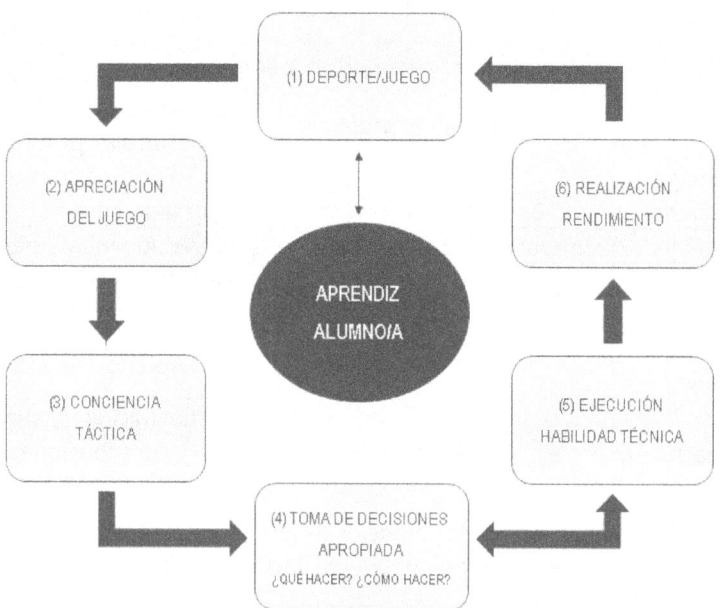

Figura 4. Esquema del Modelo Comprensivo, basado en Bunker y Thorpe (1982).

1. Juego/deporte: se trata de introducir a los chicos y chicas en una variedad de formas jugadas de acuerdo con su edad y experiencia, lo cual es importante en relación con el área o superficie de juego, el número de jugadores implicados y el equipamiento.
2. Apreciación del juego: desde el principio los niños y niñas han de comprender las reglas del juego o deporte, independientemente de su simplicidad, ya que las normas y reglas dan forma al juego y las modificaciones que se hagan tendrán implicaciones en las tácticas empleadas.
3. Conciencia táctica: hablamos ahora de las tácticas que son usadas en el juego, que a su vez son comunes a todos los juegos o deportes. Éstas formarán la base de la conciencia táctica, donde tendrá especial importancia la oposición.
4. Toma de decisión: normalmente los jugadores tienen que tomar decisiones en fracciones de segundo y tienen que distinguir entre *qué* hacer y *cómo* hacerlo. Respecto a la primera cuestión, tenemos que decir que las circunstancias de las situaciones de los juegos cambian constantemente y el jugador tiene que decidir qué hacer evaluando cada situación, por lo que tiene gran importancia la atención selectiva, la percepción y la predicción de posibles resultados, entre otras cosas. En cuanto al cómo hacerlo, se trata de seleccionar una respuesta apropiada, lo cual se convierte en algo crítico. La perspectiva comprensiva fomenta el proceso de toma de decisión en los alumnos-jugadores respecto al *qué hacer* (conciencia táctica) además de al *cómo hacerlo* (ejecución de la técnica) (Griffin, 1996).
5. Ejecución de la habilidad técnica: se trata de la producción real del movimiento requerido prevista por el profesor. Debe ser vista de forma separada de la realización o rendimiento (*performance*).
6. Realización/rendimiento (*performance*): sería el resultado observado, las consecuencias de la ejecución de dicha habilidad técnica.

Para estos autores, el proceso tiene lugar paso a paso, mientras los niveles de realización variarán, cada chico o chica será capaz de participar en la toma de decisión basándose en la conciencia táctica, lo cual hará que mantenga un interés y un compromiso en el juego o deporte. De esta forma, este modelo comienza con un juego, en el que se simplifican las reglas y el equipamiento o material. Estas reglas desarrollan la conciencia táctica y la toma decisiones, cuya complejidad va creciendo poco a poco. Una vez explicadas las reglas los chicos y chicas comienzan a jugar, lo cual hace que los alumnos-jugadores se encuentren con tener que resolver los problemas de las distintas situaciones de juego. Entonces, para desarrollar la conciencia táctica, cuando sea necesario, pararemos el juego y a través de preguntas (conocimiento de resultados interrogativo) conduciremos o guiaremos a nuestros pupilos hacia la comprensión y posterior resolución de dichos problemas. El profesor debe asegurarse de enseñar las técnicas cuando éstas sean necesarias, para que se entiendan como un medio para conseguir un objetivo (Thorpe y Bunker, 1982), pero éstas raramente serán el objetivo central de la sesión (Thorpe y Bunker, 1983).

Los creadores del modelo comprensivo, Thorpe, Bunker y Almond (1984), citados por Holt et al. (2002), inicialmente plasmaron sus ideas con la intención de desarrollar los programas de educación física, y establecieron cuatro principios pedagógicos fundamentales:

1. Selección/muestreo (*sampling*) de los juegos en función de la variedad de experiencias y posibilidades que pueden ofrecer, atendiendo a sus similitudes. Esto nos llevará a la clasificación de los juegos, como vimos más arriba, y a la consideración de la cuestión de la transferencia de los aprendizajes dentro de una misma categoría o familia de juegos o deportes.
2. Modificación-representación. Consiste en la adaptación de los juegos al tamaño, edad y habilidad de los chicos y chicas.
3. Modificación-exageración. Se trata de que el profesor puede modificar, manipular las reglas del mini-juego para conseguir el aprendizaje táctico, lo cual requiere gran experiencia y pericia por parte del profesor.
4. Complejidad táctica. Se refiere a que debemos empezar por aquellos juegos que son menos complejos, como los de blanco y diana, después los de red y muro, seguidos por los de campo y bate, para finalmente introducir los juegos o deportes de invasión (Werner et al., 1996). Como podemos comprobar, este principio está muy relacionado con el anterior (Holt et al., 2002).

Con el paso del tiempo el modelo inicial propuesto por Bunker y Thorpe (1982) ha experimentado algunas modificaciones y revisiones, como las realizadas por Kirk y MacPhail (2002) y Read (1992).

Para ilustrar de forma detallada la descripción y la caracterización de este modelo, haremos un recorrido por los aspectos y cuestiones más destacadas que subyacen y sustentan el mismo. No obstante, hemos de decir que la mayoría de ellos están muy relacionados entre sí, aunque serán tratados por separado, facilitando así su exposición y comprensión.

2.1.1. Ideas previas

Según Griffin y Patton (2005) los profesores que conocen más acerca de las ideas previas con las que sus alumnos llegan a clase, tiene mejores oportunidades de proporcionar un ambiente de aprendizaje de calidad. La enseñanza comprensiva, facilita, por medio de la reflexión *en* y *sobre* la práctica, la relación entre lo que están aprendiendo y lo ya conocido (Castejón, Giménez, Jiménez y López, 2003b). Debemos, pues, conocer qué conocimientos tienen nuestros alumnos-jugadores sobre la técnica y la táctica del deporte que están aprendiendo (Castejón, 2006). Por su parte, Grosser y Neumaier (1986) resaltan, dentro del ámbito del entrenamiento deportivo la importancia que tiene la consideración del nivel motor inicial de los deportistas, en relación con la capacidad física y el nivel de coordinación general (Antón y López, 1989). No obstante, los alumnos pueden tener ideas previas diferentes en relación con lo que se ha de aprender, por lo que tendremos que adaptarnos a esos niveles de conocimiento (Murillo, 2006).

Esta importancia de las ideas previas en la construcción de nuevos conocimientos llevó al mismo Ausubel (1968 y 1978), citado por Novak (1988, p. 25), a decir: «*si tuviera que reducir toda la psicología de la educación a un solo principio, diría esto: el factor sencillo más importante que influencia el aprendizaje es lo que ya sabe el que aprende. Averígüelo y enséñele en concordancia con ello*».

Desde el modelo comprensivo, la enseñanza se entiende como un proceso de investigación-acción, donde se parte del nivel inicial que tienen los alumnos-jugadores de forma que, más tarde, se vuelve de nuevo a tener en cuenta los conocimientos e ideas previas que tienen los chicos y chicas, por lo que se trata de un proceso cíclico (Bunker y Thorpe, 1982 y Contreras et al., 2001). La perspectiva constructivista del aprendizaje asume que los principiantes dan sentido activamente a la nueva información al enlazarla con su propio conocimiento y experiencias más que recibiéndolo pasivamente tal como es presentado por el profesor (Rovegno y Bandhauer, 1997). Según Kirk (1983) el profesor debe tener conocimiento de las experiencias de sus alumnos, en relación con un juego o deporte en particular. Teniendo en cuenta este conocimiento, el docente intentará acomodar la nueva información, y, por tanto, mejorar la comprensión. Por otro lado, siguiendo a Griffin y Patton (2005), cabe destacar, respecto a la formación de profesores y entrenadores, que no solo se han de conocer las ideas y experiencias previas de los alumnos, sino también de aquéllos profesores y entrenadores que se están formando, para poder paliar, en la medida de lo posible, sus carencias, conceptos erróneos, etc.

2.1.2. Variabilidad en la práctica

La variabilidad en la práctica de una habilidad hace referencia a la modificación de las condiciones en las que se lleva a cabo esa práctica (L. M. García,

2008). La variedad de espacios y de actividades son elementos importantes en la formación de los alumnos (Murillo, 2007). Una de las predicciones de la teoría del esquema de Schmidt (1975) es que ese esquema o reglas que gobiernan una categoría de movimientos, llegará a ser más sólido a través de la práctica variada. *«Tanto la cantidad como la variedad de prácticas favorecen la generación de esquemas motores capaces de evocar programas motores generales adecuados..., la variabilidad en la práctica alude a la importancia de diversificar, tanto cuantitativa como cualitativamente, el tipo de actividades que se llevan para la iniciación deportiva»* (Contreras, 1998, p. 228). Desde este punto de vista, se necesita una práctica variada (Castejón, 2006 y Castejón y López, 1997), lo cual producirá un aumento del bagaje motor, que se utilizará para solucionar un *«aprendizaje deportivo variado, como es el que se requiere en la iniciación deportiva»* (Castejón, 2005, p. 3). Por otro lado, desde el entrenamiento deportivo, Weineck (1988) expresa que en el entrenamiento del niño debe tener prioridad la práctica de habilidades y de técnicas diversificadas relacionadas con el deporte o actividad deportiva en cuestión. Las consideraciones sobre la práctica variable parecerían ser más significativas para la adquisición de habilidades abiertas (como los deportes colectivos en general y el fútbol en particular), donde existen grandes demandas en relación con la adaptación de las respuestas durante el juego (Turner y Martinek, 1995).

Es necesario que el sujeto aprenda en la variabilidad, ya que, sobre todo en los deportes colectivos, las situaciones no solo son parecidas, sino que también son variables y cambiantes. *«Lo que el sujeto adquiere es un plan de acción que se ajusta en función de las situaciones que suceden en un momento determinado»* (Castejón, 2005, p. 3). En este sentido, Magill (1998), refiriéndose a las habilidades abiertas (como el fútbol), nos dice que los contextos de realización de las mismas varían de forma natural de una situación o prueba a otra, con lo que sería adecuado variar los contextos de práctica o realización. Pero además de la práctica variable, se necesita que ésta sea también *deliberada*, donde ésta esté cargada de intencionalidad, donde las actividades y situaciones de enseñanza estén diseñadas para mejorar el rendimiento, donde exista conocimiento de resultados que favorezcan la adquisición de aprendizajes (Ruiz, 1999).

2.1.3. Horizontalidad de la enseñanza deportiva

Para Riera (1994, p. 122) *«la práctica de diversos juegos colectivos favorece el aprendizaje táctico, pero no garantiza que se transfieran los principios tácticos adquiridos a todos los deportes»*. Quizás esto pueda traducirse en que deberíamos iniciar a los chicos y chicas en el deporte a través de la práctica de diversos deportes de la misma categoría o familia, tal como exponen algunos autores (Gréhaigne y Godbout, 1997 y Gréhaigne, Godbout y Bouthier, 2001). Estos mismos autores sugieren la necesidad de construir un conocimiento específico articulado en relación con los problemas planteados por la actividad o familia de actividades, que puedan ser utilizados en diferentes deportes. En este mismo sentido, Lasierra (1991) apunta que si optamos por un modelo centrado en la táctica, tendremos la posibilidad de utilizar la transferencia entre distintas modalidades de los deportes de equipo. Holt et al. (2002) nos dicen que *«un jugador que comprende los principios claves del fútbol también tiene una buena comprensión de deportes similares, tales como el hockey sala y hielo, el rugby, el lacrosse o el waterpolo, a pesar de no tener todavía las habilidades técnicas específicas desarrolladas para jugar a esos juegos»* (p. 170). Esto mismo sugiere, Butler (1997) cuando nos dice que este tipo de enseñanza permite a los alumnos-jugadores transferir el conocimiento adquirido desde un juego o deporte a otro. Otro autor que nos habla de la enseñanza horizontal en la iniciación deportiva es Spackman (1983, p. 99), quien nos dice que *«los chicos y chicas pueden aprender a identificar y explorar los principios de ataque y defensa del juego en deportes de invasión en general, más que en uno en particular»*. Werner (1989), por su parte, manifiesta que cambiando el equipamiento y unas pocas reglas, podemos ir desde el baloncesto, al fútbol y al hockey, porque la naturaleza de los juegos de invasión sigue siendo la misma. Además, nos sigue diciendo el autor, el aprendizaje de la naturaleza de varios juegos o deportes puede proporcionar una motivación natural para el alumno juegue o participe. También, desde la perspectiva de las intenciones pedagógicas, Bayer (1985) sugiere que una práctica transferible, evitará, a través de una práctica multiforme, una especialización deportiva precoz, además de garantizar la transferencia de las habilidades adquiridas en una actividad a otra disciplina.

Según Castejón, Aguado, García, Hernando y Ruiz, (2000) existe la posibilidad de que se pueda transferir conocimientos entre distintas situaciones o actividades deportivas, siempre que tengan cierta similitud o que pertenezcan a una misma categoría o familia de deportes. Hopper (1998) nos dice que a causa de la similitud entre juegos y deportes de una misma categoría, se produce una comprensión de los principios que gobiernan la participación dentro de un juego/deporte, lo cual permite transferir los mismos principios a otro juego/deporte de la misma familia. Por tanto, y siguiendo a Memmert y König (2007), parece ser beneficiosa la enseñanza de los juegos y deportes desde un amplio enfoque diversificado, ya que esto permite a los niños y niñas tomar parte de forma activa en diversos juegos deportivos y actuar en variadas situaciones de los mismos. Esto, como es obvio, está relacionado íntimamente con el concepto de transferencia. Este hecho lleva a autores como Ellis, 1985; Mauldon y Redfern; y Thorpe, Bunker y Almond, 1986, (citados por Werner y Almond, 1990) y Werner et al. (1996) a establecer clasificaciones de los deportes en función de principios comunes de juego, estableciendo así un marco de referencia que sirve para conformar el currículum de Educación Física (EE.UU y Reino unido, fundamentalmente). Al respecto, Gréhaigne y Godbout (1997), con el fin de que los alumnos y alumnas reconozcan similitudes tácticas entre deportes de la misma familia o categoría, plantean sesiones o clases en las que se va de un deporte a otro (por ejemplo, del balonmano al fútbol, del fútbol al balonmano y de éste al baloncesto).

Pensamos también que aquí el principio de *sampling* (selección/muestreo) tiene cabida, ya que se considera que los aprendices o novatos deben iniciarse a los juegos y deportes a través de juegos de complejidad táctica baja que tengan estructuras tácticas similares a los juegos formales.

2.1.4. Enseñanza técnico-táctica del deporte

Según Bunker y Thorpe (1982) el énfasis debería ser cambiado hacia las consideraciones tácticas, lo cual fomentaría la toma de decisiones basada en la conciencia táctica y el reconocimiento por parte de los chicos y chicas del juego como algo interesante y divertido. Nos siguen diciendo estos autores, que los chicos deberían empezar a ver la necesidad, y la relevancia de las diferentes técnicas tal como éstas son requeridas en las distintas situaciones de juego. El modelo comprensivo, pues, asiste a los jugadores en el aprendizaje de las tácticas y estrategias en tándem con el desarrollo técnico (MacPhail, Kirk y Griffin, 2008). No obstante, matiza Griffin (1996, p. 36): «*las tácticas enseñadas nunca sobrepasarán la técnica o habilidades técnicas de los alumnos*». Weineck (1988) establece como uno de los principales principios metodológicos, la formación técnica y táctica paralela y en estrecha conexión, y desde lo más pronto posible. El escenario educativo, en lugar de oponer el aprendizaje técnico y el aprendizaje táctico, debería articularlos en una educación técnico-táctica (Gréhaigne et al., 2001).

«La técnica debe ser contemplada como medio para poder realizar acciones tácticas. Su enseñanza no debe ser, pues, un objetivo en sí mismo, sino que debe ir siempre asociada a la enseñanza de la táctica» (De la Rica, 1993a, p. 775).

En este sentido, Mitchel et al. (2006) nos dicen que el enlace entre técnicas y tácticas capacita a los estudiantes para aprender acerca de un juego o deporte y mejora su rendimiento, especialmente porque las tácticas del deporte proporcionan la oportunidad para que las habilidades técnicas relacionadas con el deporte sean aplicadas. De ahí, la importancia de una práctica contextual.

2.1.5. Enseñanza contextual/transferencia/significatividad/funcionalidad

Según Graça (1997) existen dos problemas en el aprendizaje deportivo: los problemas de la selección de la respuesta correcta (el qué, el cuándo y el por qué); y los problemas relacionados con la ejecución motriz (el cómo). Graça (1997), Buck y Harrison (1990) y Launder (2001) sugieren que desde muy temprano se ha de proponer, a nuestros alumnos-jugadores, situaciones-problemas semejantes a los que ocurren en el juego real. Riera (1994) nos recuerda que el entrenamiento de los deportes de oposición no puede prescindir de la utilización adversarios reales. En este modelo se apuesta por adquisición contextual de las habilidades técnicas (Devís, 1992 y Read, 1992). La contextualización de la enseñanza se basa en aprender las habilidades deportivas en un contexto similar al que se da en el deporte en cuestión (Castejón, 2005 y 2006). En este sentido Light (2005) sugiere que tanto las habilidades técnicas como la comprensión de las mismas, deben ser desarrolladas en contextos parecidos a aquéllos en los que éstas deberán ser realizadas. *«Aprender una habilidad dentro del contexto en que ésta se hace necesaria permite al alumno otorgarle sentido a dicho aprendizaje»* (Castejón, 2005, p. 8). Rink et al. (1996) nos dicen que el real y auténtico escenario de la enseñanza o instrucción deportiva es *el juego* (deporte). Los alumnos demandan, fundamentalmente, situaciones reales de juego (Méndez, 2000). Por su parte, F. Jiménez (2001) manifiesta que la enseñanza de un deporte ha de estar de acuerdo con la naturaleza funcional y estructural del mismo. De esta forma debe existir una correspondencia entre la estructura interna del juego y la lógica didáctica que organiza su enseñanza. Con relación a lo expuesto, Arnold (1990) nos habla de la adquisición de la destreza como capacidad contextual, la cual *«se caracteriza por una respuesta inteligente en el contexto del despliegue y de la dinámica viva de la actividad»* (p. 158). Sería lo que Kirk (1983) denomina *«intelligent performance»*, porque alguien que actúa inteligentemente ha comprendido y lo ha llevado a cabo.

Hopper (1998) manifiesta que el rendimiento llega no desde la confianza en las habilidades técnicas, sino desde la base de la conciencia del juego, que conduce a la adopción y a la adaptación de las destrezas técnicas dentro de las demandas tácticas y estratégicas del juego/deporte. Nos sigue diciendo este autor que *«cuando los aprendices aprecian las demandas del juego y son capaces de reconocer cómo ellos pueden hacer frente a los desafíos a través del juego y de la práctica, entonces jugar al juego/deporte puede convertir-*

se en una diversión y en un hábito saludable» (p. 7). Almond (1985) abunda en esta cuestión cuando afirma que en el aprendizaje de un juego/deporte, los chicos y chicas han de ser expuestos a juegos (modificados) que ilustren los grandes principios del juego. Estos juegos facilitadores representan los principios claves del juego en una forma que permite a los chicos y chicas jugar a su nivel y sentir que ellos están jugando al verdadero juego o deporte.

Para Castejón (2005 y 2006) el aprendizaje significativo del deporte es de suma importancia, el cual fomenta un aprendizaje comprensivo, válido y útil. Esta funcionalidad hará que el alumno-jugador comprenda para qué sirve y por qué aprender un determinado contenido. Al respecto Murillo (2007) considera que sería absurdo que la educación se limitara tan sólo a transmitir contenidos informativos, cuando lo que realmente se necesita es transmitir pautas de comportamiento que permitan usar y sacar el máximo partido a esos conocimientos que se posee. Esta comprensión nos llevará a *leer el juego*, es decir, a la táctica. Para Ausubel y sus colaboradores, citados por Coll (1988), para que un contenido sea significativo tiene que reunir dos condiciones: 1, que tenga un significado en sí mismo (*significatividad lógica*), y 2, que pueda relacionarlo con sus conocimientos y experiencias previas (*significatividad psicológica*). Si el aprendiz percibe la tarea como no significativa o indeseable, entonces el aprendizaje será mínimo (Turner y Martinek, 1992). En la misma línea, Singer (1986, p. 209) nos dice que *«una mayor experiencia en condiciones "reales" prepara al alumno para posibles situaciones que se puedan presentar y en cómo responder ante ellas. Los efectos de transferencia son más positivos cuando las condiciones prácticas y las del ensayo son similares»*.

Según Rubinstein, citado por Mahlo (1981), la transferencia es *«la aplicación de soluciones anteriormente descubiertas (conocimientos) a nuevos problemas»* (pp. 95-96). Se trata, pues, de reconocer las informaciones más importantes (análisis) y detectar los problemas que exigen soluciones similares o análogas, comprobando lo que de común tienen (síntesis) (Mahlo, 1981). Pero, nos sigue diciendo este autor, la solución teórica no es suficiente, es menester que ésta concuerde con las capacidades de acción y habilidades del ejecutante (alumno-jugador) para que el problema pueda tener una solución práctica y funcional. Por tanto, la solución teórica y la práctica deben conformar una unidad. Mitchel et al. (2006) dicen que hay investigaciones que apoyan la transferencia en la adquisición de las habilidades motoras (Dan Ota y Vickers, 1998; Singer, De Francesco y Randall, 1989, citados por Mitchel et al., 2006), pero existe cierta carencia de investigaciones y estudios que apoyen la transferencia del conocimiento y de la comprensión táctica en el área de la actividad física. Quizás los más destacados sean los de Mitchell y Oslin (1999), quienes investigan la transferencia desde el bádminton al pickleball (especie de mini-tenis), y el de Martin (2004) entre el ultimate frisbee y el balonmano. Alexander y Judy (1988), citados por Singer y Chen (1994), manifiestan que la alta competencia se caracteriza por la capacidad de percibir la relación entre el dominio y el conocimiento estratégico. Es decir, cuando los individuos emplean estrategias en resolver problemas del mundo real, adquieren la habilidad de comprender la esencia del problema y representarlo mentalmente. Esta habilidad les permite transferir lo que ellos han aprendido en una situación a otro problema nuevo, pero con la misma estructura. Según Berkowitz (1996) refiriéndose a los deportes colectivos, la mayor ventaja del enfoque táctico es que se pueden trasladar los problemas tácticos a otros juegos de invasión. Como vemos, todo esto está muy relacionado con la horizontalidad de la enseñanza de los deportes.

Por otro lado la perspectiva constructivista del aprendizaje nos sugiere que el alumno-jugador debería aprender la habilidad en el contexto en el cual va a ser usada, para minimizar así los problemas de transferencia (Brooks y Brooks, 1993, citados por Rink, 2001). De acuerdo con esta última autora, todavía se ha de investigar más. Anderson et al. (1996), respecto a la cuestión de la transferencia, concluyen: 1. Puede haber gran cantidad de transferencia, una cantidad modesta, no transferencia en todo, o incluso una transferencia negativa; 2. Los mayores determinantes de la transferencia de una tarea a otra son la representación y el grado de práctica; 3. La cantidad de transferencia depende de dónde se dirige la atención durante el aprendizaje. Por tanto, el entrenamiento sobre las pistas que señalan la relevancia de una habilidad disponible debería recibir más énfasis en la instrucción.

2.1.6. Situaciones de enseñanza

Entendemos situación de enseñanza como aquella «*situación motriz en la que el jugador ha de construir su propio contenido de acción junto a la intervención del profesor-entrenador, y con referencia a un contexto específico*» (F. Jiménez, 2000a, p. 45). En nuestra opinión estas situaciones de enseñanza del deporte han de tener, debido a las características de los participantes, un alto componente lúdico, ya que «*El movimiento lúdico ofrece un caudal inmenso de posibilidades para que el niño aprenda a vivir viviendo*» (Cagigal, 1981, p. 203). Parlebas (1996) nos habla del poder pedagógico del juego: «*De este modo, en el juego lo más importante no es el jugador, sino el juego... es esencial analizar cada juego según los márgenes de iniciativa y en el campo de posibilidades que ofrece a cada jugador*» (p. 46).

Mahlo (1981) da gran importancia a los *pequeños juegos* porque ofrecen oportunidades para actuar en función de la situación y por obligar a tomar decisiones sin cesar para resolver problemas, lo cual favorece la adopción y aprendizaje de comportamientos tácticos aplicables posteriormente a numerosos deportes colectivos. Para que esto sea efectivo, los maestros-entrenadores han de poseer ideas y conocimientos claros sobre las particularidades tácticas de cada *pequeño juego*. Desde el enfoque alternativo, se utiliza el juego para incrementar la diversión y el compromiso de los alumnos-jugadores, por lo que el juego se convierte en el elemento clave de esta aproximación comprensiva (Valero, 2005). Es importante adaptar el deporte al niño. Armstrong (1998) considera que el juego real necesita adecuarse a los niños y niñas: técnicas, equipamiento y áreas de juego deberían adaptarse a las habilidades y desarrollo fisiológico del niño. Para MacPhail et al. (2008) se han de realizar modificaciones en las reglas, áreas de juego y equipamiento. Así, el recurso principal de este modelo son los llamados *juegos modificados*. Se trata de juegos o actividades jugadas que poseen una serie de principios tácticos comunes a deportes de una misma categoría o familia, en los que se han modificado el número de jugadores y el equipamiento (modificación como *representación*) o las reglas con el fin de hacer hincapié en algún aspecto táctico (modificación como *exageración*) (Thorpe, Bunker y Almond, 1984, citados por Contreras et al., 2001). Podemos aumentar la participación de nuestros alumnos-jugadores disminuyendo el número de jugadores, el tamaño del campo o área de juego y modificando las reglas según convenga (Buck y Harrison, 1990).

2.1.7. Progresión de la enseñanza

Se debe comenzar la iniciación deportiva con juegos y ejercicios donde esté reducida la complejidad respecto al tamaño del área de juego, número de jugadores, etc., *«pero sin perder la esencia de la oposición y la colaboración colectivas»* (Riera, 1994, p. 122) propias de los deportes colectivos. Los juegos (deportes o situaciones de enseñanza) deben ser presentados en progresión, empezando con habilidades motoras y reglas muy simples, permitiendo así a los alumnos-jugadores explorar todas las posibilidades estratégicas antes de incrementar la complejidad de los juegos (Doolittle y Girard, 1991). Gréhaigne y Godbout (1997, p. 10) afirman que el *«uso de diferentes reglas dará forma al juego al permitir o restringir ciertas conductas tácticas o técnicas»*. Parece necesaria, pues, una adecuada combinación entre respetar la naturaleza de los juegos o deportes (contextualización) y adaptar la complejidad de los mismos a las características, edad y nivel de los alumnos. En este sentido Rink (2001) afirma que la progresión debe implicar reducir la complejidad del contexto en el que las habilidades motoras son aprendidas y practicadas, ya que nadie sugiere que el aprendizaje de éstas ocurra en un juego o deporte completo. Para Mitchel et al. (2006, p. 12) el profesor *«debe asegurar que la complejidad táctica de los juegos o deportes se corresponda con el desarrollo de los alumnos, ya que muchos problemas tácticos son demasiado complejos para que los jugadores novatos los comprendan»*.

Según Petersen (1992) hay dos cosas que los profesores-entrenadores pueden hacer para actuar adecuadamente en el incremento de la complejidad de las tareas:

1. Los alumnos necesitan muchas secuencias graduales, pequeños escalones, en la progresión desde las habilidades básicas hasta la complejidad del juego o deporte. El uso de los contrarios y de los compañeros debe servirnos para ir incrementando poco a poco la complejidad de los juegos.
2. Establecer pequeños grupos más que grandes grupos de alumnos-jugadores. Las situaciones de juego reducidas (2x2, 3x3, etc.), son muy apropiadas, ya que fomentan la práctica y aumentan la participación de los alumnos-jugadores, además de reducir la complejidad de los juegos.

2.1.8. Metodología: Resolución de problemas

En relación con los métodos de enseñanza aplicados a la enseñanza de los juegos o deportes, Sibson (1992, p. 16) comenta que *«la aproximación educativa a la enseñanza de los juegos implicará a los jóvenes en la resolución de problemas creados por el juego. La solución podría ser encontrada a través del desarrollo de las tácticas y/o del refinamiento de las habilidades técnicas específicas»*. En este sentido, Berkowitz (1996), Booth (1983), Mitchell (1996) y Spackman (1983), desde una aproximación táctica de la enseñanza de los juegos o deportes, proponen partir de problemas tácticos que deben resolver los alumnos-jugadores con el objetivo de lograr una mejor comprensión del juego en general. Doolittle y Girard (1991) manifiestan que los juegos (deportes) que constituyen las actividades de la sesión deberían ser establecidos como problemas que tienen la necesidad de soluciones.

Según Le Boulch (1991) es importante en el aprendizaje la llamada *fase exploratoria*, la cual resulta fundamental para la comprensión del problema planteado por la situación determinada, a partir de ésta el sujeto *«aprenderá a considerar las informaciones resultantes... Nada puede sustituir a la experiencia personal de adaptación»* (p. 41). Al respecto, Rink (2001) sugiere que un alto nivel de procesamiento cognitivo es demandado cuando el aprendiz es estimulado a encontrar su propia forma o camino a través de la tarea, más que cuando la información le es dada de forma explícita acerca de cómo lograrla. Si dejamos a los alumnos-jugadores que resuelvan los problemas, esto nos llevará, quizás, más tiempo, pero puede ser más eficaz, ya que favorece la retención y propicia posibilidades de transferencia o de aprendizaje de habilidades relacionadas (Singer, 1986). En este mismo sentido, y muy significativamente, se expresa Le Boulch (1990, p. 22) cuando manifiesta que *«nada puede sustituir a la práctica personal»*; el niño o niña domina y comprende una situación determinada a través de su propia experiencia y no por referencia a la experiencia de su profesor. *«No podemos adquirir sino aquellas ideas, sentimientos y técnicas que hayan sido vividas por nosotros»* (John Dewey, citado por Le Boulch, 1990, p. 22). Contreras (1996), refiriéndose a la comprensión de la naturaleza de los juegos deportivos y a la toma de decisiones, nos recuerda que realmente los juegos deportivos son problemas motores que tienen que solucionarse en el mismo momento que se desarrolla el juego, con lo que su enseñanza-aprendizaje debe estar en relación con esta consideración. *«Sólo la necesidad de resolución de un problema real de juego puede dotar de significación y funcionalidad el aprendizaje de un gesto técnico... Una vez el jugador conoce la razón que justifica el uso de un gesto técnico, éste debe mejorarse»* (V. López, 2000, p. 432). Comprender por qué se necesita un habilidad técnica antes de enseñar cómo realizarla es fundamental en la motivación hacia el aprendizaje de los alumnos-jugadores (Doolittle, 1995).

Singer (1986) nos dice que si el propósito de la situación de aprendizaje es estimular al aprendiz a pensar y a resolver cualquier problema, adaptándose a la nueva pero relacionada situación de juego, entonces el fomento de la resolución de problemas en situaciones iniciales de aprendizaje, será ventajoso. En este sentido, Howarth (1989) asevera que cuando un profesor-entrenador utiliza los estilos de enseñanza de resolución de problemas y el descubrimiento guiado está implicando directamente a los chicos y chicas a encontrar por ellos mismos por qué ciertas técnicas y estrategias son más exitosas que otras. De esta forma, *«ellos serán más capaces de recordar las técnicas y las tácticas y de transferir los elementos comunes a otras situaciones similares»* (p. 33). De nuevo Singer (1986) nos dice que sólo podemos conseguir una adaptación a las situaciones a través de prácticas que favorezcan la resolución de problemas y que permitan cierta flexibilidad en la actuación. *«El aprendizaje tipo Robot es ineficaz para actividades abiertas»* (p. 155), como los deportes colectivos, de cooperación/oposición o de invasión, entre los que se encuentra el fútbol. En relación con lo expuesto, Wulf y Weigelt (1997), tras estudiar los principios que subyacen en el aprendizaje de una habilidad motora compleja, sugieren que *«cuando ésta implica movimientos de todo el cuerpo o la coordinación de diversos grados de libertad, el aprendizaje podría ser más efectivo si el aprendiz tiene una oportunidad de descubrir el movimiento correcto por sí mismo»* (p. 366), lo cual, a su vez, facilitará sus habilidades para resolver problemas (Chen y Rovezgo, 1999).

La enseñanza comprensiva del deporte sugiere que a los alumnos-jugadores no se les debería dar información sobre cómo ejecutar una habilidad antes de necesitarla en el contexto del juego, pero... ¿necesita el aprendiz información específica sobre cómo ejecutar una respuesta motora? No siempre, pero sí a veces. El problema está en cuánta información, y en cuándo y bajo qué condiciones dar ésta (Rink, 2001). Murillo (2007) afirma que por medio del Aprendizaje Basado en Problemas se intenta estimular el pensamiento crítico y la creatividad de los alumnos. También nos dice este autor que se favorece la exposición a contextos en los que la búsqueda de soluciones potencia el trabajo en colaboración de manera activa. *«El aprendizaje por descubrimiento fuerza al aprendiz a explorar las dinámicas del sistema en el que está trabajando de un modo interactivo. Sólo cuando tales prescripciones se encaminan a delinear la progresión de los problemas que tendrá que resolver el aprendiz, y las relaciona con su capacidad, pueden ser efectivas»* (Whiting, 1989, p. 62). El aprendizaje deportivo a través de situaciones-problema fomenta la adquisición de estrategias cognitivas que van a colaborar en la resolución de los problemas planteados (Contreras, 1998).

2.1.9. Conocimiento de Resultados interrogativo

El conocimiento de resultados representa toda la información que recibe un individuo durante o después de la realización de un movimiento (Schmidt, 1988, citado por Sousa y Bandeira, 1994). Este mismo autor establece tres funciones del conocimiento de resultados: 1. de guía: la información conduce al individuo hacia el objetivo del movimiento. 2. de Motivación: la información relativa a su realización motiva al ejecutante. 3. de asociación: la información es relacionada con otras provenientes de otras fuentes de feedback. Para numerosos autores (Sousa y Bandeira, 1994) el conocimiento de resultados es la variable más importante del aprendizaje, aparte de la práctica en sí misma, aunque se acepta de manera cautelosa y no dogmática. También Silvernail (1979) y Wade (1976), citados por Jones (1990), manifestaban ya la importancia del cuestionamiento en el proceso de enseñanza-aprendizaje. Para Butler (1997) la técnica de cuestionamiento es la clave para desarrollar una enseñanza constructivista. Según Turner (2005) el uso del cuestionamiento es la herramienta pedagógica clave del modelo comprensivo, al cual nos servirá para estimular a los alumnos-jugadores a leer el juego. Mitchel et al. (2006) consideran que exponer a los alumnos a problemas tácticos específicos y el cuestionamiento del profesor, incita al pensamiento crítico y a la resolución de problemas. Destaca también Light (2005) quien, dentro de la variante australiana de la enseñanza comprensiva «*sentido del juego*», nos dice que a través de preguntas abiertas, se estimula la creatividad. Berkowitz (1996) y Mitchell (1996) proponen en la enseñanza de los juegos deportivos, la utilización de preguntas para permitir a los alumnos-jugadores ver la necesidad de trabajar sobre las habilidades técnicas que su juego debería mejorar. Griffin y Patton (2005) resaltan, en este sentido, la importancia del uso de preguntas con el objetivo de conocer qué información procesan o no los alumnos. Una parte importante, pues, del desarrollo del modelo comprensivo, es la que corresponde al profesor-entrenador cuando realiza preguntas con el fin de conseguir una mejor comprensión de los principios tácticos y del juego en general (Contreras, 1998). Los profesores-entrenadores pueden incrementar el conocimiento estratégico de los alumnos-jugadores usando cuestiones interactivas simples, las cuales pueden ir dirigidas tanto a un individuo en concreto, a un grupo de jugadores, como al equipo entero (Metzler, 1990).

Para Gréhaigne y Godbout (1998), citados por Richard y Wallian (2005), las preguntas deberían ir desde cuestiones generales y abiertas que estimulen el debate, a cuestiones más específicas. Esto propiciaría lo que estos mismos autores denominan «*debate de ideas*», el cual se refiere a las situaciones en las que los estudiantes se expresan a través de una verbalización abierta, e intercambian hechos e ideas basadas en la observación o en la actividad personal experimentada. Por tanto, el debate de las ideas entre alumnos-jugadores y profesor-entrenador es un componente crítico en la construcción del rendimiento en el juego, ya que hace explícito lo que podría quedar implícito dentro de la mente de los jugadores (Richard y Wallian, 2005).

«Cuando nosotros preguntamos a los estudiantes qué ocurrió en el juego, o qué estrategias pueden usar para mejorarlo, nosotros estamos desafiándolos, como dijo Sócrates, a realizar un salto cognitivo» (Butler, 1997, p. 46).

No obstante, la claridad de la información instructiva no garantiza que un alumno adquiera el conocimiento que un profesor persigue. En cambio el profesor tiene que, además de dar una información clara, diseñar las formas para que los alumnos encuentren experiencias que les lleven a construir el «*significado correcto*» (Hare y Graber, 2000). Además, siguiendo a estos mismos autores, rara vez nos encontramos con alumnos que parten de las mismas ideas y experiencias previas, lo cual hace necesaria una individualización del conocimiento de resultados o feedback. Mitchel et al. (2006, p. 13) insisten en que «*la calidad de las preguntas es la clave para fomentar el pensamiento crítico y la resolución de problemas de los alumnos*». Para estos autores, es tan importante la enseñanza a través de preguntas a nuestros alumnos, que proponen que éstas deberían ser una parte integral de la planificación del profesor. Convendría también, después de haber preguntado a nuestros alumnos-jugadores y de discutir sobre las respuestas que nos han dado éstos, permitidles un tiempo de práctica en el que puedan probar las viejas soluciones e intentar las nuevas aprendidas y sugeridas por compañeros y/o profesor-entrenador, ya que discutir las soluciones de los alumnos-jugadores es una parte integral del método comprensivo de la enseñanza del deporte (Doolittle y Girard, 1991).

2.1.10. Motivación

¿Vamos a jugar al juego (deporte) hoy? Esta pregunta es, quizás, la más frecuente en las clases de Educación Física. La aproximación comprensiva de la enseñanza del deporte, al utilizar como medio de enseñanza principal los juegos modificados, permite a los alumnos-jugadores hacer lo que a ellos más les gusta, que no es otra cosa que jugar al juego o deporte, lo cual motiva a los alumnos-jugadores a participar (Oslin, 1996). Además, debemos tener en cuenta, tal como señalan Martínez et al. (2008), que una de las principales motivos por los que los niños y niñas practican el fútbol es la diversión/socialización. Por otro lado, además de la significatividad lógica y de la psicológica, como veíamos más arriba, es menester que los alumnos-jugadores tengan una *actitud favorable* para aprender significativamente, lo cual se refiere a la intencionalidad del alumno-jugador para relacionar el nuevo contenido con lo que ya conoce. Al respecto, es crucial la habilidad del profesor para despertar y fomentar esta motivación, por lo que el papel de éste se nos muestra determinante (Coll, 1988). Si el compromiso del alumno-jugador es decisivo en el aprendizaje, entonces la forma de aumentar dicho compromiso es crucial (Rink, 2001). En este sentido se expresa J. E. García (2002/2003, p. 44) cuando nos dice que «*la motivación es el motor del tratamiento del problema...Lo que mata el interés en toda investigación es la falta de sentido en lo que se está haciendo. Sentido para el alumno, pues aunque el profesor tenga claro que el problema es muy relevante ello no garantiza, en absoluto, que el alumno lo vea igual...Sin motivación no hay problema*».

La enseñanza comprensiva de los juegos y deportes al depender del juego y al estar centrada en el alumno-jugador más que estar centrada en la técnica o en el profesor, proporciona una gran motivación, lo cual proporciona una base positiva para el aprendizaje (Chandler, 1996). Este modelo se centra en la motivación intrínseca que muchos niños y niñas tienen por jugar al deporte (Doolittle, 1995). Parece, pues, que el planteamiento de juegos modificados, lo cual caracteriza al modelo comprensivo, puede tener numerosos beneficios para las experiencias afectivas de los chicos y chicas. Entonces, facilitar más experiencias placenteras puede temer implicaciones para la motivación y para la participación continuada, incluso después de abandonar la enseñanza (Holt et al., 2002). Parece pues, siguiendo a Mitchel et al. (2006), que la investigación indica (como veremos más adelante) que los estudiantes encuentran el enfoque táctico motivador y que, además, los profesores lo prefieren.

2.1.11. Enseñanza de la técnica en este modelo

Dentro del modelo comprensivo, la técnica es enseñada, cuando ésta se muestra necesaria (Bunker y Thorpe, 1982). Según Turner y Martinek (1992) *los chicos y chicas deberían empezar a ver la necesidad de las técnicas tal como ellas son requeridas en las situaciones de juego*. Para Berkowitz (1996) las situaciones de juego son mejores para el desarrollo de las habilidades técnicas que el trabajo aislado de las mismas, y nos aconseja empezar gradualmente. Como vemos, en realidad, los autores que defienden este modelo no están totalmente en contra de la práctica analítica de la técnica (Contreras et al., 2001), sino que se enseña cuando el juego lo requiere y en íntima relación con la táctica. Si el juego consecuentemente se interrumpe, una de las causas puede descansar en la carencia de habilidad técnica, con lo que será necesaria la intervención (Almond, 1985).

La enseñanza comprensiva se centra en el juego y sitúa el aprendizaje de la técnica dentro del contexto de juego, estimulando a los alumnos-jugadores a pensar conceptualmente y permitiéndoles establecer conexiones entre y dentro de los juegos o deportes (Sweeney y Everitt, 2002). Durante la enseñanza, puede ser necesario utilizar el modelo tradicional para la enseñanza de alguna habilidad, sin embargo, lo importante es que los jugadores habrán desarrollado una comprensión de dónde aplicar estas habilidades y su relevancia dentro del juego (Booth, 1983). En este mismo sentido, Mitchel et al. (2006, p. 537), manifiestan que el enfoque comprensivo «*asegura que los alumnos aprendan las técnicas cuando ellos aprecian su valor en el juego. Los estudiantes entonces practican estas habilidades bajo condiciones que los capacitan para relacionar las técnicas con el contexto del juego*». De esta forma, los chicos y chicas ven la necesidad para, y relevancia de, habilidades técnicas particulares y cómo y cuándo éstas son requeridas. Además, según Turner (2005), la discreción del profesor-entrenador es crucial para decidir el nivel que los alumnos-jugadores pueden necesitar a la hora de trabajar (1x1, 3x1, 2x1, etc.). La enseñanza comprensiva está en relación, pues, con la formación de jugadores diestros que tienen técnicas flexibles y buenas capacidades de toma de decisión (Chappell, 1990).

2.1.12. Papel del profesor-entrenador

Para Turner (2005) la enseñanza con este modelo requiere por parte del profesor una habilidad pedagógica considerable. Estamos de acuerdo con Weineck (1988) cuando nos dice que para que el entrenamiento de los niños y niñas sea adecuado, es menester poseer ciertos conocimientos sobre las características psicofísicas de éstos para poder adecuar el entrenamiento a la edad y al nivel de desarrollo. Además, hemos de tener en cuenta que el modelo comprensivo tarda más tiempo que el tradicional en producir resultados, pero, en cambio, obtiene mejores resultados (Light, 2005).

Por otro lado, pensamos que para que el deporte sea educativo, el educador deberá exponer al alumno-jugador, de forma individual o grupal, a *situaciones problemas* en relación con las actividades deportivas en cuestión y lo suficientemente ricas como para provocar respuestas diferentes (Le Boulch, 1991). Nos sigue diciendo este autor que *« el rol del educador no es el de transmitir al sujeto que aprende la respuesta ideal, sino el de hacer de mediador entre el sujeto y la situación»* (p. 47). El educador debe abstenerse de dar las soluciones a los alumnos-jugadores, haciendo así innecesarios el esfuerzo y la investigación de éstos, sino que éstos deben descubrir el mejor modo de ejecución a través del tanteo (Le Boulch, 1990). El maestro o entrenador debe evitar que su intervención no lleve a los alumnos-jugadores a jugar siempre de la misma forma. Sin embargo, para favorecer el aprendizaje, debe fomentar la información proveniente del exterior (profesor-entrenador) y la auto-información (conocimiento de la ejecución propia y conocimiento de los resultados). De esta forma se favorecerá el aprendizaje táctico y la educación de las habilidades. Se trataría de utilizar las dos fuentes de información de forma que se favorezca el aprendizaje deportivo, evitando una utilización unilateral y excesiva (Le Boulch, 1991). La intervención oportuna del profesor en la situación de juego ayuda a la selección de la habilidad técnica y a promover la eficiencia de la misma, lo cual es importante para el desarrollo del juego en su conjunto (Spackman, 1983). Para ello, tanto las tácticas como las técnicas deben ser comprendidas primero por el profesor y, entonces, introducidas a los estudiantes a través de juegos modificados que poseen problemas tácticos y estratégicos (Turner, 2005).

En este sentido, la construcción de aprendizaje es progresiva y conjunta, donde profesor-entrenador y alumno-jugador juegan papeles diferentes pero complementarios. Sería lo que Vygotsky denominó aprendizaje social o constructivismo social (Light, 2008). El profesor-entrenador guía el proceso de construcción de conocimiento del alumno-jugador haciéndole participar en actividades y tareas que le van a permitir construir significados cada vez más próximos a los que él posee (Coll, 1988). El profesor debe acompañar al alumno-jugador durante el proceso de la resolución de los problemas, manipulando y controlando la dificultad de la tarea y los objetivos de la misma, lo cual va a permitir que profesor y alumno-jugador vayan compartiendo el conocimiento (Castejón y López, 1997). El profesor ha de poner a sus alumnos en la correcta dirección y actuar como un *posibilitador* más que ser un *proporcionador* de la información, quien a menudo hace a los alumnos muy dependientes del profesor. Al respecto, Spackman (1985), manifiesta que el rol del profesor es, principalmente, de guía. Para Griffin y Patton (2005) la enseñanza comprensiva valora sumamente el rol del profesor como un facilitador, mientras que el del alumno es activo e implicado en el proceso de aprendizaje. Después de introducir al alumno en el problema, lo guía a través de las posibles soluciones y lo asiste en la identificación de los requerimientos que necesita para responder a la tarea o problema. Sin embargo, el docente tiene la considerable responsabilidad de implicar a los alumnos en su propio aprendizaje (Stoddart, 1985). En este sentido cobra importancia en el modelo comprensivo, el hecho de que el profesor-entrenador realice preguntas a sus pupilos con el fin de conseguir una mejor comprensión de los principios tácticos y del juego en general (Contreras, 1998). Spackman (1985) propone unas directrices que forman un esquema el cual debería ser seguido de forma secuencial:

1. Decidir un problema o tema para ser investigado (Ejemplo: principio del juego de posesión en ataque).
2. Establecer una forma de juego modificado apropiado para proporcionar el contexto para la exploración y desarrollo del tema.
3. Observar el juego (dirección).
4. Investigar los problemas tácticos y soluciones.
5. Observar el juego.
6. Intervenir para desarrollar la comprensión (si es necesario).
7. Observar el juego.
8. Intervenir para desarrollar la técnica (si es necesario).
9. Observar el juego y evaluar el rendimiento o realización final.

Cuadro 24. Directrices que forman el esquema de una sesión del modelo comprensivo, según Spackman (1985).

El modelo comprensivo, exige que el profesor-entrenador sea un gran conocedor de la estructura del deporte, esto debe facultarle para seleccionar adecuadamente aquellas formas o situaciones de juego más adecuadas como un medio para ayudar a sus alumnos-jugadores a alcanzar la comprensión de dicha actividad o deporte (Chandler, 1996).

En resumen, y siguiendo a Doolittle y Girard (1991), los profesores que quieran trabajar de acuerdo con el modelo comprensivo lo harán mejor si:

1. Comprenden y conocen bastante bien los deportes para crear situaciones de aprendizaje similares al juego real.
2. Manejan una clase de alumnos-jugadores en pareja o en pequeños grupos.
3. Observan y escuchan a los estudiantes en orden a preguntar cuestiones apropiadas y actividades ajustadas.
4. Se centran sobre las soluciones verbales y motoras del problema, y no simplemente en corregir la realización de la habilidad técnica.

No obstante, cabe destacar que, tal como indica Butler (1996), existen numerosos profesores (podríamos decir que también entrenadores) cuyas creencias tradicionales inhiben el cambio hacia un modelo más comprensivo de la enseñanza del deporte, para lo cual sería necesario un ajuste filosófico radical. No obstante, entendemos que no es fácil adoptar este tipo de enseñanza, puesto que ello significa cambiar el *chip* tradicional, con el que los educadores se sienten cómodos al tener el control e imponer la disciplina (Fleming, 1994). Para este mismo autor existen varias áreas que pueden crear confusión en este modelo comprensivo:

1. Rol de las habilidades técnicas. No es contradictorio la enseñanza de las técnicas. Éstas son enseñadas cuando se hacen necesarias, son un medio y no un fin.
2. La aproximación comprensiva sólo puede llevarse a cabo una vez se ha adquirido un nivel básico de habilidad (Williamson, 1982, citado por Fleming, 1994). La clave esté quizás en introducir con este modelo comprensivo las habilidades técnicas, de manera que los alumnos-jugadores comprendan la utilidad de las mismas y los principios que subyacen al juego.
3. Sólo puede aplicarse a ciertos deportes. Se piensa que sólo puede ser aplicado a ciertos deportes, como los de red. Sin embargo, puede ser aplicado a la enseñanza de cualquier juego o deporte, con la debida planificación y aplicación.
4. Los profesores ven la *enseñanza comprensiva* como jugar a mini juegos, y piensan que ellos realmente ya lo están haciendo, cuando lo que llevan a cabo realmente es la enseñanza a través del juego, donde no necesariamente se requiere una comprensión del mismo.

A continuación resumimos esquemáticamente lo expuesto anteriormente teniendo en cuenta los aspectos más destacados del modelo de enseñanza comprensiva.

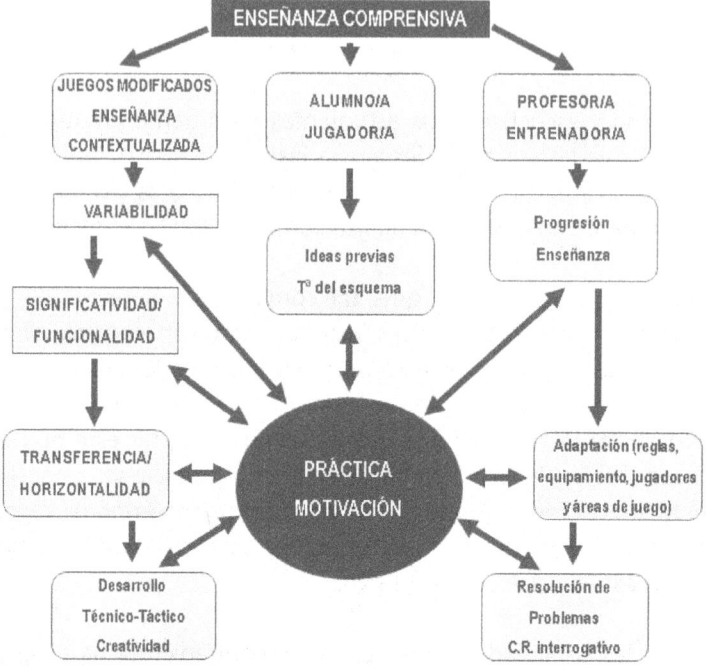

Figura 5. Elementos que subyacen en el Modelo Comprensivo.

2.2. MODELO COMPRESIVO (APLICACIÓN AL FÚTBOL)

Como decíamos más arriba, el modelo vertical de la enseñanza deportiva hace referencia a un modelo alternativo y comprensivo aplicado a la enseñanza de un deporte. Nosotros lo aplicaremos al fútbol, como es obvio. Es importante hacer notar que todo lo mencionado acerca del modelo horizontal es válido para la perspectiva vertical aplicada al fútbol, con lo que con el fin de no repetirnos, expondremos a continuación lo que sugieren los autores preocupados por la enseñanza del fútbol, para pasar posteriormente a exponer las investigaciones más destacadas al respecto.

Características de la enseñanza vertical alternativa del fútbol:

- Adaptación del fútbol al niño, teniendo en cuenta sus características biológicas, psicológicas, afectivas y sociales (Garganta y Pinto, 1997;

Giménez, 2001; López y Castejón, 1998a y Wein, 1995 y 1998). Se adaptan las reglas, equipamiento, nº jugadores, etc. (Garganta y Pinto, 1997; Morcillo, 2004a).

- Se entiende el fútbol como un *deporte de situación*, donde las situaciones varían y donde la incertidumbre ocasionada por compañeros, adversarios, trayectorias del balón, etc., es elevada (Graça, 1997; Sainz et al., 2005a).
- La técnica aparece subordinada a la táctica. No es suficiente con saber *cómo hacer*, sino que, además, es necesario saber *cuándo* y *por qué* hacer. No obstante, es importante contar con un amplio bagaje técnico (López y Castejón, 1998b; Sainz et al., 2005a y Sampedro, 1999a).
- Aprendizaje significativo de las habilidades motrices específicas (Ávila y Chirosa, 1997; Cimarro y Pino, 1997; D. Hernández, 1998; López y Castejón, 1998a y b, H. F. Martínez, 2001; C. Romero, 1997 y Sáinz, 2002).
- La construcción de las tareas de Enseñanza-Aprendizaje tiene en cuenta los distintos elementos que están presentes en el juego real, los cuales son: balón, reglamento, compañeros, adversarios, condiciones espaciales y temporales, lo cual favorecerá aprendizajes contextuales y la transferencia positiva (Sainz et al., 2005a y Seirul·lo, 2005). Existe una progresión en cuanto a la complejidad de las situaciones (Mitchell, 1996).
- El concepto de técnica cambia en relación con los deportes colectivos o de cooperación/oposición. Deja de referirse a la reproducción de modelos y pasa a definirse como «*movimientos o coordinación de movimientos que permitan conseguir un objetivo de juego y no sea contraria a los preceptos reglamentarios correspondientes*» (Jiménez, 1994, citado por Ávila y Chirosa, 1997, p. 36).
- Enseñanza-aprendizaje contextual y próximo al juego real, donde aparezcan los distintos elementos que componen el fútbol (técnica, táctica, etc.), enfatizando la enseñanza sobre uno de los aspectos cada vez, lo cual favorece la transferencia positiva entre los aprendizajes (Ávila y Chirosa, 1997; Carrascosa, 1996; Cimarro y Pino, 1997; Espar, 1998; Fradua y Figueroa, 1995; Garganta, 2002; Giménez, 2001; Giraldez et al., 2001; Graça, 1997; Hernández et al., 2001; López y Castejón, 1998a y b; Lillo, 2000; Lorenzo y Prieto, 2002; H. F. Martínez, 2001; J. Medina, 1997; Mitchell, 1996; Morcillo, 2004a; Morcillo y Moreno, 1999a y b; Pascual, 1997; Pino et al., 2001; Sampedro, 1999a; Sarasa, 2002 y Yagüe, 1997).
- Se parte de la idea de que el todo se puede dividir en unidades elementales, pero no es igual a la suma de sus elementos, ya que se aprende globalmente (pedagogía global) (H. F. Martínez, 2001; Wein, 1995 y Yagüe, 1997).

- Se suelen trabajar a la vez distintos objetivos de la preparación física, técnica, táctica y psicológica, lo que se entiende como «*globalizar*» (Carrascosa, 1996; Sans, Frattarola y Sagrera, 1999 y Sarasa, 2002).
- Se fomenta la variabilidad en la práctica (Graça, 1997; Hernández et al., 2001 y H. F. Martínez, 2001). «*La variedad de las situaciones es lo que enriquece la posibilidad de continuar dando respuestas aleatorias y diversas, que es como sucede en la realidad y así es necesario en los deportes de equipo*» (Seirul·lo, 2005, p. 32), como el fútbol.
- Se incide, fundamentalmente, sobre los mecanismos de percepción y decisión, sin olvidar el de ejecución (Graça, 1997; Morcillo, Cano, Maldonado y Nuñez, 2001; Sainz et al., 2005a y Yagüe, 1997).
- Se produce la unión entre acción y cognición. Promocionando el pensamiento táctico, la creatividad, la toma de decisiones y la adaptabilidad a las situaciones cambiantes tan características de los deportes colectivos o de cooperación/oposición (H. F. Martínez, 2001). Se parte de problemas tácticos para desarrollar la conciencia táctica (Mitchell, 1996).
- La metodología de enseñanza se basa en la Indagación o Resolución de Problemas (Dufour, 1989; Garganta y Pinto, 1997; Lillo, 2000; López y Castejón, 1998b; Lorenzo y Prieto, 2002; J. Medina, 1997; Pino et al., 2001; Sampedro, 1999a; Viciana, 1999b; Wein, 2000 y 1999; Yagüe, 1997). Aunque también se utilizará la Instrucción directa (técnica mixta) (J. Medina, 1997 y Wein, 1999).
- La estrategia en la práctica predominante es la global (Ávila y Chirosa, 1997; Cárdenas et al., 1999; Cárdenas y López, 2000; J. Medina, 1997; Morcillo, 2004a y Viciana, 1999b). A veces, se usará también la Estrategia en la Práctica analítica y la Mixta (J. Medina, 1997 y Wein, 1995).
- Los estilos de enseñanza predominantes son los Cognitivos (Delgado, 1991), es decir, el Descubrimiento Guiado y la Resolución de Problemas (J. Medina, 1997 y Pino et al., 2001).
- No se excluyen de forma absoluta los tratamientos analíticos, sino que se advierte de que por sí solos no son suficientes (Ávila y Chirosa, 1997; Mitchell, 1996 y Sans et al., 1999).
- El juego modificado o las situaciones jugadas son el medio de enseñanza en el que se basa este Modelo, lo cual va a favorecer una actitud y una motivación positiva hacia los aprendizajes por parte de los alumnos-jugadores (Ávila y Chirosa, 1997; Cimarro y Pino, 1997; H. F. Martínez, 2001; Mitchell, 1996; Sans et al., 1999; Sarasa, 2002 y Yagüe, 1997).
- Se valora la formación de actitudes como la cooperación, el compañerismo, etc. En definitiva, la formación como personas (Yagüe, 1997).

- Se centran en la formación y educación integral del alumno-jugador (ámbitos: psicomotor, cognitivo, afectivo y social) (Ávila y Chirosa, 1997).
- Tratamiento educativo de la competición (Wein, 1995, 1998 y 1999).

3. INVESTIGACIONES SOBRE LOS MODELOS DE ENSEÑANZA EN EL DEPORTE Y EN EL FÚTBOL

En este apartado hablaremos de las investigaciones y estudios que se centran en los deportes colectivos o de invasión (como el fútbol). También haremos mención a aquellos estudios y trabajos que investigaron la posibilidad o adecuación de una enseñanza horizontal deportiva, sobre la motivación de los alumnos-jugadores e investigaciones en fútbol.

3.1. INVESTIGACIONES EN DEPORTES COLECTIVOS, DE OPOSICIÓN-COOPERACIÓN O DE INVASIÓN

En baloncesto (minibasket), Castejón et al. (2002) llevan a cabo una investigación estableciendo tres grupos: técnico, táctico y técnico-táctico. Estos autores encuentran diferencias significativas en cuanto al desarrollo táctico a favor de los grupos táctico y técnico-táctico. Por otro lado en cuanto al componente técnico el grupo técnico consigue mejores resultados, lo cual parece lógico para los mismos autores. Los autores concluyen que las intervenciones táctica y técnico-táctica ofrecen mayores posibilidades educativas, aunque hacen falta más investigaciones al respecto. También M. J. López (2004) realiza una investigación a través de la puesta en práctica de una unidad didáctica de baloncesto en dos grupos de 4º de E.S.O., empleando en cada uno de ellos una de las dos metodologías vistas anteriormente. Este autor concluye que con la metodología activa, los alumnos adquieren una mayor adquisición de los elementos básicos, aunque no encuentra muchas diferencias en los elementos técnico-tácticos. Además, los alumnos se divirtieron más con la metodología activa, hubo un clima de clase propicio para el aprendizaje, aprendieron mejor las reglas del baloncesto y mejoraron más su condición física. Por el contrario, los profesores se encontraron más a gusto y más motivados con la metodología tradicional, mientras que les fue más difícil controlar a sus alumnos con la metodología activa. Otro estudio relacionado con el baloncesto es el que lleva a cabo Méndez (2004), en el que se analizan los resultados de tres intervenciones: técnica de enseñanza basada en la instrucción directa, técnica de enseñanza mediante la búsqueda y una combinación de ambas. Este autor encuentra que el grupo que recibió instrucción directa no parece progresar en la misma medida que los otros grupos en lo referente al *dribbling*. Además el grado de motivación fue mayor para el grupo que recibió la técnica de enseñanza mediante la búsqueda. No obstante, no se encuentran diferencias significativas en lo referente a la situación del juego real. Este autor concluye aconsejando la utilización de una intervención que combine ambas técnicas de enseñanza. Por su parte, Gréhaigne et al. (2005) llevan a cabo una investigación donde comparan el enfoque técnico con el táctico en la enseñanza del baloncesto. Estos autores encuentran mejores resultados del grupo táctico en relación con el rendimiento en el juego, y mayor retención en el tiempo de los aprendizajes relacionados con la toma de decisiones.

También Nevett, Rovegno, Babiarz y McCaughtry (2001) realizan un estudio utilizando un juego similar al baloncesto con el objetivo de analizar la influencia de la instrucción sobre las tácticas necesitadas para jugar a un juego de invasión. Estos autores, tras una enseñanza basada en la táctica, encuentran mejoras en el pase y recepción, en la interceptación y en la posesión del balón individual; no obstante, no se observa más eficacia en el mantenimiento de la posesión del balón a nivel colectivo. Según los autores, las decisiones o acciones de los jugadores pueden ser influenciadas por el nivel de habilidad de éstos y por el de los compañeros. Continuando con esta investigación, Nevett, Rovegno y Babiarz (2001) encuentran mejoras en el conocimiento del pase e interceptación y en las tácticas simples del juego, tras una instrucción basada en la táctica a través de un juego similar al baloncesto. Boutmans (1985) estudia comparativamente la influencia de dos métodos de enseñanza (global/analítico) en la enseñanza del baloncesto y del voleibol. Concluye que ambos métodos fueron efectivos, con lo que sugieren la utilización de un método global-analítico-global para la enseñanza de los deportes de equipo.

En el hockey, Turner y Martinek (1992) realizaron un estudio comparativo entre los dos modelos de enseñanza (técnico y táctico). Estos autores, en cuanto a las habilidades en el juego (control, decisión y ejecución), no encuentran diferencias significativas, tampoco en lo referente al conocimiento procedimental ni en el desarrollo de las habilidades técnicas, no encontrándose relaciones significativas entre el conocimiento sobre el hockey (conocimiento declarativo) las habilidades de juego (control, decisión y ejecución). Estos mismos autores (1999), realizaron de nuevo un estudio similar también en el hockey, pero con una mayor duración. Al contrario que en el estudio anterior, concluyen que el grupo que recibió una enseñanza comprensiva obtuvo mejores resultados en la toma de decisión en el pase y en el control de la bola y realización del pase más efectivamente; también mostró significativamente mayores conocimientos declarativo y procedimental. Continuando con el hockey, Turner (1996) realizó un estudio comparando la incidencia de los dos modelos (técnico y táctico) en la enseñanza del hockey. Este autor no encuentra diferencias significativas en el desarrollo técnico entre ambos enfoques, mayor conocimiento declarativo y motivación para el grupo táctico y también mayores mejoras en la toma de decisiones en situaciones de juego, pero sin llegar a ser ejecutadas con éxito.

Por su parte, Allison y Thorpe (1997) investigaron la efectividad de los modelos técnico (tradicional) y comprensivo (alternativo) en la enseñanza del hockey y del Baloncesto. Estos autores concluyen que el modelo comprensivo fue igual de efectivo en el desarrollo de la técnica que el modelo tradicional, y superior en cuanto al desarrollo de las habilidades técnicas en el contexto real de juego, así como en el desarrollo táctico. Además, los chicos y chicas alcanzaron un nivel de motivación mayor con el enfoque alternativo. En cuanto al floorball, Méndez (2000) realizó una investigación que pretendía analizar comparativamente la utilización de las técnicas de enseñanza en la iniciación a este deporte. Este autor no encontró diferencias significativas entre los grupos (instrucción directa, indagación y combinación de ambas) en relación con la toma de decisiones ni en la ejecución durante el juego real. No obstante, sí se hallaron diferencias significativas respecto a la motivación a favor de los grupos enseñados a través de la técnica de enseñanza basada en la indagación y de una combinación de ambas.

3.2. INVESTIGACIONES SOBRE LA HORIZONTALIDAD DE LA ENSEÑANZA DEPORTIVA

En relación con la horizontalidad de la enseñanza de los deportes, Castejón et al. (2001) comprobó que puede existir transferencia entre dos deportes de invasión como el fútbol y el baloncesto. De esta manera, los individuos conocieron cómo resolver una situación táctica (2x1) en un deporte (fútbol) y aplicaron este conocimiento a otro deporte (baloncesto). Por otro lado, Contreras, García y Cervelló (2005) obtuvieron en su investigación acerca de la transferencia entre juegos y deportes de invasión (baloncesto, fútbol y balonmano) y el floorball. En este sentido, los autores encontraron que el aprendizaje y la transferencia del conocimiento procedimental entre estos deportes, es posible, aunque la transferencia de las habilidades de juego fue menor. También destaca el estudio realizado por Martin (2004), en el que este autor concluye que existe transferencia táctica entre dos deportes de invasión /territoriales como son el ultimate frisbee y el balonmano. Otro estudio relacionado con la horizontalidad y la transferencia de la enseñanza de deportes pertenecientes a una misma familia o categoría, es el que fue llevado a cabo por Jones y Farrow (1999), quienes encontraron que existió transferencia en la representación cognitiva o comprensión del jugador de las tácticas del juego o deporte del Voleibol al Bádminton [deportes de red/muro, Thorpe, Bunker y Almond (1986), citados por Jones y Farrow (1999)]. Estos autores afirman que esto implica que los componentes cognitivos de realización son genéricos y transferibles entre juegos o deportes. También encuentran que existe transferencia del conocimiento procedimental y en la toma de decisiones.

3.3. INVESTIGACIONES SOBRE LA MOTIVACIÓN DE LOS ALUMNOS-JUGADORES

En su estudio Boutmans (1985) compara la incidencia de dos métodos de enseñanza (global y analítico) en la enseñanza del baloncesto y del voleibol; comprobando que con el método global, la motivación no decayó. También Strean y Holt (2000) estudian las percepciones de entrenadores, jugadores y padres, concluyendo que éstos ven la instrucción basada en la repetición de técnicas como aburrida, mientras que los juegos (tanto en la práctica como en la competición) son percibidos como divertidos. Wallhead y Deglau (2004), tras la participación de los alumnos y alumnas en una unidad de Educación Física basada en el juego, concluyen que los chicos y chicas incrementaron su motivación al dominar las dimensiones tácticas del juego, lo cual, según los mismos autores, puede fomentar la práctica de actividad física fuera de la escuela. Méndez (2004) analiza los resultados de tres intervenciones: técnica de enseñanza basada en la instrucción directa, técnica de enseñanza mediante la búsqueda y una combinación de ambas. Este autor encuentra que el grado de motivación fue mayor para el grupo que recibió la técnica de enseñanza mediante la búsqueda. Por su parte Memmert y König (2007) hallaron una mayor aceptación, tanto por parte de los profesores como por parte de los alumnos (de educación primaria), de la enseñanza comprensiva en comparación con la enseñanza de la educación física sin poner énfasis en el juego.

3.4. INVESTIGACIONES Y ESTUDIOS EN FÚTBOL

Continuando con el guión del apartado expuesto al principio del mismo, a continuación trataremos de dilucidar lo que nos dicen algunas investigaciones destacadas dentro de la enseñanza del fútbol y en relación con los distintos modelos de enseñanza.

Mitchell et al. (1995) realizaron un estudio en Ohio (EE.UU) con alumnos y alumnas de 11 años aproximadamente, en clases de fútbol. Se compararon los efectos producidos a través de dos metodologías de enseñanza: enseñanza basada en la táctica y enseñanza basada en la técnica. Los resultados indicaron que el grupo táctico mostró elevados niveles de implicación en el juego (participación) y, además, los chicos y chicas de este grupo mejoraron en relación con los movimientos sin balón y de apoyo dentro del juego. También Mitchell et al. (1995) realizaron otro estudio en el que analizan los efectos en la enseñanza del fútbol de la utilización de los modelos técnico y táctico. Los hallazgos muestran que el grupo táctico mostró un mayor conocimiento táctico del juego y mejor rendimiento en el juego, mientras que no encuentran diferencias significativas en cuanto a motivación ni en relación con el conocimiento relacionado con la habilidad.

Una investigación particular es la que realizan Griffin, Dodds, Placek y Tremino (2001), donde se le pregunta a los alumnos y alumnas acerca de cuestiones relacionadas con el fútbol, y se le plantean problemas que tienen que resolver moviendo piezas sobre una pizarra. Estos autores encuentran mejores resultados en la resolución de problemas tácticos ofensivos, en comparación con los defensivos; además, pocos alumnos y alumnas mejoran a la vez tanto aspectos ofensivos como defensivos. Según los autores de este estudio, los participantes mostraron poseer concepciones básicas del juego ofensivo en fútbol, pero sólo concepciones limitadas del juego defensivo de equipo. Esto demuestra la importancia que tiene conocer los conocimientos y experiencias previas de los alumnos-jugadores. Otra interesante investigación es la que realizan Chatzopoulos, Drakou, Kotzamanidou y Tsorbatzoudis (2006), en la que analizan la realización o rendimiento y la motivación en el fútbol femenino en Grecia en función del modelo de enseñanza utilizado. Estos autores concluyen que se producen mayores mejoras en el grupo táctico en la conducta táctica, ya que aumenta la efectividad en la toma de decisiones y en el *qué hacer*. Además, constataron que el grupo táctico mejoró las habilidades técnicas, a pesar de no aprenderlas aisladamente, sino mientras jugaban al juego modificado. Por último, cabe destacar también que el grupo que recibió una enseñanza basada en la táctica mejoró considerablemente su motivación intrínseca, quizás porque el juego es más placentero que la práctica de la técnica.

Por último, Ponce (2006) lleva a cabo un estudio con jugadores varones de la categoría infantil de fútbol en Córdoba, comparando la eficacia de la técnica de enseñanza basada en la indagación o búsqueda, frente a la técnica de enseñanza mixta. Este autor concluye que la utilización de una técnica de enseñanza basada en la búsqueda produce mejoras en los aspectos cognitivos como la toma de decisión y la comprensión del juego, e incluso en aspectos relacionados con la ejecución. Además, el medio técnico-táctico del control, en situación de juego reducida, se mejora con ambas técnicas de enseñanza. También cabe destacar que el conocimiento declarativo sobre el juego, en relación con el control, pase y principios del juego, mejora significativamente con la técnica de enseñanza basada en la indagación o búsqueda. Resumiendo, y basándonos en la caracterización realizada anteriormente respecto al Modelo de Enseñanza Vertical aplicado al fútbol, en las limitaciones del Modelo Tradicional expuestas, y en los hallazgos de las investigaciones y estudios mencionados más arriba, hemos de decir que, al menos en teoría o *a priori*, este tipo de enseñanza-aprendizaje del fútbol nos parece más adecuado y educativo que el Modelo Tradicional. No obstante, estamos de acuerdo con H. F. Martínez (2001) cuando afirma que, en muchos casos, no se ha seguido adecuadamente las consignas metodológicas propuestas por este modelo alternativo aplicado a la enseñanza-aprendizaje del fútbol, lo cual apunta hacia la necesidad de una formación más completa y adecuada de los educadores/entrenadores de fútbol. También, y por otro lado, estamos de acuerdo con Sainz et al. (2005a) cuando manifiestan que el proceso de enseñanza-aprendizaje del fútbol puede beneficiarse de ambos modelos, siempre y cuando los utilicemos adecuadamente. Tenemos que recordar aquí, que el modelo comprensivo no rechaza la enseñanza de la técnica, sólo la emplaza a cuando ésta se haga necesaria, con lo que, realmente, incluye este aspecto perteneciente al modelo tradicional.

4. LA FORMACIÓN DEL ENTRENADOR, CLAVE EN LA ENSEÑANZA DEL FÚTBOL

En primer lugar, tenemos que hacer hincapié en que la enseñanza tradicional de los deportes en general, y del fútbol en particular, conlleva muchas carencias como hemos expuesto más arriba. Es menester, pues, un cambio o, al menos, una evolución hacia nuevas visiones o tendencias pedagógicas y didácticas, acordes con las consideraciones realizadas desde las investigaciones y trabajos llevados a cabo en el ámbito de la iniciación deportiva. No obstante, la mayoría de los autores aluden a la escasez de estudios determinantes a favor de una u otra metodología, e incluso algunos como Kirk (2005) cree que no es correcto el enfrentamiento de éstas, puesto que todo dependerá de lo que queramos conseguir. También aluden a la necesidad de un mayor número de estudios en este campo, lo cual es imprescindible para poder generalizar los resultados y las conclusiones (Castejón et al., 1999; Iglesias, Ramos, Fuentes, Sanz y Del Villar, 2003; López y Castejón, 1998b; McMorris, 1998; McNamee, 1992; Rink et al., 1996). Quizás, estas futuras investigaciones deberían paliar, en la medida de lo posible, las deficiencias detectadas en los estudios precedentes, tales como incrementar el tiempo de estudio (Richard y Wallian, 2005; y Turner y Martinek, 1995), conocer cómo se utiliza realmente el modelo comprensivo (Kirk y MacPhail, 2002) y tener en cuenta el contenido a enseñar y a los aprendices (Rink, 2001). También cabe destacar la aseveración que hace Siedentop (2002) manifestando que sabemos mucho del desarrollo de la técnica, pero muy poco del desarrollo táctico. Por su parte, Chatzopoulos et al. (2006) creen que las discrepancias entre las distintas investigaciones pueden deberse a la edad variada de los estudiantes y a la diferente naturaleza de los juegos deportivos usados en las intervenciones (bádminton, baloncesto, etc.). Al respecto, McMorris (1998) manifiesta que los resultados hallados en los deportes de red, pueden ser dudosamente aplicados a los deportes de invasión o deportes de equipo, con lo que convendría hacer distinciones.

Por otra parte, otros autores (Howarth, 1989), nos recuerdan que, en principio, ningún estilo de enseñanza es superior a otro, tal como expuso el mismo Muska Mosston con su tesis *«non-versus»*. El estilo de enseñanza es elegido en función del contenido y de las intenciones del profesor, no hay una jerarquización entre estilos. Para Howarth (1989) ningún profesor debería utilizar un solo estilo de enseñanza durante todo el tiempo. En este sentido, Rink, French y Graham (1996) manifiestan que los buenos profesores han de utilizar tanto la instrucción directa como la indirecta según el momento, lo cual se ha de llevar a cabo como un *continuum*. En esto también parecen estar de acuerdo autores como Castejón y López (1997). Además, teniendo en cuenta estudios como los de French, Werner, Taylor, Hussey y Jones (1996) y Sweeting y Rink (1999), parece ser que los alumnos aprenden diferentes cosas a través de los diferentes métodos (directo e indirecto), con lo que se beneficiarían de una adecuada combinación de ambos. En este sentido, para Mitchel et al. (2006) usar una enseñanza táctica del deporte significa utilizar estrategias de enseñanza mixtas, incluyendo estilos de enseñanza directos e indirectos y estrategias de resolución de problemas. Lo que sí parece estar claro, para concluir, es la necesidad de una mejora en la formación de los profesores-entrenadores respecto a las distintas metodologías de enseñanza del deporte, sobre todo en el enfoque comprensivo (Chappell, 1990; Kirk, 2005; Placek y Griffin, 2001; Turner y Martinek, 1995). Pero, a la misma vez, hay que proporcionarles una razón convincente y real, que les convenza del cambio, ya que éstos suelen ser muy reticentes (Butler, 1996; Kirk, 2005).

No obstante, hemos de decir que, a veces, los profesores se sienten a gusto enseñando a través del modelo comprensivo, sobre todo aquéllos con creencias innovadoras (Butler, 1999). En este sentido, quizás la idea de que existen diferentes estilos de enseñanza pueda ser útil como punto de partida para fomentar un pensamiento crítico acerca de las concepciones de la enseñanza y del aprendizaje (Light, 2008). La elección entre el aprendizaje dirigido y el relacionado con la resolución de problemas, debe tomarse en función de la naturaleza del contenido y también de los objetivos planteados, ya que ambas técnicas son eficaces, solo que cada una sirve para diferente objeto (Singer, 1986). Todo esto nos lleva a que sería conveniente informar y formar a los profesores-entrenadores en lo referente a las distintas metodologías de enseñanza deportiva. Quisiéramos terminar este capítulo haciendo referencia a las palabras de M. Fernández (1995) quien expresa que nuestro derecho a no cambiar e innovar en los estilos de enseñanza termina allí donde comienza el derecho de nuestros alumnos y alumnas al mejor profesor de Educación Física que llevamos dentro, el cual, por definición, nace cada año.

A continuación nos referiremos a la figura del entrenador deportivo, centrándonos en el concepto, características y tipos, así como en los aspectos más relevantes de éste en la iniciación deportiva. También haremos referencia a su formación.

Capítulo IV
EL ENTRENADOR DE FÚTBOL Y SU FORMACIÓN

«Para educar a un chico por el camino correcto, transite usted ese camino un rato» (Billings).
«Con el conocimiento se acrecientan las dudas» (Goethe).

1. EL ENTRENADOR DE FÚTBOL

Existen numerosos autores que proponen una serie de características idóneas que ha de reunir el entrenador ideal, las cuales pueden ser aplicadas al entrenador de fútbol. Decker (1978), citado por Hahn (1988), considera los siguientes principios:

- El entrenador ha de observar cuidadosamente a cada niño o niña y a partir de ahí definir los objetivos a conseguir.
- Ha de adaptar los contenidos al nivel de conocimiento de los niños y niñas.
- Ha de inculcar valores relacionados con la importancia del esfuerzo personal para conseguir progresar.
- Los niños y niñas han de participar activamente en la organización del entrenamiento.
- Proporcionar atención y confianza a los niños y niñas más débiles y tareas adaptadas a su nivel.
- Proponer tareas que exijan a los chicos y chicas pensar, saber y arriesgarse.

Otro autor que establece una serie de características o consideraciones respecto al entrenador o monitor deportivo es Trepat (1999). A continuación exponemos su propuesta.

> - Actuar con integridad en su relación con los deportistas y con el deporte
> - Preocuparse por adquirir la formación necesaria y por actualizarla
> - Respetar las normas del deporte y las decisiones de árbitros y jueces
> - Fomentar los principios de la deportividad
> - No olvidar nunca las normas mínimas de seguridad
> - Practicar lo que se predica. Es decir, ser un ejemplo para sus deportistas
> - Ser franco, sincero y respetuoso con sus compañeros de profesión
> - Tener presente que la mayoría de los niños y niñas juegan para divertirse
> - Recordar que los adversarios proporcionan el factor esencial de un partido

Cuadro 25. Consideraciones a tener en cuenta por el entrenador deportivo, según Trepat (1999).

Por su parte Guillen y Miralles (1995) exponen como características más importantes de los técnicos deportivos las siguientes:

- Conocimiento del jugador.
- Conocimientos técnicos.
- Trabajador.
- Organizado.
- Exigente.
- Responsable.
- Con experiencia deportiva.
- Sincero y creativo.

Para Saura (1996) las características que debe reunir el entrenador deportivo son las siguientes:

1. Que tenga un amplio conocimiento del deporte que imparte.
2. Que sea capaz de analizar con imparcialidad las actuaciones de los jugadores y presente una forma de comportamiento estable.
3. Que sepa utilizar las técnicas adecuadas de motivación y comunicación.
4. Que su actuación esté presidida por criterios pedagógicos.
5. Debe conocer profundamente las características físicas, psicológicas y sociológicas de los sujetos con los que trabaja.
6. Que planifique y programe su actuación.
7. Que establezca vías de comunicación con los padres de los niños y explique el planteamiento y objetivos a conseguir.
8. Que utilice el deporte escolar como un medio donde el elemento central es el niño y su formación.

Al respecto, Halliwell (1994) enumera una serie factores relacionados con la capacidad del entrenador de ser respetado por sus jugadores, es decir, para ser considerado buen entrenador.

---

1. Experiencia previa como jugador y éxito
2. Experiencia previa como entrenador y éxito
3. Buena apariencia: Vestido, forma física
4. Adecuados hábitos de vida
5. Buenos hábitos de trabajo: ajuste a los horarios, eficiencia
6. Bien organizado: entrenamientos, reuniones, viajes, etc.
7. Buen comunicador: explicar con claridad, saber escuchar
8. Disponibilidad: tener siempre presente tiempo para el jugador
9. Conocimiento: demostrar conocimiento del juego, tanto de los aspectos técnicos como de los tácticos

Habilidad para enseñar: manifiesta capacidad para corregir errores técnicos y tácticos

10. Alta motivación: intensidad, compromiso, implicación
11. Positivo: ánimo, entusiasmo, optimismo, elogios y refuerzos positivos
12. Buen entrenador en el banquillo: realiza reajustes, analiza y reacciona, hace cambios y variaciones, según la marcha del partido
13. Buen sentido del humor: ambiente distendido
14. Buena capacidad de liderazgo: en el vestuario y durante el partido
15. Buen nivel de autocontrol: control emocional, contagia calma y serenidad
16. Deseo de mejorar: busca nuevos conocimientos, aprende, investiga, se autoevalúa
17. Honesto y justo con los jugadores: no muestra favoritismos, es «duro pero justo»
18. Abierto a sugerencias: flexible, escucha las sugerencias de jugadores y ayudantes
19. Muestra un verdadero interés por los jugadores como individuos: demuestra conocimiento e interés por su vida fuera del terreno de la pista

---

Cuadro 26. Factores de respeto, según Halliwell (1994).

Según Feu (2004) las cualidades que debe reunir un buen entrenador son las que se enumeran a continuación:

1. Dimensión formativa: se refiere a los conocimientos y capacidades que el entrenador debe obtener a través de su formación para poder llevar a cabo sus funciones.

    - Conocimientos sobre el entrenamiento en general: principios, métodos...

- Conocimientos acerca de su especialidad deportiva: técnica, táctica, estrategia, preparación física específica...
- Conocimientos y capacidades pedagógicas: métodos de enseñanza, estilos de enseñanza, diseño de tareas...
- Conocimientos e interés por la programación y planificación: selección y secuenciación de objetivos, contenidos y actividades.
- Conocimientos para observar, analizar y evaluar: métodos de observación y registro de datos y análisis de los mismos.
- Tener un nivel adecuado de práctica: tener una capacidad de práctica que le permita realizar demostraciones elementales. Aunque éstas podrán suplirse con la utilización de otras metodologías y con el apoyo de la tecnología.

2. Dimensión gestora: conocimientos y aptitudes personales para la gestión de los aspectos que giran en torno al entrenamiento.
   - Capacidad de gestión: para obtener recursos, organizarlos, realizar y organizar horarios de entrenamiento, viajes...
3. Dimensión personal-afectiva: habilidades personales que sirven para relacionarse y motivar a los demás. Estas capacidades se pueden mejorar con la formación. Hace referencia a capacidades de liderazgo, motivación, comunicación, afecto, alegría...
4. Dimensión ético-profesional: forma de actuar dentro de unos valores éticos y acordes con la etapa en las que se trabaja, es decir, con la formación. Hablamos aquí de intención educativa, valores éticos y profesionalidad e implicación.

2. TIPOS DE ENTRENADORES

Coincidiendo con Giménez (2003a y b) pensamos que a través de programas de formación adecuados podremos hacer, en la medida de lo posible, que los entrenadores de fútbol se acerquen más al concepto de entrenador-educador que defendemos. De las distintas clasificaciones y propuestas relacionadas con los distintos modelos y tipos de entrenadores, pensamos que la que realiza Ibáñez (1997) es una de las más interesantes, por su sencillez y claridad. Este autor identifica cuatro variables, a partir de las cuales establece diferentes tipos de entrenadores.

A. Según la actitud del entrenador ante el entrenamiento (personalidad del entrenador).

- Entrenador permisivo. Se trata del típico «dejar hacer», donde el entrenador ni conduce, ni guía a sus jugadores, permitiendo a éstos el control total de la situación.
- Entrenador autoritario. Al contrario que el anterior, este tipo de entrenador trata de controlar todo, imponiendo su voluntad y criterio.
- Entrenador democrático. Se trata de aquel entrenador que controla la situación y dirige a sus jugadores teniendo en cuenta las opiniones y aportaciones de éstos. Dialoga, es comprensivo, etc.

B. Según la formación del entrenador.

- Entrenador academicista. Se trata de entrenadores formados en Federaciones o Escuelas de Entrenadores. Se distinguen dos subcategorías: técnicos deportivos sólo con formación académica deportiva y técnicos deportivos con formación académica deportiva y formación universitaria en general. Por tanto, el entrenador académico deportivo y el entrenador académico deportivo universitario.
- Entrenador autodidacto. Se trata de aquellos entrenadores que se han formado a sí mismas, experimentando, innovando, etc.
- Jugador reconvertido a facetas de entrenamiento. Se trata de exjugadores que continúan en el mundo deportivo (al dejar de ser jugadores) dedicándose a entrenar.

C. Según el proceso de planificación del entrenamiento.

- Entrenador planificador rígido. Se trata de la no consideración de la flexibilidad como una de las características de la planificación.
- Entrenador con planificaciones flexibles. Este tipo de entrenador planifica su acción pero la aplica de modo flexible en función de las características de la situación, decisiones a tomar, etc.
- Entrenador improvisador. Se trata de aquél que improvisa los entrenamientos.

Podemos ver que existen numerosos tipos de entrenadores, aunque, como apuntan Ibáñez y Medina (1999), es muy difícil que un entrenador cumpla exactamente las características de un tipo de entrenador concreto, pues, muchas veces, la forma de actuar de un entrenador varía en función del contexto y de las circunstancias, aunque mantenga un patrón de conducta.

3. EL ENTRENADOR EN LA INICIACIÓN AL FÚTBOL

Si tuviéramos que explicitar nuestra concepción del entrenador de fútbol base, de acuerdo con autores como Solana (2004), diríamos que éste es, ante todo, un educador. Un educador, no sólo de los aspectos relacionados con las habilidades y las destrezas de un deporte en concreto, sino en el sentido amplio de la palabra, es decir, se trataría de una persona que educa de manera integral y global a otras personas, incidiendo en todos los ámbitos que conforman su personalidad: motor, cognitivo, afectivo y social. En este mismo sentido se expresan Antonelli y Salvini (1978), citados por F. Jiménez (2003), quienes consideran al entrenador como un pedagogo, sobre todo en la iniciación deportiva. Por su parte Wein (2005a) nos sugiere que el fútbol base no necesita técnicos, sino formadores, los cuales han de formar jóvenes personas sin fijarse en los resultados y en la clasificación del equipo. Arnold (1990) añade que el profesor-entrenador ha de ser consciente de su rol, *«debe comprender que posiblemente el modo en que él mismo se comporte en el campo de deportes sea tan captado como enseñado»* (p. 90). Según Lago (2001a) en la iniciación deportiva debemos ser conscientes de los valores educativos que puede tener ésta, ya que esta consideración favorecerá la adecuada formación de los deportistas. Para este autor *«el entrenador debe conocer, con el apoyo de las ciencias específicas, tanto las distintas estructuras humanas que compromete con sus propuestas, como la estructura y lógica interna de la especialidad en la que trabaja»* (p. 19). Por su parte, Moreno (1997) pone énfasis en la consideración del entrenador como un educador en el sentido completo y fiel de la palabra. Para esta autora el entrenador en su formación ha de adquirir los conocimientos del deporte que va a enseñar, los recursos didácticos necesarios para impartir su enseñanza, los conocimientos acerca de la metodología más adecuada a utilizar, así como apoyarse en un mínimo de medios materiales.

Según Coca (1998/99) la labor que tiene que realizar el educador es muy ardua y compleja, por lo que es necesario motivar y preparar permanentemente a los educadores, sin olvidar que, como educadores, tenemos que tener claro que más importante que la realización del gesto técnico en sí, es lo que sucede por dentro al niño o niña al realizar ese gesto técnico. En este sentido, Parra, López, Carreño y Rovira (2002) añaden que el monitor-entrenador ha de ayudar al alumno a crecer y a sentar los cimientos de su personalidad, donde el deporte tendrá un papel importante, sin duda. En este sentido se expresaba Cagigal (1981, p. 195) cuando manifestaba que *«el educador del niño, el rol más delicado, difícil y trascendental entre todos los status profesionales –por consiguiente el que mejor retribuido debería estar– tiene la asombrosa, la desconcertante misión de meter el cincel en carne vi-*

viente. Carne que ríe y llora, que es ya ser humano cuando se está construyendo». Siguiendo esta misma línea, Giménez (2003a) propone que la tarea deportiva de un entrenador sólo podrá ser concebida dentro de una perspectiva educativa, y que, por tanto, el entrenador se convierte en un elemento clave planteando unos objetivos y una metodología adecuada. Sin duda, el entrenador deportivo no sólo puede ser un educador físico, sino que debe procurar la mejora de las normas y rendimiento deportivo de sus pupilos, además de incidir en el desarrollo integral de su personalidad (S. Jiménez, 2008). Por todo esto, y con razón, Coca (2005) manifiesta que *«ser entrenador es una papeleta muy exigente tanto desde el punto de vista humano como desde el punto de vista técnico».* Para Hahn (1988, p. 40) *«el entrenador es el nexo de unión entre el niño y el deporte... Esto deja claro que su responsabilidad pedagógica es más importante que su papel en la dirección del entrenamiento tecnomotriz».* En este mismo sentido, Arnold (1990) se plantea que la cuestión clave consiste en cómo iniciar a los alumnos y alumnas en los deportes sin que éstos puedan adoptar actitudes no deseables o formas ofensivas de conducta o, en el caso de que las empleen, qué se puede hacer para rectificarlas. Para este autor *«está claro que el profesor* (entrenador) *tiene aquí un papel importante que desempeñar»* (p. 87).

Llegados a este punto, podemos preguntarnos qué contenidos ha de tener la formación adecuada de los entrenadores y monitores deportivos de fútbol. Al respecto, Contreras (1989), citado por Giménez (1999), establece como indispensables en la formación de los colaboradores deportivos los siguientes contenidos:

1. Contenidos pedagógicos. Conocimiento de las características psicoevolutivas de los alumnos y alumnas, aprendizaje y desarrollo motor, metodología de enseñanza, posibilidades educativas del deporte, etc.
2. Contenidos técnicos. Aspectos técnico-tácticos del deporte en cuestión, reglas preparación física y psicológica, etc.
3. Contenidos complementarios. Seguridad e higiene deportiva, primeros auxilios, etc.

Por su parte Saura (1996) propone que la formación del entrenador ha de basarse en las siguientes áreas:

a) Área de psicología.
b) Área de desarrollo motor.
c) Área didáctico-pedagógica.
d) Área de entrenamiento.
e) Área de medicina y fisiología.

f) Área de primeros auxilios.
g) Área técnica deportiva.
h) Área filosófica y organizativa.

4. LA FORMACIÓN DEL ENTRENADOR DEPORTIVO

Antes de entrar de lleno en la formación del entrenador deportivo, creemos conveniente tratar de forma sucinta la formación del profesorado en general y del de Ecuación Física, ya que pensamos que están, o deberían estar, íntimamente ligadas.

4.1. LA FORMACIÓN DEL PROFESORADO EN GENERAL Y DEL PROFESORADO DE EDUCACIÓN FÍSICA COMO BASE DE LA FORMACIÓN DEL ENTRENADOR DEPORTIVO Y DEL ENTRENADOR DE FÚTBOL

De los distintos aspectos que cabría destacar en los procesos de enseñanza y aprendizaje, la formación del profesorado se ha constituido, hoy en día, en uno de los puntos claves de la educación formal e informal. Son numerosos los autores que se dedican a su estudio y análisis. Además, las administraciones educativas estatales y autonómicas, en su caso, ponen cada vez más énfasis en el desarrollo de programas de formación docente de calidad. Todo esto está haciendo que estén apareciendo en los últimos años gran número de investigaciones al respecto. En este sentido Lanier y Little (1986), Montero (1987) y Villar (1990), citados por J. Mª Rodríguez (1997), auguraban, por entonces, el hecho de que la formación del profesorado sería en el futuro próximo un campo de investigación fecundo. No obstante, aún estamos asistiendo a los primeros pasos en lo que a la formación del profesorado se refiere, pues lo cierto es que se lleva estudiando este campo desde, relativamente, pocos años (Imbernón, 2001). Siguiendo a este mismo autor, en España «*el análisis de la formación del profesorado como campo de conocimiento no se empieza a desarrollar hasta alrededor de los años 70*» (p. 58). Para este autor, la institucionalización de la formación del profesorado nace en la década de los años 80, con la finalidad de poner al día a los maestros y maestras a través de un perfeccionamiento constante. Más adelante, década de los 90, se crean los Centros de Profesores, aparecen los seminarios de formación permanente y la figura del asesor. Hasta llegar a los años 2000, en los que, según este mismo autor, asistimos a una época de estancamiento, confusión y retroceso en la que «*el profesorado reduce su asistencia a la formación, baja su motivación por hacer cosas diferentes, corre poco riesgo y so-*

bre todo, la innovación aparece como un riesgo que pocos quieren correr» (p. 60).

En cuanto a la formación del profesorado de Educación Física, podemos afirmar que ésta de forma sistemática, planificada y bajo los auspicios de instituciones educativas específicas, es relativamente reciente. Este hecho, entre otros, ha influido en la baja consideración social que han tenido, y aún siguen teniendo, aunque nos pese decirlo, los profesores y profesoras de E.F. Situación que poco a poco ha ido mejorando, aunque todavía queda camino por recorrer. En este sentido se expresa Kirk (1990, p. 49) cuando expresa que «*la Educación Física, en particular, carece de estudios empíricos suficientes*». J. Medina (1999, p. 130) alude a algunos avances cuando manifiesta que «*la formación del profesorado de E.F. ha evolucionado rápidamente, debido a la influencia de la formación del profesorado en general..., ya que surgen nuevos programas de formación del profesorado que no se centran únicamente en las competencias, sino que persiguen formar a un profesor que además sea capaz de analizar su propia práctica*». En relación con esta afirmación Bain (1990), citado por Sáenz-López (2000), asevera que la formación del profesorado de Educación Física se ha desarrollado fundamentalmente a partir de las aportaciones de la formación del profesorado en general. Hoy en día la formación inicial del profesorado de E.F. está consiguiendo importantes avances gracias, en primer lugar, y como hemos expuesto más arriba, a las investigaciones realizadas desde la formación del profesorado en general, pero también han impulsado este campo específico las realizadas desde este ámbito. En este sentido, de acuerdo con Giménez (2003a), tenemos que decir y destacar que en España cualquier estudio sobre la formación del profesorado de E.F. ha de tomar como punto de partida los trabajos de Delgado Noguera realizados a partir de la década de los 90. Existen numerosos estudios en relación con la formación del profesorado de E.F., entre ellos, y siguiendo a Giménez (2003a) y a Sáenz-López (2000), podemos destacar los siguientes: la tesis doctoral realizada por García Ruso (1992) sobre la confección del currículo a partir de las reflexiones de los profesores y profesoras. También, las investigaciones de J. Medina (1995) estudian las prácticas de enseñanza, aspecto que también trata C. Romero (1995). Pascual (1994) va a estudiar la importancia de la reflexión en la formación del profesorado dentro de los postulados propuestos por la L.O.G.S.E. Estas investigaciones, y muchas otras, han propiciado una mejora considerable en la formación inicial del profesorado de E. F.

Al igual que ocurría con la formación inicial de los profesores de Educación Física, la formación permanente de este profesorado ha ido mejorando y progresando en virtud de las investigaciones realizadas desde el campo de la formación en general, pero también a partir de los estudios realizados en el ámbito propio de la Educación Física. En este sentido la L.O.G.S.E. auspició y fomentó las investigaciones sobre la formación permanente del profesorado, como vimos más arriba, ya que abogó por la reflexión, innovación e investigación del profesorado. A continuación, siguiendo la misma línea que en el apartado anterior, seguiremos a Giménez (2003a) y a Sáenz-López (2000), a la hora de hacer referencia a los estudios e investigaciones realizadas en España en relación con la formación permanente del profesorado de E.F. En este sentido destaca H. García (1993), quien llevó a cabo un curso de especialización de E.F. para 39 maestros de esta materia. También destaca Fraile (1995), quien realizó un Seminario de Formación para Maestros de E.F. basado en la investigación-acción. Otros autores han tratado e investigado acerca del trabajo en colaboración para la mejora de la formación permanente del profesorado de E.F. Entre ellos destacan Devís (1994), Fraile (1993), Sáenz-López (2000), etc. Tras analizar el estado de la cuestión de la formación permanente, Fraile (1992) considera que las propuestas para la formación han de hacer hincapié en aspectos como la reflexión, la intervención del profesor o profesora, el análisis de la práctica, las relaciones y conexiones entre la formación inicial y la práctica educativa real. Todo ello si se pretende mejorar la calidad del sistema educativo en general. Teniendo en cuenta el enfoque de nuestra investigación, la cual se basa en el análisis de aspectos relacionados con el perfil, aspectos personales (motivos y el entrenador en la iniciación deportiva), experiencia docente, formación inicial y permanente, concepción de la enseñanza del fútbol, metodología y necesidades de formación de los entrenadores-educadores de fútbol base, hemos de decir que consideramos, de acuerdo con autores como Abraham y Collins (1998), Giménez (2003b), Hammond y Perry (2005), Ibáñez y Medina (1999), McCullick, Belcher y Schempp (2005), Moreno (1997), O'Connor y Macdonald (2000), Rupert y Buscher (1989) y Tinning (1998), que la labor de los entrenadores-educadores deportivos, y por ende, de los entrenadores-educadores de fútbol, tiene muchos puntos en común con la del profesorado de Educación Física, y por extensión, con el profesorado en general. A continuación, expresamos esquemáticamente, lo expuesto más arriba.

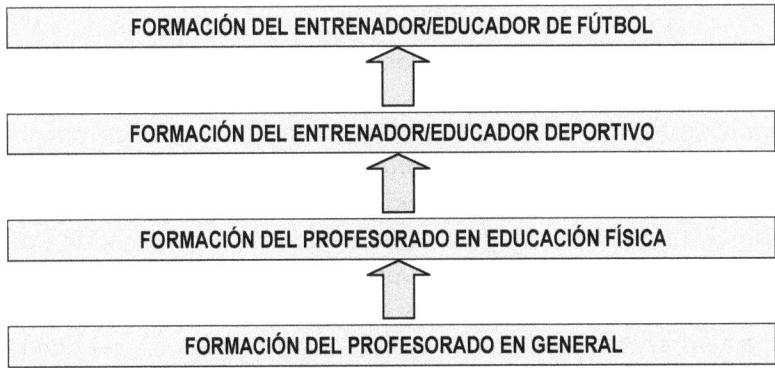

Figura 6. Fundamentos teóricos de la formación del entrenador-educador de fútbol, basado en Giménez (2003a).

Trataremos, en primer lugar, de justificar las relaciones existentes entre la formación del profesorado de Educación Física y la formación de los entrenadores deportivos. A continuación, analizaremos lo que nos dice la legislación vigente sobre la formación de los entrenadores y técnicos deportivos.

Siguiendo la figura anterior, hablaremos ahora de la formación del entrenador deportivo y de la del entrenador de fútbol. El motivo que nos lleva a seguir este orden en nuestra presentación, no es otro que la consideración, coincidiendo con autores como Ibáñez y Medina (1999), Giménez (2003a) y Moreno (1997), de que la formación del entrenador deportivo, y, por lo tanto, la del entrenador de fútbol tiene numerosos aspectos en común con la formación del profesor de Educación Física. En este sentido se expresan Ibáñez y Medina (1999, p. 44) cuando afirman que *«es habitual que el profesor de Educación Física se dedique también a tareas de entrenamiento fuera de su horario escolar, así como que un número elevado de aspirantes a la carrera docente tengan experiencias deportivas como jugador o como entrenador»*. Por su parte, McCullick et al. (2005) expresan que hay enlaces evidentes entre los resultados de su estudio y la teoría que relaciona la formación del profesor y la del entrenador. Igualmente, Rupert y Buschner (1989) concluyen que existen similitudes entre enseñar y entrenar en lo relacionado al contenido, aunque existen diferencias en cuanto al contexto de aplicación. También O'Connor y Macdonald (2000) establecen, tras realizar un estudio sobre profesores de Educación Física/Entrenadores, que existe cierta complementariedad entre enseñar y entrenar, pero también diferencias contextuales. Además, según Stewart y Sweet (1992, p. 79) *«debemos reconocer que el entrenamiento es una profesión la cual necesita una razonable base de conocimiento, y la educación física es una fuente lógica»*. Por todo lo expresado más arriba, a continuación, hablaremos acerca de la formación de los entrenadores deportivos, para después centrarnos en la formación de los entrenadores de fútbol, objetivo principal de nuestra investigación.

Nelson, Cushion y Potrac (2006) distinguen tres formas o vías formativas: 1. La educación formal: se trata de la formación cuya responsabilidad recae sobre instituciones específicas (federaciones deportivas y facultades, en nuestro caso). 2. La educación no formal: se realizan fuera del lugar de trabajo y son actividades organizadas para grupos reducidos (de entrenadores) como por ejemplo conferencias, seminarios, etc. 3. La educación informal: hace referencia a las actividades llevadas a cabo por la propia persona donde ésta adquiere conocimientos, experiencias, etc., como por ejemplo la experiencia como jugador, conversaciones con otros compañeros, etc.

Hasta la actualidad, las principales instituciones encargadas de formar a los entrenadores deportivos han sido las distintas Federaciones Deportivas por medio de sus Escuelas de Entrenadores. Aunque también está la vía universitaria, en la que las Facultades de Ciencias de la Actividad Física y del Deporte, desarrollan sus currículos para formar licenciados y entrenadores de los distintos deportes, entre ellos el fútbol. La falta de legislación que regulara y diera coherencia y coordinación a la formación de los entrenadores deportivos, ha hecho que la formación de éstos haya sido muy distinta, tanto entre las diversas Federaciones Deportivas como dentro de ellas mismas, según los programas formativos cursados. Siguiendo a Ibáñez y Medina (1999), este panorama se ha mantenido hasta la promulgación de la Ley del Deporte de 15 de octubre de 1990, que unifica los criterios de formación del técnico deportivo. Estableciendo en su artículo 55 que el Gobierno a propuesta del Ministerio de Educación y Ciencia regulará las enseñanzas de los técnicos deportivos. Con este objetivo se promulga el Real Decreto 594/1994 de 8 de abril sobre enseñanzas y títulos de los Técnicos Deportivos. Más adelante, y también con el mismo fin, se promulga al Real Decreto 1913/1997 de 19 de diciembre de 1997 sobre Técnicos Deportivos. Estos Decretos van a permitir una regulación de la formación de los técnicos y entrenadores deportivos. Podemos comprobar, pues, siguiendo a autores como Giménez (2003b), Ibáñez y Medina (1999) la existencia, en la formación del entrenador deportivo, de una corta documentación académica y científica, lo cual se agrava debido a las pocas investigaciones realizadas al respecto. Entre éstas, destaca la realizada por McCullick et al. (2005), tras la cual concluyen que es necesario incrementar la formación de los entrenadores a través de cursos de calidad. Por su parte Álamo, Amador y Pintor (2002b), tras analizar la formación de los entrenadores escolares de Tenerife y Gran Canaria, manifiestan que es menester dotar a éstos de una mejor y adecuada formación. También, el Real Decreto 594/1994 nos dice que «*la formación de este tipo de técnicos depor-*

tivos ha carecido en nuestro país de una adecuada organización, así como del correspondiente reconocimiento oficial de los títulos».

4.2. LA FORMACIÓN DEL ENTRENADOR DEPORTIVO EN EL DEL REAL DECRETO 594/1994, DE 8 DE ABRIL, SOBRE ENSEÑANZAS Y TÍTULOS DE LOS TÉCNICOS DEPORTIVOS

Según este Real Decreto los Técnicos Deportivos son aquéllos que realizan funciones de iniciación, perfeccionamiento y entrenamiento en modalidades o especialidades deportivas concretas. Este Real Decreto tiene como finalidad la de «*establecer tres niveles de formación conducentes a la obtención del correspondiente título oficial, cuyo grado de rigor científico y técnico asegure la correcta actuación de los técnicos deportivos en el desempeño de sus tareas y funciones*». La superación de los niveles de enseñanza establecidos posibilitará la obtención de títulos oficiales expedidos por el Ministerio de Educación y Ciencia o Comunidades Autónomas con competencias educativas. Se establecen, pues, tres niveles de enseñanza para los técnicos deportivos: Técnico Deportivo Elemental, Técnico Deportivo de Base y Técnico Deportivo Superior. Esta denominación genérica se completará con la de la modalidad deportiva correspondiente.

- Técnico Deportivo Elemental. La obtención de este título cualifica para la realización de funciones de iniciación y enseñanza de los fundamentos esenciales de una modalidad deportiva concreta. Como requisito se exige ser mayor de edad y estar en posesión del Graduado Escolar o del Graduado en Educación Secundaria. Su acceso podrá incluir la superación de pruebas de conocimientos, destrezas o de condición física. La duración mínima de la formación del Técnico Deportivo Elemental será de ciento veinte horas lectivas teórico-prácticas.

- Técnico Deportivo de Base. Este título conduce a la cualificación para realizar funciones de perfeccionamiento de los elementos técnicos y para el entrenamiento básico de una modalidad o especialidad deportiva determinada. Para poder acceder a la obtención de este título ha de poseerse el Título de Técnico Deportivo Elemental, así como la realización de un período mínimo de prácticas de doscientas horas o una temporada completa como Técnico Deportivo Elemental. También se podrán exigir la superación de pruebas para el acceso a este título. El período de formación del Técnico Deportivo de Base será de cuatrocientas horas lectivas teórico-prácticas. Las horas cursadas en el nivel de Técnico Deportivo Elemental se computarán.

- Técnico Deportivo Superior. La obtención de este título cualifica para la realización de funciones relacionadas con el entrenamiento de alto nivel, dirección de equipos y deportistas. Para acceder a este título será necesario estar en posesión del título de Técnico Deportivo de Base, así como la realización de un período de prácticas de doscientas horas o una temporada como Técnico Deportivo de Base. La duración mínima de este nivel será de ochocientas horas teórico-prácticas en las que se incluyen las horas de formación correspondientes a los niveles anteriores.

En este Real Decreto se establece también que las enseñanzas de cada nivel se regirán por el sistema de créditos, correspondiéndose cada diez horas teórico-prácticas con un crédito. Además, los planes de estudios de cada uno de los tres niveles se estructuran en dos bloques de materias. Un bloque común a todas las especialidades deportivas, cuyas materias tendrán un carácter científico general. Un bloque específico de cada modalidad deportiva, compuesto por materias afines a los aspectos científicos, técnicos, tácticos y reglamentarios de dicha especialidad deportiva. En cuanto al profesorado a impartir estos niveles de enseñanza, este Real Decreto establece que las materias del bloque común sean impartidas por licenciados, ingenieros o arquitectos, o quienes posean titulaciones equivalentes a efectos de docencia. El profesorado del bloque específico de cada nivel estará compuesto por licenciados o equivalentes y por técnicos deportivos superiores o por expertos reconocidos por las Federaciones deportivas o por las Comunidades Autónomas. En lo referente a los centros en los que se desarrollarán estos estudios, este Real Decreto fija que éstos podrán realizarse en aquellos centros reconocidos por el Ministerio de Educación y Ciencia o por las Comunidades Autónomas con competencias educativas, así como los centros docentes del sistema de enseñanza militar. Según el Real Decreto, las áreas que componen el bloque común, y su carga lectiva, son las siguientes:

	T. D. ELEMENTAL			T. D. BASE			T. D. SUPERIOR	
	horas	créditos	prácticas	horas	créditos	prácticas	horas	créditos
A. C. Biológicas	25	2,5	-	50	5	-	50	5
A. C. Comportamiento	25	2	-	40	4	-	40	4
A. C. Entrenamiento	10	1	-	40	4	-	90	9
A. Org. y Legislación	5	0,5	-	10	1	-	20	2
TOTALES	65	6	200	140	14	200	200	20

Cuadro 27. Áreas, horas, créditos y prácticas de la formación de Técnicos Deportivos basado en el Real Decreto 594/1994.

4.3. LA FORMACIÓN DEL ENTRENADOR DEPORTIVO EN EL DEL REAL DECRETO 1913/1997, DE 19 DE DICIEMBRE, POR EL QUE SE CONFIGURAN COMO ENSEÑANZAS DE RÉGIMEN ESPECIAL LAS CONDUCENTES A LA OBTENCIÓN DE TITULACIONES DE TÉCNICOS DEPORTIVOS, SE APRUEBAN LAS DIRECTRICES GENERALES DE LOS TÍTULOS Y DE LAS CORRESPONDIENTES ENSEÑANZAS MÍNIMAS

Este Real Decreto otorga a las enseñanzas y títulos de los técnicos deportivos el carácter de enseñanzas de régimen especial de acuerdo con el artículo 3.4 de la Ley Orgánica 1/1990. De esta manera, se le da a los títulos un valor profesional y académico, regulándose la estructura y la organización básica de las enseñanzas mínimas. Además, este Real Decreto garantiza el acceso a estas enseñanzas de las personas con minusvalías o impedimentos físicos. Se establecen los objetivos y finalidades siguientes:

1. Adquirir una formación de calidad que garantice una competencia técnica y profesional
2. Comprender las características y la organización de la modalidad o especialidad deportiva correspondiente y conocer los derechos y obligaciones que se derivan de sus funciones
3. Adquirir los conocimientos y habilidades necesarias para desarrollar su labor en condiciones de seguridad
4. Garantizar la cualificación profesional en la iniciación, perfeccionamiento técnico, entrenamiento y dirección de equipos y deportistas de la modalidad o especialidad correspondiente
5. Adquirir una identidad y madurez profesional motivadora de futuros aprendizajes y adaptaciones al cambio de las cualificaciones

Cuadro 28. Finalidades de las enseñanzas conducentes a la obtención de las titulaciones de técnicos deportivos según el Real Decreto 1913/1997.

Con este Real Decreto se establecen dos grados que comprenderán las diferentes titulaciones de los nuevos técnicos deportivos.

a) Grado medio. La formación conducirá a la obtención del título de Técnico Deportivo en la modalidad deportiva correspondiente. A su vez, este grado medio se dividirá en dos niveles. El primer nivel tendrá como fin proporcionar a los alumnos y alumnas los conocimientos y la capacitación básica para iniciar a los deportistas y dirigir su participación en competiciones, mientras que el segundo nivel completará los objetivos previstos para el grado medio:

1. Iniciar y perfeccionar la ejecución técnica y táctica de los deportistas.
2. Programar y dirigir el entrenamiento de deportistas de equipos.
3. Conducir y acompañar a individuos o grupos durante la práctica deportiva.
4. Dirigir a deportistas y equipos durante su participación en competiciones de nivel básico y de nivel medio.
5. Promover y participar en la organización de las actividades de su modalidad o especialidad deportiva.
6. Garantizar la seguridad y en caso necesario administrar los primeros auxilios.

b) Grado superior. La formación en este grado conllevará a la obtención del título de Técnico Deportivo superior en la modalidad deportiva correspondiente. Esta formación capacitará a los alumnos para:

1. Planificar y dirigir el entrenamiento de deportistas.
2. Dirigir a deportistas y equipos durante su participación en competiciones de alto nivel.
3. Dirigir y coordinar a técnicos deportivos de nivel inferior.
4. Garantizar la seguridad de los técnicos de la misma modalidad o especialidad deportiva que dependan de él.
5. Dirigir un departamento, sección o escuela de su modalidad o especialidad deportiva.

Las enseñanzas de cada grado se organizarán teniendo en cuenta los siguientes cuatro bloques:

a) Bloque común. Estará compuesto por módulos transversales de carácter científico y técnico general, coincidentes y obligatorios para todas las modalidades deportivas.

b) Bloque específico. Incluirá módulos de formación deportiva específica de carácter científico y técnico relacionados con cada especialidad concreta.
c) Bloque complementario. Integrado por contenidos que persigan la utilización de recursos tecnológicos y las variaciones de la demanda social.
d) Bloque de formación práctica. Se realizará una vez cursados los bloques precedentes. Se podrá llevar a cabo en instituciones deportivas de públicas, privadas, o de acuerdo con programas de intercambio internacional.

Para la obtención del título de Técnico Deportivo Superior de una especialidad deportiva, además de haber realizado las enseñanzas correspondientes a este título, el alumno deberá presentar un proyecto en forma de memoria. En cuanto a los requisitos para el acceso a cada grado, tenemos que decir que para acceder al grado medio será necesario estar en posesión del título de Graduado en Educación Secundaria o equivalente y superar una prueba de carácter específico. Se accederá, así mismo, al segundo nivel del grado medio, cuando se hayan aprobado los estudios correspondientes al primer nivel de ese mismo grado en la misma especialidad deportiva y previa superación de la prueba de carácter específico. Para el acceso al grado superior se requerirá estar en posesión del título de Técnico Deportivo de la modalidad o, en su caso, especialidad deportiva correspondiente, estar en posesión del título de Bachiller o equivalente y superar, cuando sea necesario, una prueba de carácter específico.

Las enseñanzas conducentes a la obtención de las nuevas titulaciones de técnicos deportivos, incluirán los siguientes aspectos básicos del currículo:

- Los objetivos generales.
- Los objetivos formativos de los módulos expresados en términos de capacidades.
- Los contenidos de los módulos o materias.
- La duración total de las enseñanzas y la duración mínima de cada uno de los bloques y módulos expresados en horas.
- Los criterios de evaluación.
- Los requisitos deportivos y contenidos generales de las pruebas de acceso de carácter específico, cuando éstas se establezcan.

En cuanto a la duración de las enseñanzas, las correspondientes al grado medio tendrán una duración mínima de novecientas cincuenta horas y máxima de mil cien horas, de las que, al menos, el 35 por 100 corresponderán al primer nivel de este grado. El grado superior constará de un mínimo de setecientas cincuenta horas y un máximo de mil cien horas. La posesión el título de grado superior permitirá el acceso directo a los estudios universitarios, teniendo en cuenta su relación con los estudios cursados. Los centros habilitados para impartir estas enseñanzas podrán ser de carácter público o privado, siempre que estén dotados de los recursos educativos humanos y materiales necesarios. También se podrán llevar a cabo en centros docentes del sistema de enseñanza militar, según convenios establecidos entre los Ministerios de Educación y Cultura y Defensa. El profesorado que imparta estas enseñanzas tendrá que atenerse a los siguientes requisitos:

- Los módulos del bloque común y complementario serán impartidos por licenciados, ingenieros y arquitectos o quienes posean las titulaciones que, a efectos de esta docencia, se declaren equivalentes.
- Los módulos del bloque específico y el bloque de formación práctica serán impartidos por licenciados, ingenieros y arquitectos con la especialidad o formación específica concordante con los contenidos de los módulos en cuestión y, asimismo, por las personas que estén en posesión del título de Técnico Deportivo superior en la especialidad correspondiente. También podrán impartir estos estudios los expertos y especialistas que, para cada modalidad deportiva y módulo formativo, se establezcan. Además, el profesorado ha de estar en posesión del Certificado de Capacitación Pedagógica del profesorado.

4.4. LA FORMACIÓN DEL ENTRENADOR DEPORTIVO EN LA ORDEN DE 5 DE JULIO DE 1999 POR LA QUE SE COMPLETAN LOS ASPECTOS CURRICULARES Y LOS REQUISITOS GENERALES DE LAS FORMACIONES EN MATERIA DEPORTIVA A LAS QUE SE REFIERE LA DISPOSICIÓN TRANSITORIA PRIMERA DEL REAL DECRETO 1913/1997, DE 19 DE DICIEMBRE

Esta Orden, tal como dispone la disposición transitoria del Real Decreto 1917/1997, viene a completar los aspectos curriculares y requisitos generales de las formaciones deportivas. En este sentido, se establecen las entidades que pueden promover las formaciones deportivas, la estructura de las mismas (niveles, currículos correspondientes, así como las áreas de cada nivel), los objetivos, contenidos, duración y requisitos generales y específicos para el acceso a esta formación. También explicita los aspectos relacionados con el período de prácticas, así como las características y elementos de evaluación de dichas enseñanzas.

4.5. LA FORMACIÓN DEL ENTRENADOR DEPORTIVO EN LA ORDEN ECD/3210/2002, DE 16 DE DICIEMBRE, POR LA QUE SE REGULAN LOS ASPECTOS CURRICULARES, LOS REQUISITOS GENERALES Y LOS EFECTOS DE LA FORMACIÓN EN MATERIA DEPORTIVA, A LOS QUE SE REFIERE LA DISPOSICIÓN TRANSITORIA PRIMERA DEL REAL DECRETO 1913/1997, DE 19 DE DICIEMBRE

Deroga a la anterior, por presentar ésta última algunas disfunciones para interpretar y aplicar determinados apartados. Esta Orden trata con mayor profundidad los aspectos desarrollados en la anterior Orden de 5 de julio de 1999, y añade otros como las capacidades que proporcionarán los niveles I, II y III de cada modalidad y especialidad deportiva, el acceso a los minusválidos, el reconocimiento y efectos de las formaciones de las modalidades o especialidades deportivas, la incorporación a estas formaciones acreditando formaciones anteriores, la compensación de áreas acreditando la superación de enseñanzas oficiales del ámbito de la actividad física y el deporte y la compensación de áreas por méritos y experiencia deportiva. Posteriormente, el Real Decreto 1363/2007, de 24 de octubre, va a establecer la ordenación general de las enseñanzas deportivas de régimen especial, es decir, de las enseñanzas conducentes a los títulos de Técnico Deportivo y Técnico Deportivo Superior. Establece, entre otros, aspectos como los siguientes: finalidad, objetivos, principios de las enseñanzas deportivas, la estructura, organización y el perfil profesional, así como la ordenación en ciclos, bloques y módulos. También trata sobre la evaluación y sobre el currículo de las enseñanzas deportivas.

A continuación, en el siguiente capítulo, concretando aún más, nos centraremos en la formación del entrenador de fútbol en la actualidad.

5. LA FORMACIÓN DEL ENTRENADOR DE FÚTBOL

A continuación, trataremos la formación del entrenador de fútbol actual en función de la legislación vigente, para más tarde exponer algunas consideraciones respecto a su formación.

5.1. LA FORMACIÓN DEL ENTRENADOR DE FÚTBOL EN EL DEL REAL DECRETO 320/2000, DE 3 DE MARZO, POR EL QUE SE ESTABLECEN LOS TÍTULOS DE TÉCNICO DEPORTIVO Y TÉCNICO DEPORTIVO SUPERIOR EN LAS ESPECIALIDADES DE FÚTBOL Y FÚTBOL SALA, SE APRUEBA LAS CORRESPONDIENTES ENSEÑANZAS MÍNIMAS Y SE REGULAN LAS PRUEBAS Y LOS REQUISITOS DE ACCESO A ESTAS ENSEÑANZAS

En virtud de lo establecido en el artículo 1 del Real Decreto 1913/1997, de 19 de diciembre, las enseñanzas que conducen a la obtención de los títulos de Técnico Deportivo y Técnico Deportivo Superior en las especialidades deportivas de Fútbol y Fútbol Sala, reguladas en el mismo, serán consideradas como enseñanzas de régimen especial, con validez académica y profesional.

Según lo dispuesto en el Real Decreto 1913/1997, artículo 14, se establecen los siguientes títulos:

a) De grado medio: Técnico Deportivo en Fútbol y Técnico Deportivo en Fútbol Sala. Este certificado acredita que su titular posee las competencias necesarias para realizar la iniciación al fútbol y fútbol sala, así como para promocionar estas modalidades deportivas.
b) De grado superior: Técnico Deportivo Superior en Fútbol y Técnico Deportivo Superior en Fútbol Sala. Este título acredita que su titular posee las competencias necesarias para planificar y dirigir el entrenamiento de deportistas y equipos de fútbol y fútbol sala, dirigir la participación de éstos en competiciones de medio y alto nivel, así como dirigir escuelas de fútbol.

Las enseñanzas relativas a la obtención de los títulos de Técnico Deportivo y Técnico Deportivo superior en las especialidades deportivas de Fútbol y Fútbol Sala, tienen como finalidad proporcionar a los alumnos la formación necesaria para:

- Garantizar su competencia técnica y profesional en la correspondiente especialidad de fútbol y una madurez profesional motivadora de futuros aprendizajes y adaptaciones al cambio de cualificaciones.
- Comprender las características y la organización de su modalidad deportiva y conocer los derechos y obligaciones que se derivan de sus funciones.
- Adquirir los conocimientos y habilidades necesarias para desarrollar su labor en condiciones de seguridad.

De acuerdo con lo establecido en el Real Decreto 1913/1997, las enseñanzas se estructuran en tres bloques: bloque común, compuesto por módulos transversales de carácter científico y técnico general, coincidentes y obligatorios para todas las modalidades deportivas (ejemplos: bases anatómicas y fisiológicas del deporte, entrenamiento deportivo, etc.); un bloque específico, el cual incluye módulos de formación deportiva de carácter científico y técnico relacionados con las especialidades de fútbol (ejemplos: desarrollo profesional, reglas del juego, etc.); un bloque complementario, el cual contiene contenidos relacionados con la adecuada utilización de recursos tecnológicos, fundamentalmente; y un bloque de formación práctica, el cual se llevará a cabo una vez finalizados los estudios de los bloques precedentes. Para la obtención de los títulos de Técnico Deportivo y Técnico Deportivo Superior en las especialidades deportivas de Fútbol y Fútbol Sala será necesario, además, la realización de un proyecto final, el cual se presentará una vez se hayan superado todos los bloques del proceso formativo y tendrá una duración de setenta y cinco horas.

En cuanto a los requisitos de acceso y promoción, tenemos que decir que éstos serán los siguientes:

- Para acceder al grado medio de estas enseñanzas será necesario tener el título de Graduado en Educación Secundaria o equivalente y superar una prueba específica.
- Para el acceso al segundo nivel del grado medio, se tendrá que haber aprobado las enseñanzas correspondientes al primer nivel de la misma especialidad.
- Para tener acceso al grado superior se requerirá estar en posesión del título de Bachiller o equivalente y el Título de Técnico Deportivo de Fútbol de la modalidad correspondiente. Además se deberá acreditar tener experiencia como entrenador titular (dos temporadas en Tercera División o Regional Preferente, tres temporadas en el caso de que se tengan en Categoría Regional Ordinaria o de la Liga Nacional Juvenil y tres temporadas en equipos participantes en competiciones en las categorías de juvenil, cadete, infantil, alevín o benjamín).

El título de Técnico Deportivo en una de las especialidades de Fútbol posibilitará el acceso a todas las modalidades de bachillerato. Mientras que el título de Técnico Deportivo Superior en alguna de las modalidades de Fútbol, permitirá al alumno o alumna tener acceso a los estudios de: maestro (todas las especialidades), diplomado en Educación Social, Diplomado en Fisioterapia, Diplomado en Terapia Ocupacional, Diplomado en Trabajo Social, Diplomado en Enfermería, Diplomado en Empresas y Actividades Turísticas,

Diplomado en Turismo y Licenciado en Ciencias de la Actividad Física y del Deporte. Estas enseñanzas podrán impartirse en centros públicos o privados siempre que estén dotados de los recursos educativos humanos y materiales necesarios y adecuados para garantizar una enseñanza adecuada. También podrán impartir estas enseñanzas los centros docentes del sistema de enseñanza militar, según convenios entre el Ministerio de Educación y Cultura y el Ministerio de Defensa.

A continuación, exponemos en sendos cuadros la duración total de las enseñanzas conducentes y la organización de las mismas.

GRADO MEDIO	Nivel	Técnico Deportivo en Fútbol	Técnico Deportivo en Fútbol Sala	GRADO SUPERIOR	Técnico Deportivo Superior en Fútbol	Técnico Deportivo Superior en Fútbol Sala
	Primer	455 horas	420 horas			
	Segundo	565 horas	555 horas		875 horas	830 horas
	Total	1020 horas	975 horas			

Cuadro 29. Duración de las enseñanzas conducentes a la obtención de los títulos de Técnico Deportivo y Técnico Deportivo Superior en las especialidades deportivas de Fútbol y Fútbol Sala, basado en el R. D. 320/2000.

	GRADO MEDIO			
	TÉCNICO DEPORTIVO EN FÚTBOL		TÉCNICO DEPORTIVO EN FÚTBOL SALA	
	Primer Nivel	Segundo Nivel	Primer Nivel	Segundo Nivel
B. COMÚN	65 horas	80 horas	65 horas	80 horas
B. ESPECÍFICO	90 horas	95 horas	70 horas	90 horas
B. COMPLEMENTARIO	15 horas	25 horas	15 horas	25 horas
B. F. PRÁCTICA	80 horas	110 horas	80 horas	110 horas
TOTALES	250 horas	310 horas	230 horas	305 horas

Cuadro 30. Duración y organización de las enseñanzas conducentes a la obtención de los títulos de Técnico Deportivo en las especialidades deportivas de Fútbol y Fútbol Sala, basado en el R. D. 320/2000.

	GRADO SUPERIOR	
	TÉCNICO DEPORTIVO SUPERIOR EN FÚTBOL	TÉCNICO DEPORTIVO SUPERIOR EN FÚTBOL SALA
B. COMÚN	110 horas	110 horas
B. ESPECÍFICO	180 horas	155 horas
B. COMPLEMENTARIO	40 horas	40 horas
B. F. PRÁCTICA	110 horas	110 horas
PROYECTO FINAL	40 horas	40 horas
TOTALES	480 horas	455 horas

Cuadro 31. Duración y organización de las enseñanzas conducentes a la obtención de los títulos de Técnico Deportivo Superior en las especialidades deportivas de Fútbol y Fútbol Sala, basado en el R. D. 320/2000.

5.2. LA FORMACIÓN DEL ENTRENADOR DE FÚTBOL EN EL DECRETO 12/2004, DE 20 DE ENERO, POR EL QUE SE ESTABLECEN LOS CURRÍCULOS, LOS REQUISITOS Y PRUEBAS ESPECÍFICAS DE ACCESO CORRESPONDIENTES A LOS TÍTULOS DE TÉCNICO DEPORTIVO Y TÉCNICO DEPORTIVO SUPERIOR EN LAS ESPECIALIDADES DE FÚTBOL Y FÚTBOL SALA

El artículo 19.1 del Estatuto de Autonomía para Andalucía establece que corresponde a la Comunidad Autónoma de Andalucía la regulación y administración de la enseñanza en toda su extensión, niveles y grados, modalidades y especialidades, en el ámbito de sus competencias. Por otro lado, el Real Decreto 1913/1997, establece que las Comunidades Autónomas que se hallen en el pleno ejercicio de sus competencias en educación establecerán el currículo de las especialidades deportivas, del que forman parte, en todo caso, las enseñanzas mínimas. Además, El Real Decreto 320/2000, en su artículo 11, faculta a dichas Comunidades Autónomas para establecer, en el ámbito de sus competencias, el currículo de las especialidades de fútbol.

De acuerdo con todo ello, el Decreto 12/2004 establece el currículo de las enseñanzas correspondientes a los títulos de Técnico Deportivo y Técnico Deportivo Superior en las especialidades de Fútbol y Fútbol Sala y regula los requisitos y pruebas de acceso. Nosotros, en nuestra exposición, solo nos referiremos al Fútbol.

Las enseñanzas conducentes a la obtención de los títulos de Técnico Deportivo y Técnico Deportivo Superior en la especialidad deportiva de Fútbol, tienen como finalidad proporcionar a los alumnos la formación necesaria para:

a) Comprender las características y organización de su especialidad deportiva.
b) Conocer los derechos y obligaciones que se derivan de sus funciones como Técnico Deportivo.
c) Adquirir los conocimientos, habilidades y madurez profesional necesarios para desarrollar su labor en condiciones de seguridad.
d) Garantizar la cualificación profesional en la iniciación, perfeccionamiento técnico, entrenamiento y dirección de equipos y deportistas de la correspondiente especialidad.
e) Adquirir una identidad y madurez profesional motivadora de futuros aprendizajes y adaptaciones al cambio de las calificaciones.

A continuación, exponemos en un cuadro la duración total de las enseñanzas conducentes y, posteriormente la organización y estructuración de las mismas.

	Técnico Deportivo en Fútbol			Técnico Deportivo Superior en Fútbol
GRADO MEDIO	Primer Nivel	455 horas	**GRADO SUPERIOR**	875 horas
	Segundo Nivel	565 horas		
	Total	1020 horas		

Cuadro 32. Duración de las enseñanzas conducentes a la obtención de los títulos de Técnico Deportivo y Técnico Deportivo Superior en la especialidad deportiva de Fútbol, basado en el D. 12/2004.

De acuerdo con lo establecido en el Real Decreto 320/2000, las enseñanzas se estructuran en cuatro bloques:

- Bloque común, compuesto por módulos de carácter científico y técnico general, que son coincidentes y obligatorios para todas las modalidades deportivas.
- Bloque específico, que contiene los módulos de formación deportiva de carácter científico y técnico propios de la especialidad correspondiente de fútbol.
- Bloque complementario, que comprende los contenidos que tienen por objetivo formativo la utilización de recursos tecnológicos, así co-

mo la atención a otros aspectos considerados de interés, tales como la atención a la práctica deportiva de personas discapacitadas, las enseñanzas deportivas como medio para la educación en valores o el conocimiento de terminología deportiva en otras lenguas.
- Bloque de formación práctica, que se realizará una vez superados los bloques anteriores de cada nivel o grado.

Para la obtención de los títulos de Técnico Deportivo y Técnico Deportivo Superior en las especialidad deportiva de Fútbol será necesario, además, la realización de un proyecto final, el cual se presentará una vez se hayan superado todos los bloques del proceso formativo y tendrá una duración de setenta y cinco horas. En cuanto a los requisitos de acceso y promoción, éstos serán los siguientes:

-Para acceder al Primer Nivel de las enseñanzas del Grado Medio, será necesario tener el título de Graduado en Educación Secundaria o titulación equivalente a efectos académicos y superar las pruebas de acceso de carácter específico establecida en el anexo II del Real Decreto 320/2000.
-Para el acceso al Segundo Nivel del grado medio, estar en posesión del Certificado de Superación del Primer Nivel de la especialidad correspondiente.
-Para tener acceso al Grado Superior se requerirá estar en posesión del título de Bachiller o equivalente a efectos académicos, el Título de Técnico Deportivo de Fútbol de la modalidad correspondiente. Además se deberá acreditar tener experiencia como entrenador titular (dos temporadas en Tercera División o Regional Preferente, tres temporadas en el caso de que se tengan en Categoría Regional Ordinaria o de la Liga Nacional Juvenil y tres temporadas en equipos participantes en competiciones en las categorías de juvenil, cadete, infantil, alevín o benjamín).

Titulación de Grado Medio

A continuación exponemos la duración de los módulos de formación del Técnico Deportivo de Fútbol (Primer y Segundo Nivel).

BLOQUE COMÚN		
MÓDULOS	TÉCNICO DEPORTIVO EN FÚTBOL PRIMER NIVEL	
	H. TEÓRICAS	H. PRÁCTICAS
Bases anatómicas y fisiológicas del deporte	20	10
Bases psicopedagógicas de la enseñanza y del entrenamiento deportivo	10	5
Entrenamiento deportivo	15	15
Fundamentos sociológicos del deporte	15	-
Organización y legislación del deporte	10	-
Primeros auxilios e higiene en el deporte	10	10
Teoría y sociología del deporte	-	-
Carga horaria del bloque	80	40
TOTAL	120	

Cuadro 33. Duración de los módulos de formación del Técnico Deportivo en Fútbol, bloque común: Primer Nivel, basado en el D. 12/2004.

BLOQUE COMÚN		
MÓDULOS	TÉCNICO DEPORTIVO EN FÚTBOL SEGUNDO NIVEL	
	H. TEÓRICAS	H. PRÁCTICAS
Bases anatómicas y fisiológicas del deporte	25	10
Bases psicopedagógicas de la enseñanza y del entrenamiento deportivo	25	10
Entrenamiento deportivo	20	20
Fundamentos sociológicos del deporte	-	-
Organización y legislación del deporte	10	-
Primeros auxilios e higiene en el deporte	5	10
Teoría y sociología del deporte	15	-
Carga horaria del bloque	100	50
TOTAL	150	

Cuadro 34. Duración de los módulos de formación del Técnico Deportivo en Fútbol, bloque común: Segundo Nivel, basado en el D. 12/2004.

BLOQUE ESPECÍFICO		
MÓDULOS	TÉCNICO DEPORTIVO EN FÚTBOL PRIMER NIVEL	
	H. TEÓRICAS	H. PRÁCTICAS
Desarrollo profesional	10	-
Dirección de equipos	5	5
Metodología de la enseñanza y del entrenamiento del Fútbol	10	15
Preparación física	5	10
Reglas de juego	15	5
Seguridad deportiva	5	10
Táctica y sistema de juego	15	20
Técnica individual y colectiva	15	25
Carga Horaria del bloque	80	90
	170	

Cuadro 35. Duración de los módulos de formación del Técnico Deportivo en Fútbol, bloque específico: Primer Nivel, basado en el D. 12/2004.

BLOQUE ESPECÍFICO		
MÓDULOS	TÉCNICO DEPORTIVO EN FÚTBOL SEGUNDO NIVEL	
	H. TEÓRICAS	H. PRÁCTICAS
Desarrollo profesional	10	-
Dirección de equipos	5	15
Metodología de la enseñanza y del entrenamiento del Fútbol	10	15
Preparación física	10	20
Reglas de juego	15	5
Seguridad deportiva	-	-
Táctica y sistema de juego	15	20
Técnica individual y colectiva	10	20
Carga Horaria del bloque	75	95
	170	

Cuadro 36. Duración de los módulos de formación del Técnico Deportivo en Fútbol, bloque específico: Segundo Nivel, basado en el D. 12/2004.

BLOQUE COMPLEMENTARIO		
Carga horaria del bloque	Técnico deportivo en Fútbol. Primer Nivel	Técnico deportivo en Fútbol. Segundo Nivel
	25	45

Cuadro 37. Duración del bloque complementario de formación del Técnico Deportivo en Fútbol: Primer y Segundo Nivel, basado en el D. 12/2004.

BLOQUE DE FORMACIÓN PRÁCTICA		
Carga horaria del bloque	Técnico deportivo en Fútbol. Primer Nivel	Técnico deportivo en Fútbol. Segundo Nivel
	140	200

Cuadro 38. Duración del bloque de formación práctica del Técnico Deportivo en Fútbol: Primer y Segundo Nivel, basado en el D. 12/2004.

BLOQUE DE FORMACIÓN PRÁCTICA		
Carga horaria total	Técnico deportivo en Fútbol. Primer Nivel	Técnico deportivo en Fútbol. Segundo Nivel
	455	565

Cuadro 39. Carga horaria total de la formación del Técnico Deportivo en Fútbol: Primer y Segundo Nivel, basado en el D. 12/2004.

TÉCNICO DEPORTIVO DE FÚTBOL DE PRIMER NIVEL

En cuanto al perfil profesional del Técnico Deportivo en Fútbol de Primer Nivel, el Decreto 12/2004 nos dice que el este título acredita que su titular posee las competencias necesarias para realizar la iniciación al Fútbol, así como para promocionar esta modalidad deportiva. También, en lo referente a las capacidades profesionales, y nombrando solo algunas, nos dice que este técnico debe ser capaz de:

- Realizar la enseñanza del fútbol, siguiendo los objetivos, los contenidos recursos y métodos de evaluación, en función de la programación general de la actividad.
- Educar a los alumnos y alumnas sobre las técnicas y las tácticas del fútbol, utilizando los equipamientos y materiales apropiados, demostrando los movimientos y los gestos según los modelos de referencia.
- Enseñar y hacer cumplir las normas básicas del reglamento del fútbol.
- Transmitir a los deportistas y las deportistas las normas, valores, y contenidos éticos de la práctica deportiva.
- Introducir a los deportistas y las deportistas en la práctica deportiva saludable.

- Prevenir las lesiones más frecuentes en el fútbol.

Además, este Decreto establece que el Técnico Deportivo de Fútbol de Primer Nivel ejercerá su actividad en el ámbito de la iniciación deportiva y la llevará a cabo en escuelas y centros de iniciación deportiva, clubes y asociaciones deportivas, federaciones deportivas, patronatos deportivos, empresas de servicios deportivos y centros escolares (actividades extraescolares). Entre otras, se le requiere las responsabilidades siguientes:

- La enseñanza del fútbol hasta la obtención por parte del deportista o de la deportista, de los conocimientos técnicos y tácticos elementales que les capaciten para la competición de fútbol en categorías infantiles y en adultos en categorías inferiores.
- La elección de los objetivos, medios, métodos y materiales más adecuados para la realización de la enseñanza.
- La evaluación y control del proceso de enseñanza deportiva.
- La seguridad del grupo durante el desarrollo de la actividad.
- El cumplimiento del reglamento del fútbol.

TÉCNICO DEPORTIVO DE FÚTBOL DE SEGUNDO NIVEL

Respecto al perfil profesional del Técnico Deportivo en Fútbol de Primer Nivel, el Decreto 12/2004 nos dice que el titular del mismo posee las competencias necesarias para programar y efectuar la enseñanza del fútbol con vistas al perfeccionamiento de la ejecución técnica y táctica del deportista o la deportista, así como efectuar el entrenamiento de deportistas y equipos de esta modalidad deportiva. En lo referente a las capacidades profesionales, y nombrando solo algunas, nos dice que este técnico debe ser capaz de:

- Programar la enseñanza del fútbol y la evaluación del proceso de enseñanza aprendizaje.
- Realizar la enseñanza del fútbol con vistas al perfeccionamiento técnico y táctico del deportista y de la deportista.
- Evaluar la progresión del aprendizaje.
- Efectuar la programación específica y la programación operativa del entrenamiento a corto y medio plazo.
- Dirigir a su nivel el acondicionamiento físico de futbolistas en función del rendimiento deportivo.
- Dirigir equipos o deportistas en competiciones de fútbol, haciendo cumplir el reglamento de las competiciones.

- Detectar e interpretar la información técnica relacionada con su trabajo, con el fin de incorporar nuevas técnicas y tendencias, y utilizar nuevos equipos y materiales del sector.
- Poseer una visión global e integradora del proceso, comprendiendo la función de las instalaciones y equipos, y las dimensiones técnicas, pedagógicas, organizativas, económicas y humanas de su trabajo.

También, este Decreto establece que el Técnico Deportivo de Fútbol de Segundo Nivel ejercerá su actividad en el ámbito de la enseñanza y del entrenamiento del fútbol y la llevará a cabo en clubes de fútbol y asociaciones deportivas, federaciones territoriales de fútbol, patronatos deportivos, empresas de servicios deportivos y centros escolares (actividades extraescolares). Entre otras, se le requiere las responsabilidades siguientes:

- La enseñanza del fútbol hasta el perfeccionamiento de la ejecución técnica y táctica del deportista o de la deportista.
- El entrenamiento de futbolistas y equipos de fútbol.
- El control y evaluación del proceso de instrucción deportiva.
- El control a su nivel del rendimiento deportivo.
- La dirección técnica de futbolistas y equipos durante la participación en competiciones deportivas.

Titulación de Grado Superior

A continuación exponemos la duración de los módulos de formación del Técnico Deportivo Superior en Fútbol.

	BLOQUE COMÚN	
MÓDULOS	TÉCNICO DEPORTIVO SUPERIOR EN FÚTBOL	
	H. TEÓRICAS	H. PRÁCTICAS
Biomecánica deportiva	20	10
Entrenamiento de alto rendimiento deportivo	30	25
Fisiología del esfuerzo	25	10
Gestión del deporte	30	10
Psicología del alto rendimiento deportivo	20	-
Sociología del deporte de algo rendimiento	20	-
Carga horaria del bloque	145	55
TOTAL	200	

Cuadro 40. Duración de los módulos de formación del Técnico Deportivo Superior en Fútbol: bloque común, basado en el D. 12/2004.

BLOQUE ESPECÍFICO		
MÓDULO	TÉCNICO DEPORTIVO SUPERIOR EN FÚTBOL	
	H. TEÓRICAS	H. PRÁCTICAS
Desarrollo profesional III	25	20
Dirección de equipos III	20	10
Metodología de la enseñanza y del entrenamiento del Fútbol III	15	25
Preparación física III	30	20
Reglas de juego III	15	10
Seguridad deportiva II	10	5
Táctica y sistema de juego III	30	45
Técnica individual y colectiva III	20	35
Carga Horaria del bloque	165	160
	325	

Cuadro 41. Duración de los módulos de formación del Técnico Deportivo Superior en Fútbol: bloque específico, basado en el D. 12/2004.

BLOQUE COMPLEMENTARIO	
Carga horaria del bloque	75

Cuadro 42. Duración del bloque complementario de formación del Técnico Deportivo Superior en Fútbol, basado en el D. 12/2004.

BLOQUE DE FORMACIÓN PRÁCTICA	
Carga horaria del bloque	200

Cuadro 43. Duración del bloque de formación práctica del Técnico Deportivo Superior en Fútbol, basado en el D. 12/2004.

PROYECTO FINAL	
Carga horaria total	75

Cuadro 44. Duración del Proyecto Final del Técnico Deportivo Superior en Fútbol, basado en el D. 12/2004.

CARGA HORARIA TOTAL	875

Cuadro 45. Carga horaria total de la formación del Técnico Deportivo Superior en Fútbol, basado en el D. 12/2004.

En lo que respecta al perfil profesional del Técnico Deportivo en Fútbol Superior, el Decreto 12/2004 nos dice que el titular del mismo posee las competencias necesarias para programar y dirigir el entrenamiento de deportistas y equipos de fútbol, dirigir la participación de éstos en competiciones de medio y alto nivel, así como dirigir a Técnicos Deportivos en fútbol de niveles inferiores al suyo y escuelas de Fútbol. Además, sus unidades de competencias son las siguientes:

1. Programar y dirigir el entrenamiento de futbolistas y equipos, así como la participación de éstos en competiciones de fútbol de medio y alto nivel.
2. Programar y dirigir el acondicionamiento físico de futbolistas.
3. Programar y dirigir la enseñanza del fútbol.
4. Programar, dirigir y coordinar el seguimiento de la actividad de los Técnicos Deportivos de nivel inferior.
5. Dirigir un departamento, sección o escuela de fútbol.

En lo referente a las capacidades profesionales, y nombrando solo algunas, nos dice que este técnico debe ser capaz de:

- Programar y dirigir el entrenamiento técnico y táctico de deportistas y equipos de fútbol con vistas a la alta competición.
- Dirigir deportistas en competiciones de fútbol de medio y alto nivel.
- Programar la enseñanza del fútbol.
- Colaborar en el diseño, planificación y dirección técnica de competiciones de fútbol.
- Programar, dirigir y organizar la actividad de otros Técnicos y/o profesionales de nivel y cualificación inferior al suyo.
- Dirigir un departamento, sección o escuela de fútbol.
- Detectar la información científica relacionada con su trabajo, con el fin de incorporar nuevas técnicas y tendencias, así como saber utilizar los nuevos equipos y materiales del sector.

Además, este Decreto establece que el Técnico Deportivo Superior ejercerá su actividad en el ámbito de la enseñanza y del entrenamiento del fútbol, de la dirección de deportistas y equipos de alto nivel. La llevará a cabo en centros de alto rendimiento, centros de tecnificación deportiva, escuelas de fútbol, clubes de fútbol y asociaciones deportivas, federaciones, patronatos deportivos, empresas de servicios deportivos y centros de formación de Técnicos Deportivos en Fútbol. Se le requiere las responsabilidades siguientes:

- Entrenamiento de deportistas o equipos de fútbol.

- El control y la evaluación del proceso de entrenamiento deportivo.
- El control del rendimiento deportivo realizando los test apropiados en cada caso.
- La dirección de la participación de futbolistas en competiciones.
- El acondicionamiento físico de futbolistas de medio y alto nivel.
- La seguridad de los Técnicos que dependen de él.
- El cumplimiento de las instrucciones generales sobre las actividades del responsable o de la responsable de la entidad deportiva.
- La dirección técnica de escuelas de Fútbol.

6. EL ENTRENADOR DE FÚTBOL COMO FORMADOR

Una vez expuestas algunas de las manifestaciones más importantes que realiza la legislación vigente respecto a la formación de los entrenadores de fútbol, pasamos a comentar aquellos aspectos más relevantes.

Según Wein (1995) el monitor/educador de fútbol ha de asumir tanto responsabilidades deportivas y sociales, como pedagógicas. Además los niños y niñas, nos sigue diciendo este autor, aceptan y respetan al monitor en función de sus conocimientos, capacidad de motivar y organizar, entusiasmo, puntualidad, personalidad, estabilidad emocional y coherencia de temperamento. Para Nieto (1998/99) la figura del entrenador de fútbol tiene como principal misión ser un buen educador y debe ayudar a que sus jugadores y jugadoras consigan su mayor graduación como personas. El entrenador, también para este mismo autor, se convierte en el cordón umbilical con respecto a los padres de nuestros jugadores y jugadoras. En este mismo sentido Coca (1985, p. 717) nos dice que «*el fenómeno humano-educativo del juego aplicado al fútbol es algo que debería entrar en los planes de los entrenadores*».

Respecto a la formación del entrenador de fútbol, Lago (2001b, p. 38) afirma de forma clara y concisa que «*el entrenador debe conocer, con el apoyo de las ciencias específicas, tanto las distintas estructuras humanas que compromete con sus propuestas, como la estructura y la lógica interna de la especialidad en la que trabaja*». Para Giménez (2001) el entrenador de fútbol ha de tener los objetivos a conseguir muy claros, tener y saber transmitir los conocimientos suficientes y ser un entusiasta de su enseñanza para contagiar y motivar a sus jugadores y jugadoras. Para que estas características se den en el entrenador de fútbol «*es necesario que en la iniciación al fútbol los entrenadores actúen correctamente y se formen para ello*» (p. 42). Siguiendo en la misma línea que los autores anteriores, es decir, considerando esencial una adecuada formación del entrenador de fútbol, Coca (2002) piensa que no se debe nunca perjudicar a los niños y niñas y que es preferible no entrenar que entrenar mal, por lo que no debemos *«poner a los niños a entrenar en manos de quien no tenga los conocimientos adecuados... porque estamos jugando con la formación humana»* (p. 42). En relación con lo expuesto por este autor, Saura (1996) nos dice que existen muchas personas que trabajan en la iniciación deportiva con muy buena voluntad pero no tienen los conocimientos y recursos necesarios para afrontar una enseñanza adecuada. En este mismo sentido, tanto Jones (1996) como Quinn y Carr (1998), en Inglaterra y EE.UU., respectivamente, encuentran que existen pocos entrenadores de fútbol base que tengan la adecuada formación.

Esta enseñanza adecuada del fútbol, según Wein (2002), está siendo estrangulada por la denominada *«cultura de la victoria en el deporte infantil»*. Se trata de la búsqueda *«a cualquier precio»* de la victoria que tienen clubes y escuelas, pero también los mismos entrenadores. Esto trae como consecuencia, nos sigue diciendo el autor, la consecución de éxitos rápidos, pero poco duraderos, aumento del riesgo de lesiones, abandono de la práctica del fútbol, así como ausencia de objetivos a largo plazo, es decir, de formación personal y deportiva.

Para concluir este capítulo, exponemos la propuesta realizada por Giménez (2001) respecto a los ámbitos de formación del entrenador en la iniciación al fútbol.

ÁMBITO PEDAGÓGICO	• Programación • Diseño de sesiones y actividades • Organización de los contenidos • Metodología • Evaluación
ÁMBITO PSICOLÓGICO	• Motivación de los jugadores • Control y dirección de grupos • Capacidad de comunicación • Trabajo en equipo • Habilidades interpersonales • Conocimiento psicoevolutivo de los jugadores • Ambiente positivo de trabajo • Comportamiento del entrenador durante el entrenamiento y la competición
ÁMBITO TÉCNICO	• Características principales del fútbol • Técnica individual y colectiva específica • Táctica individual y colectiva específica • Acondicionamiento físico básico para escolares • Reglas de juego del fútbol 7 y fútbol 11
OTROS ÁMBITOS	• Anatomía y fisiología • Organización del entrenamiento

Cuadro 46. Ámbitos de formación del entrenador en la iniciación al fútbol según Giménez (2001).

Por su parte, Feu (2004), basándose en las propuestas de diferentes autores y en la realidad deportiva actual, propone las siguientes funciones del entrenador deportivo enmarcadas en sendas dimensiones.

1. Dimensión Técnica:
   - Como técnico especialista del deporte que entrena.
2. Dimensión de organización y coordinación del proyecto deportivo:
   - Realización del proyecto deportivo: planificación, evaluación y evolución antes, durante y después de la puesta en práctica del proyecto deportivo.
   - Organización y Coordinación del proyecto deportivo: organizar y coordinar las tareas del proyecto deportivo.
   - Gestión de los recursos: instalaciones, materiales necesarios para llevar a cabo el proyecto deportivo...
3. Dimensión humana-afectiva:
   - Gestión de relaciones humanas: con los ayudantes, jugadores, trabajadores del club, directivos, prensa.
   - Liderazgo en la toma de decisiones.

- Motivación y animación del grupo deportivo.
4. Dimensión formadora:
    - Educar al grupo deportivo, en el sentido pleno de la palabra.
    - Pedagogo, para encauzar de forma más efectiva los contenidos del entrenamiento.
    - Desarrollar el talento deportivo.
5. Dimensión investigadora:
    - Investigación, para mejorar e innovar en el proceso de entrenamiento.

Terminada la exposición de los fundamentos teóricos de nuestra investigación, a continuación pasaremos a describir el desarrollo de la investigación llevada a cabo.

Capítulo V.
EL ENTRENADOR EN LA INICIACIÓN: PERFIL, FORMACIÓN Y ENSEÑANZA DEL FÚTBOL

«Lo que importa verdaderamente en la vida no son los objetivos que nos marcamos, sino los caminos que seguimos para lograrlo»
(Peter Bamm).

Cuando hablamos de metodología de investigación, nos encontramos frente a un término muy complejo y amplio, por lo que, parece conveniente, antes de exponer las consideraciones relativas a ésta, aclarar, en la medida de lo posible, algunos aspectos referidos a la metodología de investigación en general. En primer lugar, tenemos que decir que dentro de la investigación educativa existen numerosos vocablos que aluden a la metodología de investigación, por lo que a veces, podemos confundirnos. En este sentido Taylor y Bogdan (1986) nos dicen que la metodología hace referencia a la forma en la que enfocamos los problemas y a cómo buscamos las respuestas.

En la figura siguiente, podemos apreciar el desarrollo y la evolución de nuestra investigación.

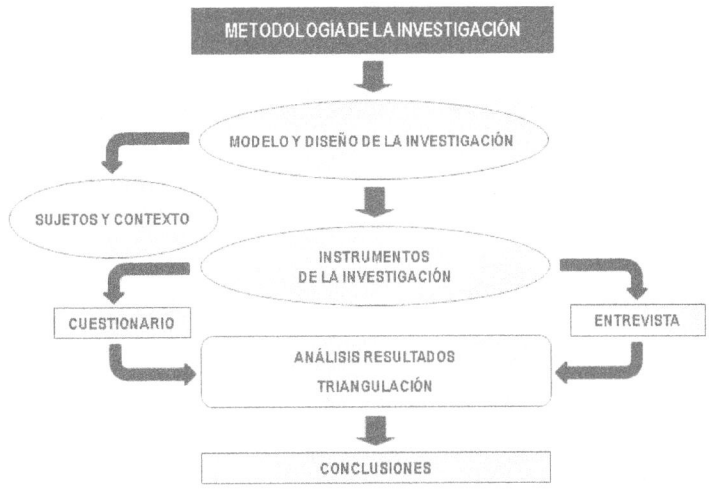

Figura 7. Esquema general de la Metodología de la Investigación.

A continuación, nos centraremos en el diseño y desarrollo de todo el proceso llevado a cabo en nuestra investigación, hablaremos de los instrumentos utilizados, y de los sujetos y el contexto en el que ha tenido lugar la misma.

1. DISEÑO Y PROCEDIMIENTO DE LA INVESTIGACIÓN

Toda investigación que se precie ha de partir de un problema reconocido que interese o estimule la curiosidad del investigador. Una vez determinado el problema a investigar han de identificarse los objetivos a conseguir. Nosotros pretendemos conocer la realidad de la enseñanza del fútbol en las categorías inferiores de la provincia de Huelva y la formación que tienen los entrenadores de fútbol base. Para no perdernos y hacer más efectivo nuestro trabajo, es menester seguir un orden en cuanto a la organización de la investigación. En este sentido, Briones (1990), sugiere unas etapas o fases a seguir a lo largo de una investigación, las cuales nosotros aplicaremos a nuestra investigación.

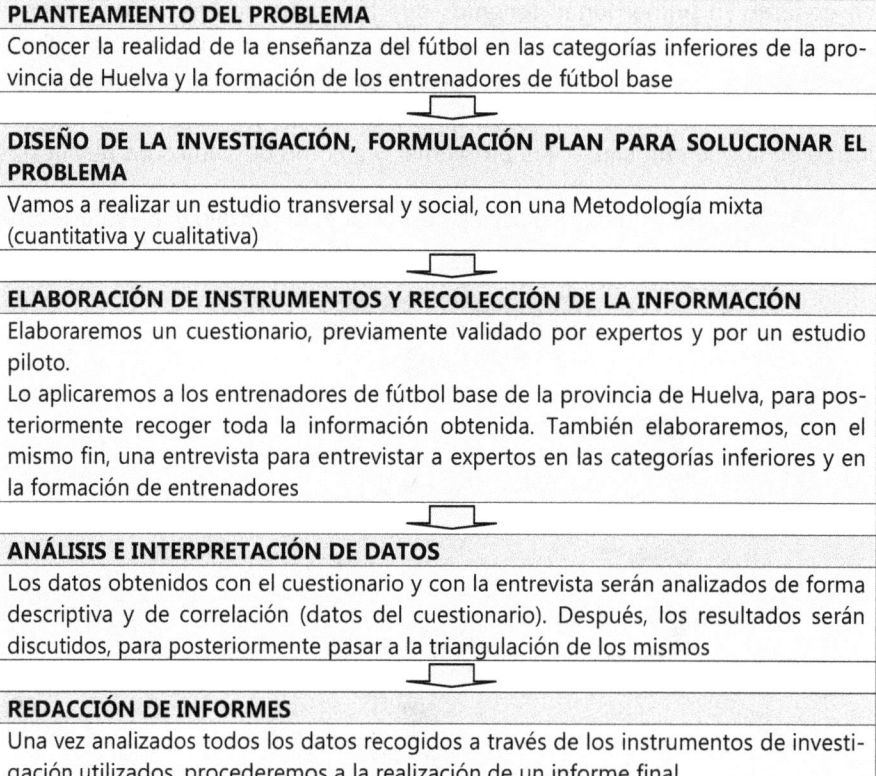

Figura 8. Etapas de la Investigación, basado en Briones (1990).

Nuestra investigación está enmarcada dentro del campo de las Ciencias Sociales y de las Ciencias de la Educación, teniendo en cuenta las sugerencias de Alcina (1994). Se basa, pues, en un estudio social, transversal y mixto, en el que combinamos los métodos cuantitativo (cuestionario) y cualitativo (entrevista). El enfoque mixto es un proceso que recolecta, analiza y vincula tanto datos cuantitativos como cualitativos en un mismo estudio o en varias investigaciones para responder a un planteamiento del problema (Hernández, Fernández-Collado y Baptista, 2007). También estos mismos autores, basándose en la opinión de otros estudiosos del tema, destacan las siguientes ventajas, entre otras, en la utilización de un enfoque mixto:

a) Se logra una perspectiva más precisa del fenómeno. Nuestra percepción de éste es más integral, completa y holística.
b) Se facilita el hallazgo de relaciones dinámicas e intrincadas de los fenómenos complejos del mundo.
c) Al combinar métodos, aumentamos no sólo la posibilidad de ampliar las dimensiones de nuestro proyecto de investigación, sino que el entendimiento es mayor y más rápido.
d) Los métodos mixtos ayudan a que exploremos y explotemos mejor los datos.

Para Ferreira y Vázquez (2006) la legitimidad y la validez de los hallazgos de una investigación son muy importantes. Cuando hacemos una combinación de métodos, estamos contribuyendo a garantizar la calidad de los datos obtenidos, además de lograr una comprensión más exhaustiva del fenómeno estudiado.

Respecto al desarrollo de la investigación, hemos de decir que ésta ha constado de dos partes claramente diferenciadas, las cuales han correspondido a la aplicación de cada uno de los instrumentos utilizados en nuestro estudio. Por tanto, y siguiendo a Hernández et al. (2007), nuestro diseño es de dos etapas, ya que dentro de una misma investigación se aplica en primer lugar un enfoque y, posteriormente, otro, siguiéndose en cada etapa las técnicas correspondientes a cada enfoque. Siguiendo a estos mismos autores, nuestro diseño se enmarcaría dentro de aquéllos en los que se aplica un diseño cuantitativo y un diseño cualitativo de manera secuencial y, dentro de éstos, en aquéllos diseños vinculados o modelo de dos etapas por derivación; es decir, la aplicación de una etapa (cuantitativa en nuestro caso) conduce a la otra (cualitativa), ya que la entrevista realizada a los expertos tuvo como base el cuestionario pasado a los entrenadores del fútbol base de la provincia de Huelva.

2. CONTEXTO Y SUJETOS DE LA INVESTIGACIÓN

En este punto haremos mención al contexto en el que se ha desarrollado nuestro trabajo, así como a los sujetos participantes en nuestro estudio.

2.1. Contexto de la investigación

En lo referente al cuestionario, el contexto de nuestro estudio hace referencia a las escuelas deportivas y clubes de fútbol base de la provincia de Huelva. Al respecto, tenemos que decir que los datos acerca de este contexto fueron facilitados por el Servicio de Deportes de la Diputación de Huelva, el cual es el organismo encargado de gestionar y organizar las actividades físico-deportivas de toda la provincia de. Allí se nos informó de que, a efectos de una mejor distribución y funcionamiento, la provincia de Huelva estaba dividida en Servicios Deportivos Agrupados (SS.DD.AA.), y de que cada zona tenía un coordinador. Todos los SS.DD.AA., no tenían el mismo número de entidades de población, ni todas las entidades de población, como es obvio, tenían el mismo número de habitantes y, por tanto, de escuelas, clubes y entrenadores. En este sentido cabe decir que el SS.DD.AA. con mayor número de habitantes (S.D.A. de la Costa) aportó el mayor número de entrenadores a nuestro estudio (40). Por el contrario los SS.DD.AA. que menos sujetos aportaron fueron los de Mina-Andévalo y Sierra (6 y 9 respectivamente), coincidiendo también con las zonas menos pobladas. A continuación detallamos los Servicios Deportivos Agrupados y las entidades de población participantes en nuestra investigación.

SERVICIOS DEPORTIVOS AGRUPADOS	ENTIDADES DE POBLACIÓN PARTICIPANTES
COSTA	**Aljaraque, Ayamonte, Cartaya, Gibraleón, Lepe y Punta Umbría**
CONDADO	**Almonte, Moguer, Palos de la Frontera, Paterna del Campo y Trigueros**
MINA-ANDÉVALO	**Alosno, El Cerro de Andévalo, La Zarza, San Bartolomé de la Torre, Tharsis y Villanueva de los Castillejos**
CUENCA-MINERA	**Minas de Riotinto, Nerva y Zalamea**
SIERRA	**Aracena, Aroche, Cumbres Mayores, El Repilado, Fuenteheridos, Galaroza, Higuera de la Sierra, Rosal de la Frontera y Zufre**

Cuadro 47. Servicios Deportivos Agrupados y entidades de población participantes.

Por otro lado, el contexto al que van dirigidas las entrevistas realizadas hace referencia a aquellas personas de reconocido prestigio en el ámbito de la formación de entrenadores de entrenadores de fútbol, así como aquéllas que ocupan actualmente un cargo importante en la formación de la cantera de los equipos de fútbol de más relevancia en Andalucía, como son los responsables o coordinadores de cantera.

2.2. Sujetos de la investigación

Los participantes en nuestro estudio han sido los entrenadores de fútbol base de la provincia de Huelva, por un lado, y expertos en la formación de entrenadores y coordinadores de la cantera de los equipos más destacados de Andalucía, por otro. En cuanto a la forma de acceder a los entrenadores de fútbol base, hemos de decir que, excepto en la zona de la Costa, en la que tuvimos que ir municipio por municipio, contactando con los entrenadores a través de los distintos coordinadores de las escuelas, clubes o equipos de fútbol, en los demás SS.DD.AA., nos pusimos en contacto con los Coordinadores correspondientes a los que, una vez dada la información pertinente acerca de nuestra investigación, entregamos los cuestionarios en mano, y fueron éstos los que se los entregaron a los entrenadores y, posteriormente, también los recogieron. Finalmente, fueron los Coordinadores de las SS.DD.AA. los que nos entregaron en mano los cuestionarios rellenados (79).

En cuanto a los expertos en el ámbito de la formación de entrenadores de fútbol, hemos de decir que fuimos poniéndonos en contacto con ellos, con el fin de entrevistarlos, de forma personal o por vía telefónica, según cercanía y disponibilidad. Igualmente sucedió con los coordinadores o responsables de las distintas canteras de los clubes de fútbol de más relevancia en Andalucía.

3. INSTRUMENTOS DE INVESTIGACIÓN

De los distintos instrumentos de investigación que actualmente se utilizan en la investigación educativa, nosotros, hemos utilizado el cuestionario y la entrevista. A continuación exponemos brevemente en qué consiste cada uno de los instrumentos utilizados en nuestra investigación; es decir, encuesta y cuestionario, por un lado, y por otro, la entrevista, ya que son los empleados en nuestra investigación.

El modelo de investigación en el que nos centremos va a determinar en gran medida el o los instrumentos que utilicemos. En nuestro estudio, al ubicarnos dentro de un modelo mixto, vamos a emplear el cuestionario y la entrevista, tal como hemos mencionado más arriba. A continuación expondremos detenidamente los aspectos más relevantes de cada uno de ellos.

3.1. El cuestionario

Uno de los instrumentos más utilizados para la realización de encuestas es el cuestionario. Goetz y Lecompte (1984) denominan a los cuestionarios «*encuestas de confirmación*» y afirman que el objetivo de éstas consiste en determinar la medida en que los encuestados sostienen creencias similares, comparten ciertos constructos y ejecutan conductas comparables. Según Rodríguez, Gil y García (1996) el cuestionario es una técnica de recogida de información basada en la realización de preguntas establecidas con anterioridad, planteadas en el mismo orden y de la misma forma. Además, nos siguen diciendo estos autores, esta técnica se basa en un formulario elaborado previamente, donde se anotan las respuestas.

Una de las definiciones de cuestionario que nos parece más interesante, por su claridad y sencillez, aunque es realizada desde el campo de la Sociología, es la que nos propone Sierra (1982, pp. 268-269), quien nos dice que el cuestionario «*no es otra cosa que un conjunto de preguntas, preparado cuidadosamente, sobre los hechos y aspectos que interesan en una investigación sociológica para su contestación por la población o su muestra a que se extiende el estudio emprendido*». Para este mismo autor la finalidad del cuestionario es la de conseguir de forma sistemática y ordenada información sobre la población que se investiga y acerca de la variable estudiada, la cual puede referirse a actitudes, actos, opiniones, etc.

Según recomiendan numerosos autores (Buendía, 1992; Fox, 1981; Manzano, Rojas y Fernández, 1996; F. Martínez, 2002; Mckernan, 1996; Rodríguez et al., 1996), es conveniente, antes de la administración definitiva del cuestionario a los encuestados, realizar una prueba o estudio piloto, con el que pretenderemos corregir errores, observar el funcionamiento de las preguntas, etc. Podríamos, incluso, llegar un poco más allá y pedirle a los encuestados que nos den su opinión acerca del cuestionario en general o que nos indiquen aquellas preguntas que no han entendido y que nos den sus propias sugerencias.

La elaboración de nuestro cuestionario de investigación ha pasado por diferentes fases o etapas. En una primera etapa, una vez elegido el objetivo general y principal de nuestra investigación que, en nuestro caso versa sobre la realidad de la enseñanza del fútbol base en la provincia de Huelva, y teniendo como base el cuestionario de nuestro estudio piloto, empezamos a determinar las distintas áreas o dimensiones, para posteriormente ir especificando las variables implicadas dentro de cada una de éstas. A continuación fueron elaborados los distintos ítems o preguntas para cada dimensión, para finalmente realizar una selección de los más relevantes, quedando así configurado el primer borrador del cuestionario. Hemos de decir que optamos por un cuestionario estandarizado compuesto por preguntas diferentes en función del tipo de respuesta. Hemos utilizado las escalas de Likert, las cuales nos han permitido conocer el grado de acuerdo o desacuerdo del encuestado, así como el grado de importancia que daban éstos respecto a cada una de las cuestiones planteadas. También se incluyen preguntas de elección múltiple y preguntas abiertas.

Hemos de decir que nuestro estudio previo consistió en pasar un cuestionario (previamente validado por expertos y probado en diversos entrenadores de distintas categorías inferiores) a los entrenadores de fútbol base de las entidades de población de la Mancomunidad de la Costa de Huelva. Este cuestionario constaba de 92 ítems, los cuales al final constituyeron un total de 132 ítems de análisis. En una segunda etapa, y una vez elaborado el cuestionario, éste es revisado por un comité de expertos.

Tras la revisión realizada por los expertos, realizamos las modificaciones y aportaciones pertinentes. Posteriormente, tras obtener, así un segundo borrador del cuestionario, éste fue pasado a un grupo 10 entrenadores de fútbol base, para que realizaran, cada uno de ellos por separado, una revisión personal. Una vez consideradas las sugerencias realizadas por parte estos entrenadores, que nos sirvieron para validar el cuestionario, obtuvimos el cuestionario definitivo, al cual, finalmente, fue añadida una presentación del mismo.

Terminamos este apartado exponiendo las dimensiones que conforman el cuestionario y los ítems o preguntas que lo componen cada una de ellas. Para una mayor información, el lector puede consultar el cuestionario definitivo anexo a este trabajo.

Nuestro cuestionario cuenta con 80 ítems, aunque nosotros, para su mejor análisis, contemplamos 119 ítems de análisis, ya que algunos ítems se pudieron dividir en sub-ítems. Los distintos ítems están agrupados en ocho ámbitos o dimensiones, las cuales son las siguientes:

Variables sociodemográficas: se trata de ítems que tratan de darnos información para establecer el perfil del entrenador de fútbol de la provincia de Huelva. Hacen referencia a la edad, el género, estudios, trabajo, si ha sido jugador o no de fútbol federado.

Experiencia docente: años como entrenador y como entrenador en el fútbol base, categorías en la que entrena, titulaciones deportivas, etc.

Formación inicial: si han realizado o no el curso de entrenadores, titulación de fútbol que posee, aspectos que considera importantes en la formación de un entrenador de fútbol base, valoración de la enseñanza recibida en el curso de entrenadores.

Formación permanente: pretendemos conocer si realiza cursos, jornadas, seminarios, etc. y si estos están relacionados con la E.F. y el Deporte en general o sólo con el fútbol, si lee libros y revistas relacionadas con la E.F. y el Deporte y con el fútbol, si trabaja en colaboración con otros compañeros, si intercambia opiniones, experiencias con otros entrenadores de fútbol, etc.

Concepción enseñanza: con esta dimensión queremos conocer qué piensan los entrenadores sobre la enseñanza del fútbol, sobre las competiciones y sus resultados, importancia que le dan a la tarea de enseñar y educar a chicos y chicas y a la educación en valores, etc.

Metodología: tipo de estilos de enseñanza utilizados, si programan su trabajo y cuándo lo hacen, si evalúan y cuándo lo hacen, si basan su metodología de enseñanza en el juego, si ejerce control sobre sus sesiones, tipos de objetivos, instalaciones y material, etc.

Personal: motivos por los que se dedica a enseñar y entrenar, expectativas deportivas futuras, satisfacción con su trabajo.

Necesidades y demandas de formación: disponibilidad para seguir formándose, valoración de distintas estrategias de formación de entrenadores y de los posibles contenidos de un seminario de formación de entrenadores de fútbol base.

A continuación exponemos las dimensiones y los ítems correspondientes a cada una de ellas para una mejor comprensión.

DIMENSIONES	ÍTEMS
VARIABLES SOCIODEMOGRÁFICAS	1, 2, 3, 3.1, 4, 8 y 9
EXPERIENCIA DOCENTE	5, 6, 7 y 7.1
FORMACIÓN INICIAL	10, 11, 12, 13, 14, 21, 22, 23, 24, 25, 26, 27, 28, 29, 30, 31, 32, 33, 34, 35, 36, 37, 38, 39, 40 y 41
FORMACIÓN PERMANENTE	16, 17, 18, 19, 20, 42, 43, 44, 45, 46, 47, 85, y 86
CONCEPCIÓN ENSEÑANZA DEL FÚTBOL	15, 48, 49, 50, 51, 52
METODOLOGÍA	53, 54, 55, 56, 57, 58, 59, 60, 61, 62, 63, 64, 65, 66, 67, 68, 69, 70, 71, 72, 73, 74, 75, 76, 77, 78, 79, 80, 81, 82, 83 y 84
PERSONAL	87, 88, 89, 90, 91, 92 y 93
NECESIDADES Y DEMANDAS DE FORMACIÓN	94, 95, 96, 97, 98, 99, 100, 101, 102, 103, 104, 105, 106, 107, 108, 109, 110, 111, 112, 113, 114, 115, 116, 117, 118 y 119

Cuadro 48. Dimensiones e ítems del cuestionario.

Aplicación del cuestionario

Una vez que tenemos el cuestionario terminado y listo para ser aplicado, contactamos con el Área de Deportes de la Diputación de Huelva, donde obtenemos información acerca de las distintos Servicios Deportivos Agrupados (SS.DD.AA.) en los que está dividida la provincia de Huelva y sobre las entidades de población que los componen. De esta forma, se nos facilitan los teléfonos y direcciones de los Coordinadores de los Servicios Deportivos Agrupados de la provincia de Huelva. A partir de este momento nos ponemos en contacto con los mismos y estudiamos la forma de pasar el cuestionario a los distintos entrenadores de fútbol base y la forma, lugar y momento de proceder a su recogida. Al respecto, tenemos que decir que los cuestionarios fueron entregados en mano, previa entrevista para explicar los motivos y objetivos del mismo, a los coordinadores, los cuales, tras pasárselos a los entrenadores, nos lo devolvieron para su análisis. Para nuestro trabajo hemos encuestado a un total de 79 entrenadores del fútbol base de la provincia de Huelva.

Fiabilidad y validez de las escalas de medida

El cuestionario fue validado en relación con la validez de contenido, ya que pretendíamos analizar el grado de conductas y opiniones expresadas por los sujetos encuestados. Con este fin fue revisado y validado por expertos. Todo ello ha dotado a nuestro cuestionario definitivo de la suficiente coherencia entre preguntas y contenidos.

En cuanto a la fiabilidad, hemos de decir que ésta, según D. González (1999, p. 139) hace referencia a «*la exactitud de los datos, en el sentido de su estabilidad, repetibilidad o precisión*». Es decir, un instrumento de medida es fiable cuando si se utiliza dos veces en idénticas condiciones, obtiene resultados o datos análogos. Para comprobar la fiabilidad y la consistencia interna del cuestionario, hemos aplicado a las distintas dimensiones, la prueba estadística Cronbach's Alpha o Alpha de Cronbach a través del programa estadístico SPSS 13.0 (Statistical Program of Social Sciences). Este coeficiente expresa la tendencia que tienen todos los ítems de cada dimensión a reflejar el mismo constructo subyacente F. Jiménez (2000a). Asimismo se considera que valores en torno al 0,6-0,7 son débiles, entre 0,7-0,8, aceptables, y cercanos o superiores a 0,9, excelentes [George y Mallery (1995), citados por M. P. Medina (2006)]. Al tratarse de una escala multidimensional, el cálculo de la fiabilidad se ha de realizar para cada una de las subescalas o dimensiones. El Alpha o modelo de consistencia interna de Cronbach, valora la consistencia interna de la escala a partir de la correlación Inter-elementos promedio (Pardo y Ruiz, 2002). Además, hemos de decir que el coeficiente de fiabilidad es un valor que oscila entre 0 y 1, y se encuentra tanto más próximo al 1 cuanto menor es la variabilidad error de las mediciones (Pardo y Ruiz, 2002). A continuación exponemos los valores obtenidos en las distintas dimensiones del cuestionario, excepto las variables sociodemográficas y la experiencia docente, ya que sus elementos difieren en sus características.

DIMENSIONES	VALOR ALPHA DE CRONBACH
FORMACIÓN INICIAL	0,780
FORMACIÓN PERMANENTE	0,701
CONCEPCIÓN ENSEÑANZA DEL FÚTBOL	0,409
METODOLOGÍA	0,784
PERSONAL	0,729
NECESIDADES Y DEMANDAS DE FORMACIÓN	0,846

Tabla 1. Dimensiones y valores del Alpha de Cronbach.

Como podemos ver todas las dimensiones tienen una consistencia interna buena o muy buena, excepto la dimensión «*concepción enseñanza del fútbol*», pensamos que debido al escaso número de elementos que la componen (6 ítems).

Tras explicar el proceso seguido en la elaboración y aplicación del cuestionario, pasamos a continuación a describir el segundo instrumento utilizado en nuestra investigación.

3.2. La entrevista

Tal como afirma Palacios (2000). La entrevista es considerada como uno de los instrumentos más eficaces para la recogida de datos en una investigación, llegando a constituirse como la técnica más utilizada en el ámbito de la investigación social. La entrevista presenta una forma parecida al cuestionario, pero se realiza en una situación de contacto personal. Tiene la ventaja sobre el cuestionario de permitir al entrevistador sondear y profundizar en las áreas de interés a medida que surgen durante el encuentro.

Por su parte, Marcelo y Parrilla (1991, p. 23) definen la entrevista como «*un encuentro verbal, de carácter interactivo, entre dos personas con el propósito de acceder a las perspectivas del entrevistado en torno a algún tema previamente seleccionado por el entrevistador*».

Siguiendo a Cohen y Manion (1990) la entrevista podríamos entenderla como el medio principal para la recogida de información relativa a los objetivos de la investigación. Así mismo, será un buen recurso explicativo para ayudar a identificar variables y relaciones.
Elaboración de la entrevista

Teniendo en cuenta las recomendaciones de Colás (1992), Buendía (1992), Mckernan (1996) y M. J. González (1997) hemos elaborado una entrevista semiestructurada. Este tipo de entrevistas son flexibles, en las que el entrevistador tiene mayor libertad, pudiendo cambiar el orden y la forma de preguntar, aunque dispone siempre de un guión para la realización de las mismas. Esta clase de entrevista en particular, ha suscitado interés y suele utilizarse mucho. C. Rodríguez (1994) considera éstas como las más adecuadas para aplicar en una investigación. En el anexo, podemos consultar la guía de la entrevista utilizada.

La entrevista ha sido elaborada atravesando las distintas fases que vamos a plantear a continuación: En una primera fase, y partiendo de las dimensiones del cuestionario aplicado anteriormente, hemos elaborado las dimensiones, categorías y subcategorías que componen la misma. Una vez establecidas las mismas, fuimos construyendo las posibles preguntas.

El siguiente paso ha consistido en entrevistar a sujetos (2) para ir reduciendo errores que pudieran surgir como: falta de compresión en algunas preguntas, inadecuada redacción o forma de preguntar, preguntas innecesarias, otras preguntas de interés, etc. También hemos de decir que esta fase nos ha servido como formación y entrenamiento como entrevistador. Los perfiles de las personas entrevistadas en forma de ensayo son los siguientes: Doctor en Educación Física, profesor titular de Universidad y Doctor en Educación Física, profesor de Universidad a tiempo parcial y Profesor en Secundaria. Esta fase nos fue de gran ayuda, ya que surgieron aspectos interesantes para su diseño final. Una vez elaborada la entrevista definitiva, y puesta en práctica a modo de prueba, se ha aplicado a cinco expertos en la formación de entrenadores de fútbol y a otros tantos coordinadores o responsables de cantera de los clubes con más relevancia en Andalucía; informantes clave, que fueron elegidos teniendo en cuenta los siguientes criterios : a) Ser o haber sido Profesor Titular de Universidad en la Facultad de Educación o en la de Educación Física; b) Ser entrenador de Fútbol; c) Haber sido jugador profesional de fútbol; d) Ser coordinador o responsable de la cantera de alguno de los clubes más relevantes de Andalucía; e) Tener estudios superiores; f) Ser profesor de la Escuela de Entrenadores de Fútbol de Andalucía; g) Ser o Haber sido coordinador de la cantera de otros clubes de cierta relevancia. Dimensiones a estudiar en la entrevista

Para realizar el diseño de las dimensiones de la entrevista nos basamos en las consideradas anteriormente en el cuestionario, con el objetivo de profundizar en la información que consideramos más relevante y, así, poder comparar los resultados obtenidos con ambos instrumentos.

PERSONAL
Pretendemos conocer los motivos por los que los entrenadores se dedican a entrenar en el fútbol base. Además, queremos centrar nuestra atención en la importancia que tiene la figura del entrenador en la iniciación deportiva y establecer el perfil ideal del mismo
VARIABLES SOCIODEMOGRÁFICAS
Nuestra intención es conocer el género, la edad, el nivel de estudios y si han sido jugadores los entrenadores que se dedican a entrenar en el fútbol base
EXPERIENCIA DOCENTE
Con esta dimensión queremos dilucidar la importancia que se le da a la experiencia docente, los años que llevan entrenando los entrenadores y relacionar esta experiencia con las categorías en las que entrenan
FORMACIÓN INICIAL
Esta dimensión tiene como objetivo conocer la importancia de la formación inicial, la influencia que tiene poseer el título de entrenador y/o una titulación académica relacionada con la E.F., así como la utilidad de los contenidos del curso de entrenadores y cuáles de éstos pueden mejorar
FORMACIÓN PERMANENTE
Nos interesa entender la importancia que se le da a la formación permanente del entrenador de fútbol base y, también, las estrategias de formación más adecuadas para la mejora continua
CONCEPCIÓN ENSEÑANZA DEL FÚTBOL
Intentamos saber qué importancia se le suele dar a la competición y si ésta está adaptada, al igual que los elementos estructurales del fútbol, a las características psicoevolutivas de los niños y las niñas
METODOLOGÍA
Es nuestro fin conocer qué tipo de metodología utilizan los entrenadores de fútbol base, si programan y evalúan, así como que significado tiene la utilización de los juegos reducidos, modificados
NECESIDADES DE FORMACIÓN
Queremos conocer con esta dimensión qué aspectos o contenidos no pueden faltar en la formación de los entrenadores de fútbol base

Figura 9. Dimensiones que componen la entrevista.

Realización y trascripción de las entrevistas

La realización de las entrevistas se llevó a cabo, como decíamos más arriba, de forma que se tuvieron en cuenta tanto la accesibilidad y cercanía de los encuestados, como las posibilidades de realización de las mismas. De esta forma, algunas entrevistas se hicieron en persona (5) y otras por teléfono (5). En este sentido, una vez preparada la entrevista, nos ponemos en contacto con los distintos informantes claves, tras lo cual, procedemos a entrevistarlos poco a poco. Cabe destacar que, con el fin de aumentar la dependencia o confiabilidad cualitativa, teniendo en cuenta las sugerencias de Franklin y Ballau (2005), citados por Hernández et al. (2007), hemos examinado las respuestas de los participantes a través de preguntas «*paralelas*» o parecidas. Es decir, preguntar lo mismo de formas diferentes en caso de que sea necesario. Las entrevistas fueron grabadas con una grabadora digital (Sony ICD-P28), han sido pasadas, de inmediato, a través del acceso USB al ordenador (portátil Toshiba Satellite U400-15K) y, posteriormente, fueron transcritas literalmente en un procesador de texto con la ayuda del programa informático Digital Voice Editor (versión 2.25). Al respecto, tenemos que decir que la duración de las mismas varió desde 16 minutos y 21 segundos, la más corta, hasta los 57 minutos y 3 segundos, la más larga. En total, las transcripciones de las entrevistas conformaron un documento de 64 folios impresos por las dos caras.

Una vez transcritas literalmente, y con el objetivo de asegurar el rigor metodológico de nuestra investigación (Delgado, Vargas y Vázquez, 2006), cada entrevista fue enviada por correo electrónico al correspondiente entrevistado, lo cual posibilitó que éste pudiera aclarar, añadir, corregir, modificar o eliminar aquellas cuestiones que considerara oportunas. Esto hace que aumente enormemente la fiabilidad de lo expresado, y posteriormente transcrito, por cada entrevistado. Todo ello con vistas a realizar un análisis más riguroso de las entrevistas realizadas, ya que de esta manera los entrevistados pudieron controlar aquello que más tarde sería analizado, lo cual es importante para obtener credibilidad en un estudio (Lincoln y Guba, 1985 y Sparkes, 1998, citados por Jiménez y Lorenzo, 2007). En este sentido, de los 10 participantes, 2 no cambiaron nada, 3 variaron parte del texto y 5 no respondieron. A continuación exponemos gráficamente los pasos seguidos en la aplicación de la entrevista.

APLICACIÓN DE LA ENTREVISTA	ANTES	• Contacto previo con los informantes claves • Concreción lugar y momento de la entrevista (lugares de trabajo y por teléfono) • Revisión material a utilizar (grabadora y/o teléfono con altavoz)
	DURANTE	• Grabación de la entrevista (previo permiso del entrevistado) • Ejecución de la entrevista (actuación con naturalidad siguiendo el guión con cierta flexibilidad)
	DESPUÉS	• Transcripción literal y completa • Envío por e-mail (posibilidad de corregir, añadir, modificar o quitar)

Cuadro 49. Pasos seguidos en la aplicación de la entrevista.

En el diseño definitivo de la entrevista, como indicamos anteriormente, hemos dividido ésta en ocho dimensiones, que, a su vez, se subdividieron en categorías y subcategorías con sus respectivos códigos, los cuales se refieren a fragmentos de texto con el fin de clasificarlos (Miles y Huberman, 1984), con el propósito de facilitar y mejorar su codificación y su análisis.

Una vez explicado el proceso de elaboración de ambos instrumentos, nos centraremos en el proceso de análisis de los mismos.

Análisis de los cuestionarios

Tras tener en nuestras manos los cuestionarios, éstos fueron analizados con el programa estadístico SPSS 13.0 (Statistical Program of Social Sciences). En nuestro estudio, hemos realizado, en primer lugar, un análisis descriptivo. En este sentido, cabe decir que los estudios descriptivos *«miden, evalúan o recolectan datos sobre diversos conceptos (variables), aspectos, dimensiones o componentes del fenómeno a investigar»* (Hernández et al., 2007, p. 102). Se trata, pues, de recolectar información sobre una serie de cuestiones, para, posteriormente, describir aquello que se investiga. Los estudios descriptivos nos permiten realizar predicciones, aunque éstas sean incipientes (Hernández et al., 2007).

Posteriormente, efectuamos un análisis de correlación, el cual pretende reflejar el grado de asociación y relación entre las distintas variables examinadas. Se trata de *«conocer la relación que exista entre dos o más conceptos, categorías o variables en un contexto en particular»* (Hernández et al., 2007, p. 105). Para tal efecto se han realizado tablas de contingencias y la prueba de

Chi-cuadrado. Para conocer el grado de significación del contraste, hemos de saber que cuando el p-valor es menor de 0,05 se puede afirmar que existe asociación entre las variables, mientras que, si es mayor, hay independencia (no relación) entre las mismas. Para llevar a cabo el análisis de correlación de los datos obtenidos con nuestro cuestionario, al contar, en un principio, con un número muy elevado de variables (119), pensamos que sería mejor relacionar aquéllas que nos pareciesen, a priori, más interesantes, y cruzarlas con el resto de variables, para, posteriormente, centrarnos en aquellas asociaciones que nos diesen significativas, es decir cuando el nivel de significación es $p< 0,05$ (Pardo y Ruiz, 2002 y Hernández et al., 2007). Las 5 variables relacionadas con las demás han sido las siguientes: edad, máxima titulación académica, titulación deportiva, categorías en las que entrena y años entrenando.

Para una mejor comprensión de los datos obtenidos hemos de decir que para estudiar el grado de relación existente entre dos variables se utilizan medidas de asociación que van a intentar cuantificar ese grado de relación, ya que el valor de Chi-cuadrado de Pearson nos dice poco sobre la fuerza de la asociación entre las variables estudiadas (Pardo y Ruiz, 2002). En este sentido cabe reseñar que en las medidas nominales tomaremos como referentes el Coeficiente de Contingencia y la V de Cramer, para dilucidar el grado de asociación de las variables. Un coeficiente de 0 indicará independencia, mientras que un coeficiente que alcanza su valor máximo, es decir 1, mostrará un grado de asociación perfecto (Aron y Aron, 2001, citado por Sánchez y Carmona, 2004 y Pardo y Ruiz, 2002). Por otro lado, en las medidas ordinales nos centraremos en la d de Somer para hablar de la dirección de la relación: una asociación positiva indica que los valores altos de una variable tienden a asociarse con valores altos de la otra, y los valores bajos, con valores bajos; una relación negativa indica que los valores altos de una variable tienden a asociarse con valores bajos de la otra, y viceversa (Pardo y Ruiz, 2002).

Análisis de las entrevistas

Posteriormente a la transcripción de las entrevistas, éstas han sido analizadas con la ayuda del programa informático MAXQDA 2007. Este software está especializado en el análisis de textos para la investigación cualitativa. Para Vázquez y Ferreira (2006) la utilización de este tipo de programas puede facilitar en gran medida el procesamiento de los datos, aunque hay que tener en cuenta que el proceso interpretativo sigue requiriendo de la creatividad del investigador.

Por otro lado, cabe destacar que existen dos tipos básicos de análisis de datos cualitativos: el análisis narrativo o de contenido y el análisis del discurso. Este último se refiere al significado o motivación subyacente, mientras que en el análisis de contenido se estudian los contenidos manifiestos o expresados de forma directa e interpreta sus significados. Nosotros nos centraremos en el análisis de contenido (Vázquez y Ferreira, 2006). Estas mismas autoras manifiestan que el análisis de contenido se basa en la lectura repetida de los datos obtenidos hasta lograr su comprensión y la identificación ordenada de la información que nos dan, de forma que logremos darles un sentido a éstos y una voz a nuestros informantes. Rodríguez-Gómez, citado por Vázquez y Ferreira (2006), define el análisis como «*conjunto de manipulaciones, transformaciones, operaciones, reflexiones y comprobaciones que realizamos sobre los datos con el fin de extraer el significado relevante con relación a un problema de investigación*» (p. 99). Además, en el proceso de análisis se pueden diferenciar dos momentos: analítico; se constata qué sucede y cómo ocurre. Explicativo e interpretativo; se indaga sobre por qué ocurren los hechos de la forma que ocurren (Vázquez y Ferreira, 2006).

Para garantizar la credibilidad (validez interna cualitativa) de nuestro estudio, hemos seguido las recomendaciones realizadas por Coleman y Unrau (2005), citados por Hernández et al. (2007), las cuales son las siguientes: a) evitar que nuestras creencias y opiniones influyan en las interpretaciones de los datos, cuando deben enriquecerlas; b) considerar importantes todos los datos, particularmente los que contradicen nuestras creencias; c) privilegiar a todos los participantes por igual; d) ser conscientes de cómo influimos en los participantes y cómo ellos nos afectan y e) buscar evidencia positiva y negativa por igual (a favor y en contra de un postulado emergente). La dependencia, siguiendo a Franklin y Ballau, 2005 y Mertens, 2005, citados por Hernández et al. (2007) y la confirmabilidad, se ven incrementadas al adoptar algunas medidas como el muestreo dirigido e intencional (como es nuestro caso), el chequeo, la triangulación (de métodos y datos).

Además, con el fin de que el proceso de análisis fuera más fiable, y lograr una dependencia (confiabilidad cualitativa) adecuada (Hernández et al., 2007), la codificación de las distintas entrevistas se llevó a cabo mediante un grupo de codificadores (J. Mª. Rodríguez, 1995), los cuales fueron seleccionados por el investigador teniendo en cuenta distintos aspectos o criterios. De esta forma, se realizaron chequeos cruzados (codificaciones del mismo material por dos o más investigadores). Con el fin de aumentar la fiabilidad interna entre codificadores, ésta ha sido estimada por medio del llamado «acuerdo interobservador (AIO)», el cual se halla dividiendo el número de acuerdos en los códigos de comportamiento por la suma de los acuerdos y los desacuerdos (Thomas y Nelson, 2007). No obstante, a fin de paliar los acuerdos debidos exclusivamente al azar, se calculó el Índice de Kappa (Cohen, 1960) con un nivel de significación de p<0,01 utilizando el programa informático SPSS 13.0 (Statistical Program of Social Sciences).

En este sentido Goetz y LeCompte (1984) establecen como óptima una fiabilidad interobservadores superior al 80%. Teniendo en cuenta, pues, el porcentaje obtenido (83,1%) se considera que el nivel de acuerdo es suficiente y adecuado como para que cada codificador pueda trabajar de forma individual. También hemos de decir que el índice de Kappa obtenido (0,697 con p<0,001) es considerado sustancial o importante según los rangos propuestos por Landis y Koch (1977). Y, más aún, si tenemos en cuenta que el índice de acuerdo es más difícil de alcanzar cuanto mayor sea el número de categorías (Gardner, 1996), como puede ser nuestro caso (27 categorías y subcategorías).

Además, con el objetivo de obtener mayor validez, todas las entrevistas de la investigación fueron repartidas entre los miembros del grupo de codificadores. Cada entrevista fue analizada por el investigador y por un codificador del estudio. De esta manera, cada entrevista fue codificada por dos personas. Una vez codificadas todas las entrevistas, éstas fueron comparadas y analizadas por el coordinador del estudio, con el fin de comprobar la coherencia entre los códigos y decidir las correcciones oportunas. Tras este proceso, se considera que las entrevistas están listas para ser analizadas a través del programa informático MAXQDA 2007, el cual nos va a facilitar realizar un análisis de frecuencia de códigos, por un lado y, por otro, llevar a cabo un análisis de contenido de las entrevistas. Para facilitar este proceso, las unidades de análisis son agrupadas según dimensiones, y dentro de éstas en categorías y subcategorías, con el fin de ver y analizar todos los detalles y aportaciones de cada una, de esta manera se pueden relacionar entre sí y dar explicaciones del material obtenido. En total se analizaron 753 unidades de análisis.

Tras haber expuesto todo lo referente al desarrollo de la investigación de nuestro estudio, nos centraremos ya en el análisis de los resultados de nuestro trabajo.

Capítulo VI.
ANÁLISIS DE LOS RESULTADOS DE LA INVESTIGACIÓN

«La gran sabiduría que mira lo lejano y lo cercano,
no juzga poco lo pequeño ni mucho lo grande»
(Yutang).

1. ANÁLISIS DE LOS RESULTADOS DEL CUESTIONARIO

A continuación, presentamos en este apartado los resultados obtenidos con nuestro cuestionario. En primer lugar, expondremos los datos correspondientes al análisis estadístico descriptivo, para, posteriormente, centrarnos en los procedentes del estudio de correlación. Tenemos que hacer notar también que, por razones obvias de espacio, se expondrán los resultados más destacados de cada una de las dimensiones estudiadas.

1.1. Resultados procedentes del estudio estadístico descriptivo

Para una mejor comprensión de los resultados, hemos de decir que se ha tenido en cuenta la distribución de frecuencias (%). Con el fin de facilitar la comprensión del análisis de los datos, hemos analizados éstos en función de las ocho dimensiones en las que previamente habíamos dividido el cuestionario.

1.1.1.	DIMENSIÓN: VARIABLES SOCIODEMOGRÁFICAS
1.1.2.	DIMENSIÓN: EXPERIENCIA DOCENTE
1.1.3.	DIMENSIÓN: FORMACIÓN INICIAL
1.1.4.	DIMENSIÓN: FORMACIÓN PERMANENTE
1.1.5.	DIMENSIÓN: CONCEPCIÓN ENSEÑANZA DEL FÚTBOL
1.1.6.	DIMENSIÓN METODOLOGÍA
1.1.7.	DIMENSIÓN: PERSONAL
1.1.8.	DIMENSIÓN: NECESIDADES Y DEMANDAS DE FORMACIÓN

Cuadro 50. Dimensiones del cuestionario.

COMARCA	FRECUENCIA	%	% VÁLIDO	% ACUMULADO
Costa	40	50,6	50,6	50,6
Condado	12	15,2	15,2	65,8
Cuenca Minera	12	15,2	15,2	81,0
Sierra	9	11,4	11,4	92,4
Mina-Andévalo	6	7,6	7,6	100,0
Total	**79**	**100,0**	**100,0**	

Tabla 2. Servicios Deportivos Agrupados de la Provincia de Huelva.

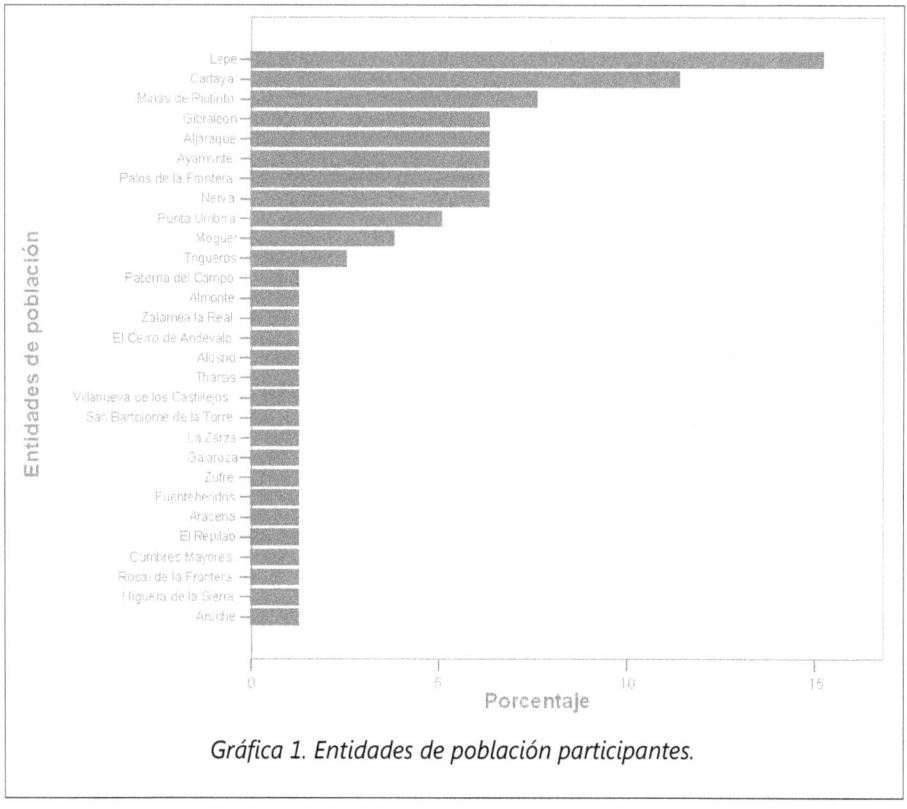

Gráfica 1. Entidades de población participantes.

En total han participado en nuestra investigación 29 Entidades de población pertenecientes a los Servicios Deportivos Agrupados de la Provincia de Huelva. Las Entidades de población que cuentan con mayor número de entrenadores encuestados son la de Lepe (f = 12; 15'2%) y la de Cartaya (f = 9; 11'4%), ambas del S.D.A. de la Costa.

Antes de comenzar a mostrar los resultados descriptivos de las distintas dimensiones, tenemos que decir que tomaremos como referencia el porcentaje total resultante de cada ítem.

1.1.1. Dimensión: Variables sociodemográficas

Género

Los resultados nos dicen que el 98'7% (f = 78) son entrenadores, mientras que 1'3% (f = 1) de los sujetos encuestados es mujer.

Como podemos ver, casi todos los sujetos encuestados pertenecen al género masculino, existiendo únicamente una mujer que se dedique a entrenar en el fútbol base en la provincia de Huelva. Esto está en relación con la tendencia tradicional, ya manifestada en otros estudios similares (Feu, 2004; Giménez, 2003a; Gutiérrez, 2007; Ibáñez, Delgado, Lorenzo, Del Villar y Rivadeneyra, 1997; F. Jiménez, 2000a y b; Nuviala, 2003; Nuviala, León, Gálvez y Fernández, 2007; Saura, 1996 y Yagüe, 1998), los cuales hacen alusión a la mayor presencia de hombres en la docencia de la Educación Física y también del Deporte. Aunque, en el caso de la enseñanza del fútbol base, y en nuestro estudio, este predominio es abrumador. Al respecto, Jones (1992) obtuvo datos muy parecidos a los nuestros con entrenadores ingleses que trabajan en el fútbol base en campamentos de verano de Estados Unidos. De esta manera, no es de extrañar, pues, tal como manifestaron Gilbert y Trudel (2004a), que existan pocos estudios sobre entrenadoras.

Edad

En cuanto a la edad de los participantes, hemos de decir que el 58'2% (f = 46) se encuentran entre las edades de 21 y 30 años, mientras que un 25'3% (f = 20) tienen entre 31 y 40 años.

EDAD (años)	FRECUENCIA	%	% VÁLIDO	% ACUMULADO
Entre 21 a 30	46	58,3	58,3	58,3
Entre 31 y 40	20	25,3	25,3	83,5
Entre 41 y 50	8	10,1	10,1	93,7
Más de 50	3	3,8	3,8	97,5
Menos de 20	2	2,5	2,5	100,0
Total	79	100,0	100,0	

Tabla 3 y Gráfica 2. Edad.

Teniendo en cuenta los resultados obtenidos, hemos de decir que la mayoría de los entrenadores de fútbol base de la provincia de Huelva son jóvenes entre 21 y 30 años. Estos datos son similares a los encontrados por Álamo, Amador y Pintor, 2002a; Feu, 2004; Giménez, 2003a; Gutiérrez, 2007; Ibáñez et al., 1997; F. Jiménez, 2000a y b; Jones, 1992; J. Martínez, 1995; Nuviala et al., 2007; Saura, 1996 y Tabernero et al., 2002. Esto concuerda con el hecho de que muchos de los entrenadores encuestados son estudiantes, ya que éstos suelen se jóvenes (como veremos en el siguiente ítem). Otro colectivo que también aporta un gran número de entrenadores a la enseñanza del fútbol en esta provincia, es el que comprende a sujetos entre 31 y 40 años, mientras que los extremos aportan el menor número de individuos a nuestra investigación: los entrenadores menores de 20 años y los entrenadores de más de 50 años.

Titulación académica

Respecto a la titulación académica de los entrenadores encuestados, tenemos que decir que el 29'1% (f = 23) tienen estudios secundarios, bachillerato o B.U.P. y C.O.U., el 25'3% (f = 20) han cursado formación profesional y el 24'1% (f = 19) son diplomados en Educación Física. Solo un 1'3% (f = 1) es licenciado en E.F., y también solamente un 1'3% (f = 1) es diplomado y licenciado en E.F.

TITULACIÓN ACADÉMICA	FRECUENCIA	%	% VÁLIDO	% ACUMULADO
Estudios Secundarios, Bachillerato o B.U.P y C.O.U.	23	29,0	29,0	29,0
Formación profesional	20	25,2	25,2	54,2
Diplomado en E.F.	19	24,1	24,1	78,5
Estudios primarios completos, certificado escolar	7	8,9	8,9	87,3
Otros estudios universitarios de grado superior	7	8,9	8,9	96,2
Licenciado en E.F.	1	1,3	1,3	97,5
Diplomado y Licenciado en E.F.	1	1,3	1,3	98,7
Otros estudios universitarios de grado medio	1	1,3	1,3	100,0
Total	79	100,0	100,0	

Tabla 4. Titulación académica.

El mayor porcentaje de los entrenadores tiene estudios secundarios, bachillerato o B.U.P. o C.O.U. Estos datos son similares a los obtenidos por Yagüe (1998), en entrenadores nacionales de Castilla y León, lo cual coincide con los datos obtenidos por Álamo et al. (2002a y b) en su trabajo sobre los entrenadores de Gran Canaria y Tenerife, y Gutiérrez (2007), en su estudio de los entrenadores de fútbol de la Comunidad de Madrid. Nuviala (2003) encontró que la mayoría de los técnicos deportivos de la Ribera Baja y el municipio Fuentes de Ebro, tiene la E.G.B., F.P. o Bachillerato. También J. Martínez (1995) indicó que muchos de los empleados en el ámbito deportivo, entre ellos los técnicos deportivos, tienen estudios medios. Igualmente, Feu (2004) en su estudio de los entrenadores nacionales de balonmano halló que muchos de ellos tienen la E.G.B., la E.S.O., F.P. o el Bachillerato. Otro grupo de entrenadores que destaca significativamente es aquél cuya máxima titulación académica es la de Formación Profesional. Los datos anteriormente reseñados coinciden con los expuestos por Saura (1996) en su estudio sobre los entrenadores escolares de las comarcas de Lleida, y con el anteriormente citado (Nuviala, 2003). Por otra parte, destaca el grupo formado por los Diplomados en E.F. Al respecto, Álamo et al. (2002a y b), Feu (2004), Nuviala (2003) y Nuviala et al. (2007) obtuvieron, en sus investigaciones sobre entrenadores y técnicos deportivos, resultados en los que se observó un aumento de los titulados en Educación Física. En este sentido, hemos de decir que Stewart y Sweet (1992) en su estudio sobre entrenadores de diferentes deportes en Montana (EE.UU), detectaron en su día que existía un número importante de entrenadores con titulación relacionada con la educación física. Sin embargo, Martínez y Gil (2001) encontraron muy pocos diplomados y licenciados en educación física entre los técnicos deportivos de Aragón. A pesar de todo, y coincidiendo con Giménez (2003a), este aumento de los diplomados en E. F. lo consideramos muy importante, puesto que, como hemos expresado de forma reiterativa a lo largo de nuestro trabajo, pensamos que la figura del entrenador deportivo ha de estar en íntima relación con la del Profesor de Educación Física. Este dato puede indicarnos la tendencia de los Patronatos de Deportes hacia la contratación de Diplomados en E.F. para la realización de tareas de técnico deportivo, lo cual nos parece bastante adecuado.

Podemos observar la existencia de entrenadores de fútbol base con titulación académica muy baja, lo cual nos hace pensar que una gran parte de los niños y niñas que están iniciándose al fútbol están recibiendo una enseñanza deportiva por personas sin titulación académica, tal como expuso en su investigación Gutiérrez (2007). Esto pone de relieve también la necesidad de formación de éstos. En este mismo sentido se expresó F. Jiménez (2000a y b), tras analizar los datos obtenidos en su estudio con técnicos deportivos de deportes colectivos en Tenerife, Saura (1996) en su estudio sobre los entrenadores escolares de las comarcas de Lleida, y Nuviala (2003), tras estudiar a los técnicos deportivos de la Ribera Baja y el municipio Fuentes de Ebro. Así mismo, Asenjo y Maiztegui (2000) encontraron que una de las mayores demandas que se les hace a los entrenadores es la formación deportiva y pedagógica. Sin embargo, tal como manifestó Saura (1996, p. 162) «*destaca la poca importancia que los organismos responsables, y los padres, tienen sobre este particular*». Por este motivo, estamos totalmente de acuerdo con Delgado (1992, p. 25) cuando nos dice que «*la actuación del entrenador-profesor en la iniciación deportiva exige una formación que no se puede dejar al azar y a la propia experiencia*».

¿Ha sido o es jugador/a federado/a de fútbol?

El 63'3% (f=50) de los encuestados han sido jugador de fútbol federado. Además un 17'7% (f=14) aún lo son, mientras que el 19% (f=15) no han sido jugadores o jugadoras de fútbol con ficha federativa.

Podemos ver que la mayoría de los entrenadores ha sido previamente jugador de fútbol, mientras que un porcentaje importante aún juega al fútbol como jugador federado. Este aspecto está en relación con el hecho de que la mayoría de los sujetos encuestados es joven, entre 21 y 30 años (ver ítem nº 2), lo cual denota que la mayoría de los entrenadores han sido jugadores o lo son aún. Estos datos muestran la relación existente entre el ser o haber sido jugador de fútbol y dedicarse a ejercer como entrenador. En relación con lo que acabamos de afirmar, Giménez (2003a) obtuvo en su investigación que la gran mayoría de los entrenadores de minibasket de Andalucía han sido jugador de baloncesto; Feu (2004) encontró datos similares con los entrenadores nacionales de balonmano. Igualmente Saura (1996) en su investigación halló que muchos de los entrenadores escolares de las Comarcas de Lleida eran practicantes o ex-practicantes de los distintos deportes colectivos. Pensamos que para ser entrenador del fútbol base no es imprescindible haber sido jugador federado, pero que si así ha sido, mejor, pues contarán con cierta experiencia que les facilitará su labor como entrenador.

1.1.2. Dimensión: Experiencia docente

Años como entrenador de fútbol base

ENTRENADOR DE FÚTBOL BASE (años)	FRECUENCIA	%	% VÁLIDO	% ACUMULADO
Entre 3 y 5	29	36,7	36,7	36,7
Entre 0 y 2	24	30,4	30,4	67,1
Entre 6 y 8	11	13,9	13,9	81,0
Entre 9 y 11	8	10,1	10,1	91,1
Más de 11	7	8,9	8,9	100,0
Total	79	100,0	100,0	

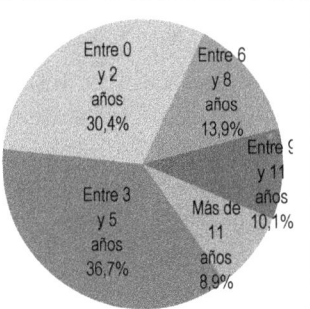

Tabla 5. y Gráfica 3. Años como entrenador de fútbol base.

Si observamos la tabla previa, vemos que el 36'7% (f = 29) han entrenado en el fútbol base entre 3 y 5 años, mientras que un 30'4% (f = 24) lo han hecho entre 0 y 2 años.

Como podemos apreciar, la mayor parte de los sujetos llevan entrenando entre 3 y 5 años, lo cual significa que un gran número de entrenadores del fútbol base tiene poca experiencia. El siguiente porcentaje más alto corresponde a aquellos entrenadores que llevan entrenando entre 0 y 2 años. Álamo et al. (2002a) encontró en su investigación sobre los entrenadores y entrenadoras de Gran Canaria y Tenerife que un elevado porcentaje de éstos no poseía experiencia como entrenador. También Feu (2004) halló que la mayoría de los entrenadores de balonmano de España tenía entre 0 y 5 años de experiencia. Existe un número significativo de entrenadores que lo son desde hace 6 a 8 años. Además, tenemos que destacar que existen pocos entrenadores experimentados entrenando en el fútbol base, tanto de 9 a 11 años como con más de 11 años. Este mismo dato es indicado por Ibáñez et al. (1997) en su estudio sobre los entrenadores de baloncesto de España. Todos estos datos nos hacen ver que son pocos los entrenadores encuestados que tienen una experiencia considerable, lo cual está en relación con los resultados obtenidos por Jones (1992) en entrenadores ingleses que entrenan en el fútbol base en campamentos de verano en Estados Unidos. Este mismo autor manifestó que el hecho de que muchos entrenadores sean jóvenes, hace que éstos tengan pocos años de experiencia. Nuestros datos, sin embargo, contrastan con los obtenidos por Nuviala (2003). No obstante, éstos sí coinciden con los detectados por F. Jiménez (2000a y b), quien estudió el perfil profesional de los técnicos deportivos de Tenerife; con los que obtuvo Giménez (2003a) en relación con los entrenadores de minibasket en Andalucía; con los encontrados por Saura (1996) entre los entrenadores escolares de las Comarcas de Lleida; y con los resultados de Gutiérrez (2007) en los entrenadores de fútbol de la Comunidad de Madrid. Nuviala et al. (2007) obtuvieron similares resultados con los técnicos deportivos de la provincia de Huelva. En este mismo sentido se expresó Gordillo (1992) al referirse a que muchos de los entrenadores de la iniciación deportiva tenían poca experiencia. También obtuvieron resultados similares Stewart y Sweet (1992) en su estudio sobre entrenadores de diferentes deportes en Montana (EE.UU.).

Por otra parte, vemos que a medida que se incrementan los años de experiencia disminuye el número de entrenadores. Sería interesante conocer las causas de cambio o abandono de esta actividad. Aunque, quizás, es porque los que abandonan son los niños y niñas y, entonces, no hay tantos equipos para entrenar, como había en las categorías más pequeñas.

Título de entrenador/a de otro/s deporte/s

El 65'8% (f = 52) de los encuestados afirman no poseer el título de entrenador de otro deporte, mientras que el 34'2% (f = 27) expresaron tener otro u otros títulos de entrenador de otro deporte.

Este ítem nos da una información que podríamos desestimar en un principio, pero que bien considerada, nos aporta una información interesante. La mayoría de los encuestados no poseen ningún título deportivo de algún deporte diferente al fútbol, pero sí lo poseen más de un tercio de ellos. Pensamos que el formarse en otros deportes puede redundar positivamente en la formación, y por extensión, en la enseñanza del fútbol base, ya que el bagaje y las herramientas a utilizar aumentan considerablemente. Estudios similares (Giménez, 2003a) mostraron resultados muy parecidos a los encontrados en nuestra investigación.

¿De qué deporte?

Del total de entrenadores participantes en nuestro estudio, el 7'6% (f = 6) tienen, además del título de entrenador de fútbol, el título de fútbol sala, el 5'1% (f = 4) poseen el de natación y también el 5'1% (f = 4) tienen el de baloncesto.

Existe una gran variedad en lo que se refiere a los títulos deportivos, distintos del título de fútbol, que poseen los entrenadores encuestados. Del total de entrenadores participantes en nuestro estudio que tienen otro título deportivo, destacan los que poseen el título de fútbol sala, y también los que tienen además el de natación, y el de baloncesto.

A modo de conclusión de esta dimensión, hemos de decir que los entrenadores de fútbol base de la provincia de Huelva suelen tener poca experiencia, entrenan fundamentalmente en las categorías más pequeñas (prebenjamín, benjamín y alevín) y que algunos de ellos tiene formación en otros deportes distintos del fútbol.

1.1.3. Dimensión: Formación inicial

Máxima titulación de fútbol

El 24'1% (f = 19) poseen el curso de iniciación aspirante a técnico deportivo de fútbol, el 21'5% (f = 17) son entrenadores de fútbol de segundo nivel, el 19% (f = 15) no tienen titulación alguna y el 17'7% (f = 14) poseen el título de entrenador de fútbol de primer nivel. Existe un 12'7% (f = 10) que no contestaron a este ítem.

MÁXIMA TITULACIÓN	FRECUENCIA	%	% VÁLIDO	% ACUMULADO
Curso de iniciación aspirante a técnico deportivo de fútbol	19	24,0	27,5	27,5
Entrenador/a de fútbol de segundo nivel	17	21,5	24,6	52,2
Ninguna	15	19,0	21,7	73,9
Entrenador/a de fútbol de primer nivel	14	17,7	20,3	94,2
Entrenador/a de fútbol de tercer nivel	4	5,1	5,8	100,0
Total	69	87,3	100,0	
Perdidos Sistema	10	12,7		
Total	79	100,0		

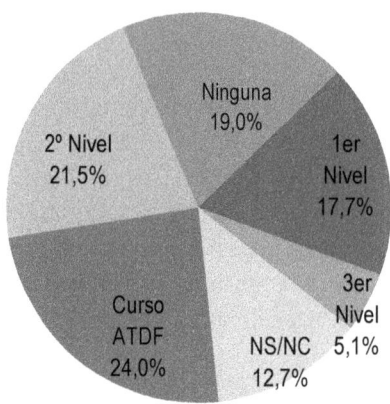

Tabla 6 y Gráfica 4. Máxima titulación de fútbol.

La mayoría de los entrenadores encuestados solo ha realizado el curso de iniciación aspirante a técnico deportivo de fútbol, el cual, en realidad es una pretitulación, una habilitación que se consigue tras realizar un *«mini curso»*, 65-70 horas. También existen numerosos entrenadores que poseen el título de entrenador de fútbol de segundo nivel, seguidos muy de cerca, por aquéllos que tienen el título de entrenador de fútbol de primer nivel. Al respecto, Muniesa, Sáenz-Benito y Rodríguez (1997) y, posteriormente, Martínez y Gil (2001) encontraron que la mayoría de los técnicos deportivos de Aragón tenía la titulación de primer nivel. Feu (2004) halló también que la mayoría de los entrenadores nacionales de balonmano poseía el título de primer nivel.

No obstante, existe una cantidad muy significativa de entrenadores que no poseen titulación alguna y, sin embargo, están desarrollando la labor de entrenadores de fútbol base. Estos datos coinciden con los hallados por Gutiérrez (2007) en la enseñanza del fútbol en la Comunidad de Madrid; con los de Morcillo (2004b), al menos en parte, en entrenadores de fútbol base de la provincia de Granada; con los de Álamo et al. (2002a y b), quienes estudiaron a los entrenadores de Gran Canaria y Tenerife; y también con los encontrados por J. Martínez (1995) en su estudio de los técnicos deportivos nacionales. Por su parte Quinn y Carr (1998) manifestaron que los entrenadores de fútbol base carecían de la formación adecuada, lo cual puede hacer que los niños y niñas abandonen la práctica del fútbol de forma prematura. Además estos resultados son similares a los obtenidos por Giménez (2003a) en la enseñanza del baloncesto en Andalucía, Saura (1996) en los entrenadores escolares de las Comarcas de Lleida. Nuviala et al. (2007) también obtuvieron resultados parecidos entre los técnicos deportivos también de la provincia de Huelva. También cabe destacar que Stewart y Sweet (1992), en su estudio sobre entrenadores de diferentes deportes en Montana (EE.UU), comprobaron que una parte significativa de los entrenadores no tenían certificado o título para entrenar. También en EE.UU, Knorr (1996) detectó que existían numerosos entrenadores con poca o ninguna formación/cualificación, lo cual, según este mismo autor, era una tendencia que, desafortunadamente, no va a cambiar en un futuro próximo. No obstante, los resultados obtenidos por F. Jimenez (2000a y b) son diferentes a los obtenidos en nuestro estudio, ya que este autor encontró que la mayoría de los técnicos deportivos de deportes colectivos de Tenerife poseían titulación deportiva. Igualmente, Feu (2004) detectó que sólo una minoría de los entrenadores nacionales de balonmano no tenía ninguna titulación.

Siguiendo en la misma línea que antes, la investigación de J. Martínez (1995) ilustró carencias en la formación inicial de los técnicos deportivos españoles, lo cual apunta a una necesidad de formación de los mismos. Además, el estudio de Asenjo y Maiztegui (2000) sugirió la necesidad, según la opinión de diferentes colectivos, de una mayor y mejor formación deportiva y pedagógica de los entrenadores, mientras que Tabernero et al. (2002) subrayaron la escasa formación de éstos. En la misma línea se mostraron Álamo et al. (2002a y b) cuando manifestaron que la falta de cualificación de los entrenadores era notoria, y que en numerosas ocasiones este tipo de actividad se encontraba en las manos de personas que, con sus mejores intenciones, intentaban enseñar un deporte y transmitir una serie de normas, valores, etc., implícitos a la práctica deportiva; aunque no poseían una formación pedagógica adecuada para que los chicos y las chicas recibiesen una enseñanza en las mejores condiciones. Por tanto, el hecho de que muchos entrenadores solo posean una habilitación para entrenar, y el hecho de que son numerosos los que no tienen titulación, nos hace pensar que casi la mitad de los entrenadores de fútbol base de la provincia de Huelva no tienen la formación adecuada para llevar a cabo la tarea que actualmente realizan.

Haber sido jugador/a federado/a de fútbol

Fijándonos en la tabla y gráfica que se muestran a continuación, notaremos que, de los entrenadores del estudio, un 21'5% (f = 17) dan una importancia media (3) al hecho de haber sido jugador federado de fútbol para entrenar en el fútbol base. Por otro lado, casi un 14% (f = 11) conceden cierta importancia (4) a este hecho. Además, un 12'7% (f =10) piensan que haber sido jugador federado de fútbol no tiene importancia (1) a la hora de entrenar en el fútbol base. Existe un 34'2% (27) que no contestaron a esta pregunta.

IMPORTANCIA DE HABER SIDO JUGADOR	FRECUENCIA	%	% VÁLIDO	% ACUMULADO
3	17	21,5	32,7	32,7
4	11	13,9	21,2	53,8
1	10	12,7	19,2	73,1
2	9	11,4	17,3	90,4
5	5	6,3	9,6	100,0
Total	52	65,8	100,0	
Perdidos Sistema	27	34,2		
Total	79	100,0		

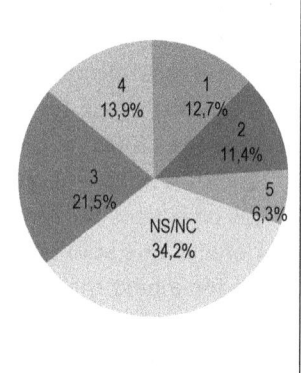

Tabla 7 y Gráfica 5. Importancia de haber sido jugador/a federado/a de fútbol.

En este ítem destacamos el hecho de que la mayoría de los encuestados piensan que haber sido jugador federado de fútbol tiene una importancia mediana, es decir, ni poca ni mucha importancia. También bastantes entrenadores consideran que es muy importante haber sido jugador federado de fútbol para su labor como entrenadores. Sin embargo, existe un significativo número de encuestados para los que no es importante haber sido jugador y realizar la labor de entrenador en el fútbol base. No obstante, y al respecto, pensamos que el haber sido jugador facilita el conocimiento de contenidos técnico, tácticos, etc., pero no es suficiente para ser entrenador de fútbol en ninguna categoría. Es necesario tener una formación sólida. Pensamos que para ser entrenador del fútbol base no es imprescindible haber sido jugador federado, pero que si así ha sido, mejor, pues contarán con cierta experiencia que les facilitará su trabajo como entrenador.

Desarrollo profesional

El 26'5% (f =21) de los encuestados son partidarios de la notable utilidad que tienen los contenidos de desarrollo profesional para entrenar en el fútbol base. Además, un 20'3% (f =16) están en desacuerdo. No obstante, también el 16'5% (f = 13) están muy de acuerdo. Existe un 31'6% (f = 25) que no contestaron a este ítem.

DESARROLLO PROFESIONAL	FRECUENCIA	%	% VÁLIDO	% ACUMULADO
De acuerdo	21	26,5	38,9	38,9
En desacuerdo	16	20,3	29,6	68,5
Muy de acuerdo	13	16,5	24,1	92,6
Muy en desacuerdo	4	5,1	7,4	100,0
Total	**54**	**68,4**	**100,0**	
Perdidos Sistema	25	31,6		
Total	**79**	**100,0**		

Tabla 8. Utilidad de los contenidos de desarrollo profesional.

En cuanto a este ítem, muchos de los entrenadores encuestados que contestan están de acuerdo o muy de acuerdo con la utilidad de este contenido para su formación inicial. No obstante, una gran parte se manifiesta en desacuerdo. Como vemos, no existe una gran diferencia entre los que valoran positivamente la inclusión de este contenido en el curso de entrenadores de fútbol y los que la consideran negativa, aunque existe cierta tendencia a ser valorada como positiva.

Organización y legislación del deporte

También el 32'9% (f =26) de los encuestados están de acuerdo con la utilidad de los contenidos de organización y legislación del deporte para entrenar en el fútbol base. No obstante, el 26'6% (f = 21) están en desacuerdo. Existe un 31'6% (f = 25) que no contestaron a este ítem.

Aunque la mayor parte de los sujetos está de acuerdo con este ítem, son pocos los entrenadores que están muy de acuerdo, y son numerosos los que no consideran de gran utilidad este tipo de contenido. Nos encontramos con disparidad de opiniones respecto a la inclusión de este contenido en la formación inicial de los entrenadores de fútbol base. Por su parte, Yagüe (1998), en entrenadores nacionales de Castilla y León, encontró datos similares a los nuestros. Por tanto, esto también habría que tenerlo en cuenta a la hora de planificar y organizar cursos de entrenadores de fútbol.

Tiempo empleado en el curso de entrenadores

TIEMPO EMPLEADO EN EL CURSO	FRECUENCIA	%	% VÁLIDO	% ACUMULADO
De acuerdo	23	29,1	41,8	41,8
En desacuerdo	17	21,5	30,9	72,7
Muy de acuerdo	9	11,4	16,4	89,1
Muy en desacuerdo	6	7,6	10,9	100,0
Total	55	69,6	100,0	
Perdidos Sistema	24	30,4		
Total	79	100,0		

Tabla 9 y Gráfica 6. Grado de acuerdo con el tiempo empleado en el curso de entrenadores.

Fijándonos en la tabla y gráfica previas (tabla 9 y gráfica 6), el 29'1% (f =23) de los encuestados manifiestan acuerdo con el tiempo empleado en el curso de entrenadores. Además, un 11'4% (f =9) están muy de acuerdo. No obstante, el 21'5% (f = 17) están en desacuerdo. Existe un 30'4% (f = 25) que no contestaron a este ítem.

Existe cierta igualdad entre los entrenadores que están en desacuerdo con la duración del curso y los que están de acuerdo, en relación con la formación suficiente para entrenar en el fútbol base. Al respecto, pensamos que el hecho de que muchos entrenadores piensen que no es suficiente el tiempo empleado en el curso, nos debe hacer reflexionar en este sentido. Y más si tenemos en cuenta que, Giménez (2003a) manifestó que la mayoría de los entrenadores de minibasket de Andalucía opinaba que el curso de entrenadores debería durar más tiempo. Por ello, quizás los cursos de entrenadores deberían tener una mayor extensión temporal.

1.1.4. Dimensión: Formación permanente

Estar al día en la formación

En este sentido, el 64'6% (f = 51) de los entrenadores encuestados están muy de acuerdo con que el entrenador de fútbol base ha de estar al día en su formación. Además, el 31'6% (f = 25) están de acuerdo con esta misma consideración.

Observamos que prácticamente la totalidad de los sujetos analizados está muy de acuerdo o de acuerdo con que el entrenador de fútbol base ha de tener su formación actualizada. De este dato, podemos extraer la conclusión de que los entrenadores encuestados valoran positivamente la formación permanente en relación con la enseñanza y entrenamiento en el fútbol base.

Experiencia diaria para estar al día

Además, el 46'8% (f = 37) manifiestan estar en desacuerdo con la afirmación de que con su experiencia diaria es suficiente para estar al día. Además, un 30'4% (f = 24) están muy en desacuerdo con tal aseveración. No obstante el 16%'5 (f = 13) están de acuerdo.

Prácticamente todos los entrenadores encuestados piensan que su experiencia diaria no es suficiente para estar al día. No obstante, una parte significativa está de acuerdo o muy de acuerdo con la aseveración realizada en este ítem. Según Cushion, Armour y Jones (2003) la experiencia es una de las fuentes principales de conocimiento de los entrenadores, con lo que debemos tenerla muy en cuenta, aunque tener experiencia no está directamente relacionado con estar al día.

Trabajo en grupo

TRABAJO EN GRUPO	FRECUENCIA	%	% VÁLIDO	% ACUMULADO
De acuerdo	40	50,6	52,6	52,6
Muy de acuerdo	19	24,1	25,0	77,6
En desacuerdo	14	17,7	18,4	96,1
Muy en desacuerdo	3	3,8	3,9	100,0
Total	76	96,2	100,0	
Perdidos Sistema	3	3,8		
Total	79	100,0		

Tabla 10. Grado de acuerdo con el trabajo en grupo de los entrenadores.

En la tabla precedente podemos ver que el 50'6% (f = 40) de los encuestados manifiestan bastante acuerdo con el hecho de trabajar en grupo dentro del club o colegio donde entrena. También el 24'1% (f = 19) afirman estar muy de acuerdo. No obstante, el 17'7% (f = 14) aseveran estar en desacuerdo.

Si tenemos en cuenta los datos reunidos con este ítem, podemos decir que la mayoría de sujetos analizados están de acuerdo o muy de acuerdo, con el hecho de que suelen trabajar en grupo. Sin embargo, existe un número considerable de entrenadores que no trabajan en grupo en su club o colegio. Estos datos se corresponden con los de Yagüe (1998) en entrenadores nacionales de Castilla y León, quien encontró que los entrenadores tenían carencias respecto a una formación en relación con la reflexión y el trabajo en grupo; con los obtenidos por Giménez (2003a); con los entrenadores de minibasket de la Comunidad Andaluza; y con los extraídos del trabajo de Asenjo y Maiztegui (2000). Al respecto, pensamos que es interesante y positivo trabajar en grupo para la mejora de la formación de los entrenadores de fútbol base, por lo que se debe fomentar este tipo de trabajo.

Para concluir este apartado, tenemos que decir que, según los datos obtenidos con nuestro estudio, los entrenadores de fútbol base de la provincia de Huelva suelen llevar a cabo una formación permanente y continua, mostrando una actitud favorable ante ésta. Este dato difiere en parte con el obtenido por Marín (2004) en entrenadores de fútbol juvenil en Almería, ya que una cantidad no desdeñable de éstos consideró poco necesario ampliar conocimientos y realizar una formación continua. Tampoco concuerda con el estudio realizado por Gilbert, Côté y Mallet (2006), donde detectaron que el tiempo que dedican los entrenadores en EE. UU. a la formación formal, en comparación con el dedicado a otros aspectos como el entrenamiento, la competición y las actividades administrativas, en deportes como el Softball, el fútbol americano y el voleibol, es notablemente inferior. Quizás debiéramos cuestionarnos si lo que contestan los entrenadores encuestados se corresponde con la realidad, o no. No obstante, coincidimos con Nash y Collins (2006) cuando manifiestan que es imperativo que las nociones de formación permanente lleguen a ser más aceptadas dentro del entrenamiento deportivo.

1.1.5. Dimensión: Concepción enseñanza del fútbol

Enseñar/educar a otras personas

Comprobamos que el 34'2% (f = 27) de los entrenadores encuestados creen que enseñar/educar a otras personas es muy importante (5) en la labor del entrenador de fútbol base. Además, el 19% (f = 15) consideran que tiene bastante importancia (4). Existe un 31'6% (f = 25) que no contestaron a este ítem.

En este ítem tenemos que destacar el alto porcentaje de entrenadores analizados que considera importante o muy importante enseñar y educar a otras personas, ya que nuestra idea de la enseñanza del deporte en general, y del fútbol en particular, gira en torno a esa noción. Estos datos coinciden con los hallados por Giménez (2003a), donde el gusto por entrenar y el gusto por enseñar aparecieron como primer y segundo motivo, respectivamente, cuando se les pregunta a los entrenadores de minibasket de Andalucía sobre las causas por las que entrenan. Por tanto, pensamos que esta cuestión es muy interesante puesto que en estas edades es muy importante educar a los niños y niñas con los que trabajamos.

El fútbol como medio educativo

FÚTBOL COMO MEDIO EDUCATIVO	FRECUENCIA	%	% VÁLIDO	% ACUMULADO
Muy de acuerdo	40	50,6	53,3	53,3
De acuerdo	33	41,8	44,0	97,3
En desacuerdo	2	2,5	2,7	100,0
Total	**75**	**94,9**	**100,0**	
Perdidos Sistema	4	5,1		

Tabla 11 y Gráfica 7. Grado de acuerdo con el fútbol como medio educativo

En la tabla previa, observamos que el 50'6% (f = 40) de los entrenadores encuestados están muy conforme con la afirmación de que el fútbol es un medio a través del cual se puede educar a los jugadores. Además, un 41'8% (f = 33) están de acuerdo.

Como podemos comprobar, la gran mayoría de los entrenadores que contestaron a este ítem están muy de acuerdo o de acuerdo con que el fútbol es un medio a través del cual puede educar a sus jugadores y jugadoras. Esto está íntimamente relacionado con lo expresado en el ítem precedente y coincide con lo hallado en nuestra investigación previa y con los datos obtenidos por Nuviala (2003) en los técnicos deportivos de la Ribera Baja y el municipio Fuentes de Ebro.

Importancia de los resultados en la competición

Casi el 52% (f = 41) de los entrenadores encuestados están en desacuerdo con la afirmación de que los resultados de las competiciones son muy importantes. También un 19% (f = 15) están muy en desacuerdo. No obstante, el 21'5% (f = 17) están de acuerdo.

De los datos extraídos del análisis estadístico, podemos decir que la mayor parte de los individuos encuestados están en desacuerdo o muy en desacuerdo con el hecho de que los resultados sean muy importantes. Sin embargo, existe un número notable de entrenadores que están de acuerdo con la aseveración enunciada en nuestro ítem. En esta línea, Nuviala (2003) encontró que la mayoría de los técnicos deportivos de la Ribera Baja y del municipio Fuentes de Ebro, creía que no se debía realizar un proceso selectivo de los alumnos y alumnas y que éstos debían participar los mismos minutos en los deportes colectivos. En este mismo estudio, cabe decir que hay un porcentaje notable que piensa lo contrario. Pensamos, al respecto, que todavía existen entrenadores que, en estas edades y a nuestro entender, dan demasiada importancia a los resultados de su equipo en las competiciones, desestimando así el proceso que conlleva entrenar/enseñar a chicos y chicas donde aspectos como la socialización, el disfrute, la creación de hábitos saludables, etc., podrían y deberían cobrar especial relevancia.

1.1.6. Dimensión: Metodología

Métodos de enseñanza directivos

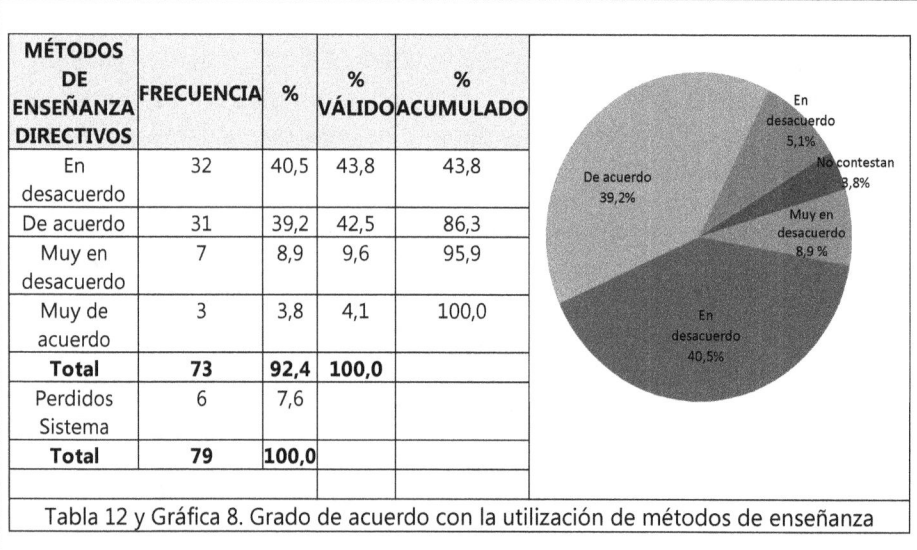

Tabla 12 y Gráfica 8. Grado de acuerdo con la utilización de métodos de enseñanza

El 40'5% (f = 32) de los entrenadores están en desacuerdo con la afirmación de que suele utilizar métodos de enseñanza directivos. No obstante, el 39'2 (f = 31) consideran estar de acuerdo con dicha utilización.

Según estos datos, la mayoría de los entrenadores no suelen utilizar con más frecuencia métodos de enseñanza directivos. No obstante, algo menos de la mitad de ellos contestan afirmativamente. Según Quinn y Carr (1998) los entrenadores de fútbol base de Estados Unidos solían utilizar metodologías donde el contenido no tiene en cuenta las características del desarrollo del niño, donde no se les permite la libertad de roles y movimientos durante el juego. Este dato contrasta con la reflexión que hacíamos en el apartado anterior, ya que según los datos de éste la gran mayoría de los entrenadores tienen una concepción educativa de la enseñanza del fútbol, pero en este ítem vemos que, a pesar de todo, muchos utilizan métodos considerados poco educativos (Sáenz-López, 1997). Parece existir, pues, cierta incongruencia entre lo que los entrenadores piensan y lo que hacen. Esto también contrasta con los resultados obtenidos por Jones (1990), quien encontró que los entrenadores de fútbol base de Inglaterra utilizaban predominantemente la instrucción directa en la enseñanza de las técnicas básicas del fútbol. Según Yagüe (1998) la mayoría de los entrenadores nacionales de Castilla y León, utilizaban métodos directivos (mando directo y asignación de tareas). Por su parte, Curtner-Smith et al. (2009) encontraron también un mayor empleo, por parte de entrenadoras de baloncesto de EE. UU., de estilos de enseñanza directivos. A este respecto, tenemos que destacar una consideración significativa derivada del estudio de Butler (1993), citado por Butler y McCahan (2005): muchos de los profesores investigados creían que el aprendizaje debía centrarse en el alumno, sin embargo, realmente utilizaron métodos de enseñanza directivos, los cuales están centrados, como sabemos, en el profesor. Esto nos puede indicar que puede haber entrenadores que piensan que están utilizando un tipo de metodología, cuando en realidad están utilizando otra distinta, o que dicen que hacen algo distinto a lo que realmente llevan a cabo.

Programar la temporada

PROGRAMAR LA TEMPORADA	FRECUENCIA	%	% VÁLIDO	% ACUMULADO
De acuerdo	35	44,3	46,1	46,1
Muy de acuerdo	26	32,9	34,2	80,3
En desacuerdo	13	16,5	17,1	97,4
Muy en desacuerdo	2	2,5	2,6	100,0
Total	76	96,2	100,0	
Perdidos Sistema	3	3,8		
Total	79	100,0		

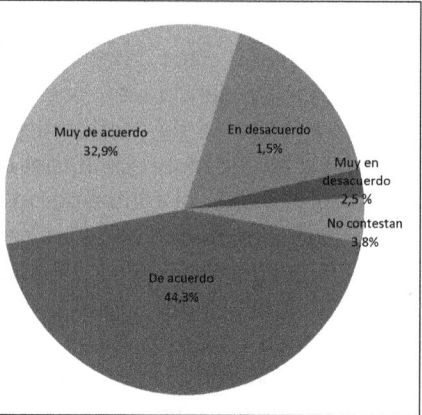

Tabla 13 y Gráfica 9. Grado de acuerdo con programar la temporada antes de su comienzo.

Podemos ver en la tabla anterior, que el 44'3% (f = 35) de los encuestados están de acuerdo con la afirmación de que suele programar la temporada antes de que ésta comience. Además, casi un 33% (f = 26) afirman estar muy de acuerdo.

De los encuestados que contestan a este ítem, un porcentaje muy elevado suelen programar la temporada antes de que ésta comience. No obstante, existe un porcentaje de entrenadores que, aunque no es muy significativo, no están de acuerdo con el enunciado del ítem. Esto, se corresponde con los hallados por Giménez (2003a) en los entrenadores de minibasket de Andalucía. Es hecho nos parece un aspecto preocupante, que convendría mejorar en un futuro.

Objetivos educativos

OBJETIVOS EDUCATIVOS	FRECUENCIA	%	% VÁLIDO	% ACUMULADO
Muy de acuerdo	34	43,0	44,7	44,7
De acuerdo	33	41,8	43,4	88,2
En desacuerdo	8	10,1	10,5	98,7
Muy en desacuerdo	1	1,3	1,3	100,0
Total	76	96,2	100,0	
Perdidos Sistema	3	3,8		
Total	79	100,0		

Tabla 14 y Gráfica 10. Grado de acuerdo con el planteamiento de objetivos educativos.

En la tabla previa podemos comprobar que el 43% (f = 34) de los encuestados están muy de acuerdo con que se plantea objetivos educativos en estas edades. También el 41'8% (f = 33) manifiestan estar de acuerdo con esta aseveración.

Como podemos apreciar, son mayoría los entrenadores de fútbol base cuyos objetivos son predominantemente educativos. Saura (1996), en su estudio sobre los entrenadores escolares de las comarcas de Lleida, encontró que los objetivos perseguidos por éstos son *«disfrutar jugando»* y luego *«aprender habilidades»*, mientras que el objetivo *«conseguir la victoria»* resulta, el menos, valorado. Una vez más, tendríamos que ver si este pensamiento se corresponde o no con la práctica diaria de los entrenadores.

Objetivos competitivos

OBJETIVOS COMPETITIVOS	FRECUENCIA	%	% VÁLIDO	% ACUMULADO
En desacuerdo	36	45,6	48,6	48,6
Muy en desacuerdo	22	27,8	29,7	78,4
De acuerdo	13	16,5	17,6	95,9
Muy de acuerdo	3	3,8	4,1	100,0
Total	74	93,7	100,0	
Perdidos Sistema	5	6,3		
Total	79	100,0		

El 45'6% (f = 36) de los encuestados están en desacuerdo con plantearse objetivos fundamentalmente competitivos, y un 27'8% (f = 22) aseveran estar muy en desacuerdo. No obstante, un 16'5% (f = 13) están de acuerdo.

De acuerdo con lo expresado por los sujetos analizados en el ítem precedente, éstos manifiestan estar, en general, en desacuerdo con basar, fundamentalmente, su enseñanza del fútbol en objetivos competitivos. No obstante, existe un elevado porcentaje de entrenadores que están de acuerdo con el planteamiento de objetivos de este tipo, lo cual nos preocupa enormemente. Al respecto, Saura (1996), en su trabajo sobre los entrenadores escolares de las comarcas de Lleida, detectó que los entrenadores dan demasiada importancia a la selección de los mejores jugadores, lo cual puede darnos una idea de sus verdaderas intenciones. Por tanto, sería conveniente conocer lo que los entrenadores hacen en su quehacer diario y contrastarlo con lo que dicen que hacen.

Evaluación inicial y programación

EVALUACIÓN INICIAL Y PROGRAMACIÓN	FRECUENCIA	%	% VÁLIDO	% ACUMULADO
De acuerdo	34	42,9	45,3	45,3
En desacuerdo	19	24,1	25,3	70,7
Muy de acuerdo	19	24,1	25,3	96,0
Muy en desacuerdo	3	3,8	4,0	100,0
Total	**75**	**94,9**	**100,0**	
Perdidos Sistema	4	5,1		
Total	**79**	**100,0**		

Tabla 16. Grado de acuerdo con programar a partir de la evaluación inicial.

En la tabla previa comprobamos que casi el 43% (f = 34) de los encuestados están de acuerdo con realizar la programación a partir de la evaluación inicial. Además el 24'1% (f = 19) manifiestan estar muy de acuerdo con esta aseveración. Sin embargo, también el 24'1% (f = 19) están en desacuerdo.

Si bien la mayor parte de los sujetos están de acuerdo o muy de acuerdo con la idea de programar a partir de la evaluación inicial al comienzo de la temporada, existe un importante porcentaje de entrenadores que están en desacuerdo con el enunciado del ítem. Observamos que una parte significativa de éstos no programan a partir de los resultados obtenidos en la evaluación inicial. Giménez (2003a), en cambio, encontró, no solo que la mayoría de los entrenadores de minibasket de Andalucía realizaba una evaluación inicial, sino que además programan a partir de ésta. Existe pues, una pequeña diferencia entre sus resultados y los nuestros, en cuanto a realizar la programación teniendo en cuenta los datos obtenidos en la evaluación realizada al principio de temporada. Quizás, este sea otro de los aspectos sobre los que se debería incidir en la formación de los entrenadores del fútbol base, ya que, como sabemos, toda programación ha de partir de un conocimiento real de la situación y nivel de partida de nuestros jugadores. Es importante conocer las ideas, conocimientos y experiencias previas de nuestros alumnos-jugadores (Kirk ,1983 y Rovegno y Bandhauer, 1997).

La competición y características psicoevolutivas

Se comprobó que el 39'2% (f = 31) de los encuestados dicen que la competición, en estas edades, está adaptada a las características psicoevolutivas de los jugadores. También un 15'2% (f = 12) manifestaron estar muy de acuerdo, mientras que el 31'6% (f = 25) estuvieron en desacuerdo y un 7'6% (f = 6) en muy desacuerdo.

Para la mayoría de los entrenadores encuestados, actualmente la competición se adapta a las características psicoevolutivas de los chicos y chicas de estas edades. No obstante, existe un significativo 39'2% que creen que la competición no está convenientemente adaptada a las características psicoevolutivas de los jugadores y jugadoras de estas edades. Lapresa, Amatria, Eguén, Arana y Garzón (2008) concluyeron su investigación manifestando que la competición 5 vs 5 en la categoría prebenjamín (niños de 6 años) no es adecuada en relación con la utilización del espacio (profundidad y amplitud) ni con las acciones técnicas demandadas en su práctica. Estos autores proponen como alternativa el fútbol 3 vs 3, aunque esto aún debe ser estudiado. Al respecto, hemos de decir que estamos de acuerdo con lo expresado por este último grupo de encuestados, ya que pensamos, al igual que Wein (1995 y 1998), que las exigencias de la competición sobrepasan las posibilidades de los niños y niñas, tanto físicas como psicológicas. Como ejemplo podemos citar el hecho de que el afán de ganar sobre todas las cosas, puede provocar en los jugadores y jugadoras frustraciones, desencantos, agresividad, etc., lo cual se aleja de la perspectiva educativa que venimos defendiendo a lo largo del presente trabajo. En este mismo sentido apuntan las consideraciones halladas por Giménez (2003a) en su estudio de los entrenadores de minibasket de Andalucía.

1.1.7. Dimensión: Personal

Entrenar y satisfacción personal

ENTRENAR Y SATISFACCIÓN PERSONAL	FRECUENCIA	%	% VÁLIDO	% ACUMULADO
Muy de acuerdo	45	57,0	58,4	58,4
De acuerdo	31	39,2	40,3	98,7
En desacuerdo	1	1,3	1,3	100,0
Total	77	97,5	100,0	
Perdidos Sistema	2	2,5		
Total	79	100,0		

Tabla 17 y Gráfica 12. Grado de acuerdo con la satisfacción personal de entrenar.

En la tabla previa podemos ver que el 57% (f = 45) de los encuestados están muy conforme con la afirmación de que entrenar en el fútbol base le reporta una gran satisfacción. Además, el 39'2% (f = 31) afirman estar de acuerdo.

Teniendo en cuenta los datos expuestos, a la gran mayoría de los entrenadores les reporta una gran satisfacción entrenar en el fútbol base. Esto coincide lo encontrado por Yagüe (1998) en entrenadores nacionales de Castilla y León, la mayoría de los cuales manifiestan entrenar por el «*gusto por el fútbol*». Este dato es muy importante, puesto que, pensamos, que para que la enseñanza del fútbol se realice correctamente es primordial que el entrenador está motivado hacia lo que hace. Si no hay motivación no se trabaja a gusto, y si no se trabaja a gusto la calidad del trabajo a realizar decae considerablemente. Esto está en consonancia con una de las demandas que se les suele hacer a los educadores deportivos, la cual hace referencia a que en ocasiones, están poco motivados (Tabernero et al., 2002).

Entrenar en un futuro en categorías superiores

En la tabla 18 precedente comprobamos que el 40'5% (f = 32) de los encuestados piensan, en un futuro, entrenar en categorías superiores. Además, el 20'3% (f = 16) afirman estar muy de acuerdo. No obstante, el 27'8% (f = 22) manifiestan estar en desacuerdo.

ENTRENAR EN CATEGORÍAS SUPERIORES	FRECUENCIA	%	% VÁLIDO	% ACUMULADO
De acuerdo	32	40,5	42,7	42,7
En desacuerdo	22	27,8	29,3	72,0
Muy de acuerdo	16	20,3	21,3	93,3
Muy en desacuerdo	5	6,3	6,7	100,0
Total	75	94,9	100,0	
Perdidos Sistema	4	5,1		
Total	79	100,0		

Tabla 18 y Gráfica 13. Grado de acuerdo con la intención de entrenar en categorías

Existe cierta división de opiniones, aunque el mayor porcentaje de los sujetos encuestados piensan, en un futuro, entrenar en categorías superiores (64%). Por otro lado, cabe destacar también que un total del 36% no piensa entrenar en categorías superiores en el futuro. Estos resultados están en consonancia con el planteamiento realizado por Gordillo (1992) cuando nos dice que muchos entrenadores consideran entrenar en la iniciación como un primer escalón en la formación de un técnico, el cual, normalmente, tiene como fin entrenar en categorías superiores. Al respecto, Wein (2007) nos dice que muchos entrenadores del fútbol base usan a sus jóvenes jugadores como un medio de trepar en la escalera social y profesional, dando prioridad a ganar más que al desarrollo del jugador. De estos datos podemos deducir que la mayoría de los entrenadores, por los motivos que sea, no tienen intención de seguir entrenando en el futuro en las categorías inferiores, con lo que nos encontramos con que son relativamente pocos los sujetos que entrenan en las categorías en las que realmente quieren entrenar y enseñar, lo cual no sabemos cómo incidirá en su motivación y en su enseñanza del fútbol.

1.1.8. Dimensión: Necesidades y demandas de formación

¿Está dispuesto a seguir formándose?

SEGUIR FORMÁNDOSE	FRECUENCIA	%	% VÁLIDO	% ACUMULADO
Sí	78	98,7	100,0	100,0
Perdidos Sistema	1	1,3		
Total	79	100,0		

Tabla 19. ¿Está dispuesto a seguir formándose?

En la tabla anterior podemos ver que la inmensa mayoría de los encuestados están dispuestos a seguir formándose, 98'7% (f = 78).

Como podemos apreciar, al igual que ocurría con el ítem anterior, todos los sujetos encuestados tienen disponibilidad para seguir formándose. Por tanto, y según los datos obtenidos, los entrenadores están dispuestos a seguir con su formación, lo cual nos parece tremendamente positivo.

1.2. Resultados procedentes del estudio estadístico de correlación

Edad y titulación académica

La edad está relacionada con la titulación académica, χ^2 (28, N=79) = 50,7, p = 0,005. La fuerza de asociación es media (V=0,401 con p=0,005 y C=0,626 con p=0,005). Los entrenadores entre 21 y 30 años tienen estudios secundarios, bachillerato o B.U.P. y C.O.U., son diplomados en Educación Física o tienen la F. P. Además conforme disminuye la edad también lo hace el número de entrenadores con titulación académica.

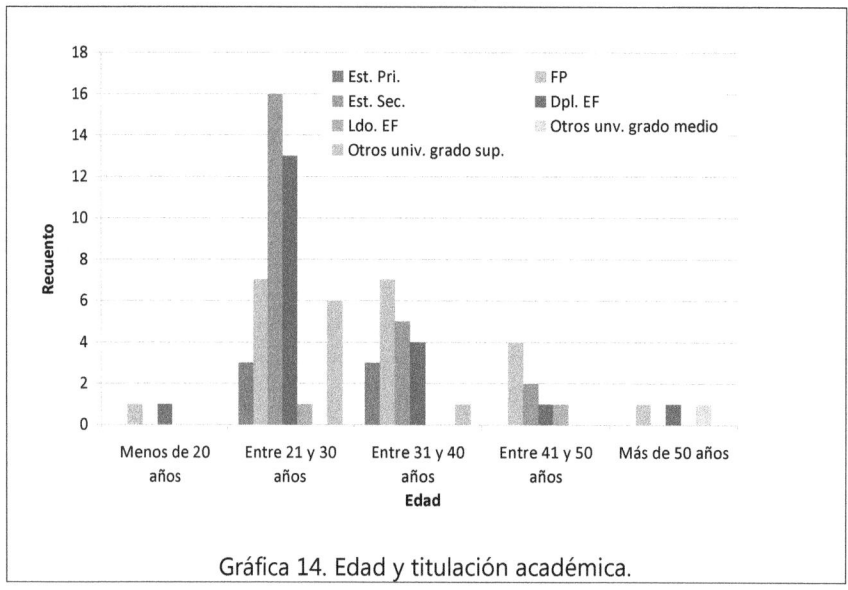

Gráfica 14. Edad y titulación académica.

Los entrenadores entre 21 y 30 años tienen estudios secundarios, bachillerato o B.U.P. y C.O.U., son diplomados en Educación Física o tienen la F. P. Además conforme disminuye la edad también lo hace el número de entrenadores con titulación académica (lo cual parece normal). Vemos que la mayoría de los entrenadores que tienen entre 21 y 30 años posee un nivel de estudios básico, quizás debido al hecho de que la inmensa mayoría de los encuestados es joven (ver apartado de análisis descriptivo).

Edad y titulación de fútbol

Observamos que la edad está asociada con la titulación de fútbol que poseen los entrenadores, χ^2 (16, N=79) = 31,3, p = 0,012. Esta relación presenta, pues, un grado de asociación no muy alta pero positiva y una significación de la d de Somer cercana al 0,05 (d=0,223 con p=0,062). Vemos que los entrenadores jóvenes de 21-30 años tienden a no tener titulación, a tener sólo el curso de iniciación aspirante a técnico deportivo, o a tener el primer nivel de entrenador de fútbol. También detectamos que a medida que aumenta la edad aumenta el número de entrenadores con mayor nivel de titulación.

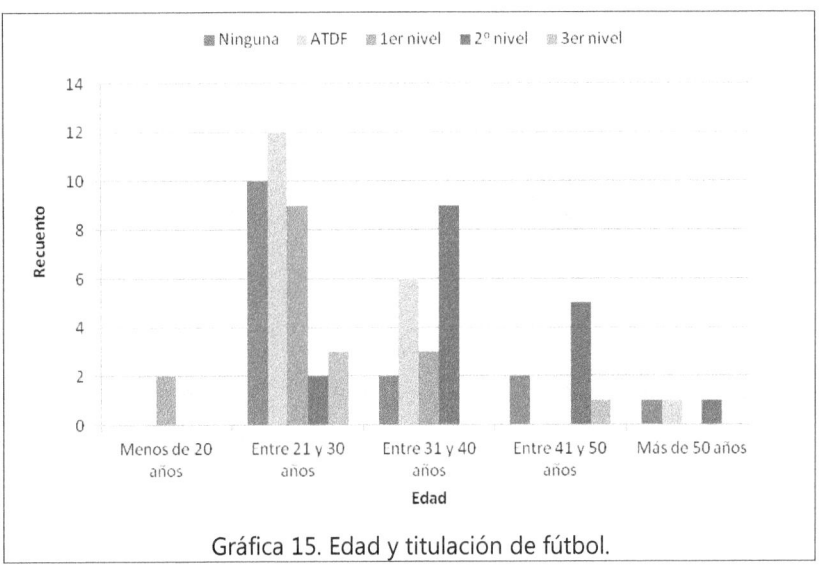

Gráfica 15. Edad y titulación de fútbol.

Vemos que los entrenadores jóvenes de 21-30 años tienden a no tener titulación, a tener sólo el curso de iniciación aspirante a técnico deportivo, o a tener el primer nivel de entrenador de fútbol. Este dato, y el hecho de que la mayoría de los encuestados pertenecen a este rango de edad, nos parece muy importante, ya que, dada la importancia de estar trabajando con niños y niñas entre 6 y 16 años (fútbol base), denota una clamorosa falta de formación de los entrenadores de fútbol base de la provincia de Huelva. Por otro lado, también detectamos que a medida que aumenta la edad aumenta el número de entrenadores con mayor nivel de titulación, lo cual puede parecer lógico, pero también puede mostrar cierto interés por mejorar la formación a medida que la edad aumenta.

Titulación académica e intención de entrenar en categorías superiores

Observamos que la titulación académica está asociada con el grado de acuerdo de los entrenadores con, en un futuro, entrenar en categorías superiores, χ^2 (15, N=79) = 32,7, p = 0,005. Esta asociación presenta un grado de relación fuerte e inversa y una significación de la d de Somer considerable (d=-0,270 con p=0,003). A menor nivel de estudios mayor acuerdo con entrenar en un futuro en categorías superiores, o también, a mayor formación académica menor acuerdo con entrenar en categorías mayores.

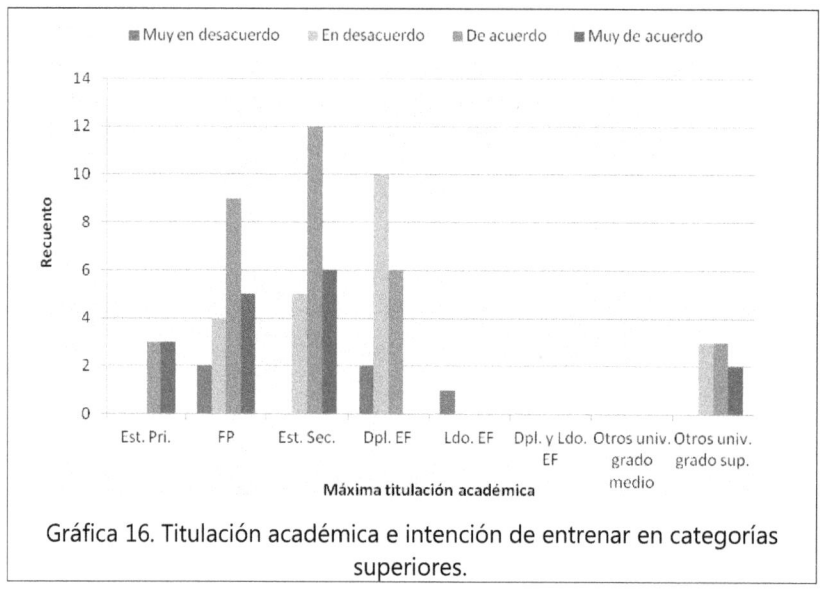

Gráfica 16. Titulación académica e intención de entrenar en categorías superiores.

A menor nivel de estudios mayor acuerdo con entrenar en un futuro en categorías superiores, o también, a mayor formación académica menor acuerdo con entrenar en categorías mayores. Quizás este hecho esté relacionado con que la mayoría de los encuestados son jóvenes y pretenden seguir formándose y continuar su carrera deportiva. En este sentido, Wein (2007) manifestó que muchos entrenadores en el fútbol base utilizan a sus jugadores principalmente como un medio de trepar en la escalera social y profesional. También cabe resaltar que la mayor parte de los entrenadores que son Diplomados en E.F. está en desacuerdo o muy en desacuerdo con entrenar en un futuro en categorías superiores, lo cual puede ser debido a su formación pedagógica.

Máxima titulación de fútbol y otras titulaciones deportivas

Existe una relación significativa entre la máxima titulación de fútbol y otras titulaciones deportivas, χ^2 (36, N=79) = 54,6, p = 0,024. La fuerza de asociación que han mostrado las variables tiene un valor alto (V=0,806 con p=0,024 y C=0,850 con p=0,024). Son mayoría los entrenadores que han realizado el curso de iniciación, el de primer nivel y el de segundo nivel que, a su vez, tienen el título de entrenador de deportes colectivos como el fútbol sala y el baloncesto. Son mayoría los entrenadores que han realizado el curso de iniciación, el de primer nivel y el de segundo nivel que, a su vez, tienen el título de entrenador de deportes colectivos como el fútbol sala y el baloncesto. Como vemos, parece ser que los entrenadores que tienen otra titulación deportiva diferente a la de fútbol, se decantan, en su mayoría, por deportes de la misma familia (colectivos o de cooperación-oposición).

Categoría/s en la/s que entrena y los resultados en las competiciones

Hay una asociación significativa entre las categoría/s en la/s que entrenan los entrenadores y el grado de acuerdo de los entrenadores acerca de la importancia de los resultados en las competiciones, χ^2 (42, N=79) = 59,8, p = 0,036. La fuerza de asociación que han mostrado las variables tiene un valor medio (V=0,523 con p=0,036 y C=0,671 con p=0,036). Los entrenadores que entrenan en las categorías más pequeñas, pre-benjamín, benjamín y alevín, son los que menos están de acuerdo con que los resultados obtenidos por su equipo en las competiciones son muy importantes.

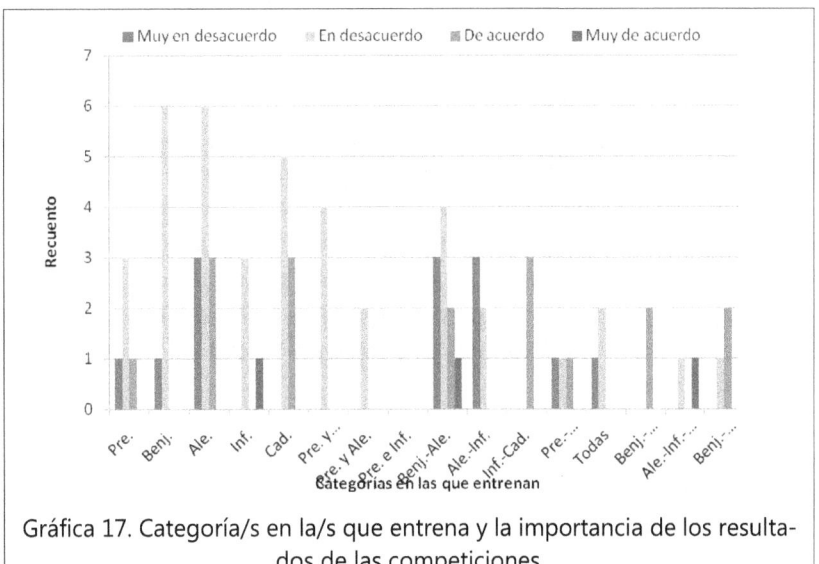

Gráfica 17. Categoría/s en la/s que entrena y la importancia de los resultados de las competiciones.

Los entrenadores que entrenan en las categorías más pequeñas, prebenjamín, benjamín y alevín, son los que menos están de acuerdo con que los resultados obtenidos por su equipo en las competiciones son muy importantes. Esto no deja de ser alentador puesto que pensamos que en estas edades se debe priorizar la formación respecto a la competición.

La/s categoría/s en la/s que entrena y los objetivos que me planteo en estas edades son fundamentalmente educativos

Observamos una asociación significativa entre las categoría/s en la/s que entrenan los entrenadores y la opinión de los entrenadores respecto al planteamiento de objetivos educativos, χ^2 (42, N=79) = 64,2, p = 0,015. La fuerza de asociación que han mostrado las variables tiene un valor algo superior al medio (V=0,542 con p=0,015 y C=0,684 con p=0,015). Son las categorías Benjamín y Alevín las que cuentan con un grado de acuerdo considerable respecto al planteamiento por parte de los entrenadores de objetivos educativos, lo cual, de nuevo, nos parece alentador, puesto que pensamos que en las categorías inferiores han de prevalecer dicho tipo de objetivos.

La/s categoría/s en la/s que entrena y entrenar en el fútbol base me reporta una gran satisfacción

Hay una relación significativa entre las categoría/s en la/s que entrenan los entrenadores y el grado de acuerdo de los entrenadores acerca de la satisfacción que le reportan entrenar en el fútbol base, χ^2 (28, N=79) = 44,0, p = 0,027. La fuerza de asociación que han mostrado las variables tiene un valor superior al medio (V=0,546 con p=0,027 y C=0,611 con p=0,027). De nuevo, los entrenadores de las categorías Benjamín y Alevín son los que están más de acuerdo con que entrenar en el fútbol base les reporta una gran satisfacción. Según observamos, en general, e independientemente de la categoría, los entrenadores de fútbol base de la provincia de Huelva están de acuerdo o muy de acuerdo con que entrenar en este ámbito les reporta una gran satisfacción. No obstante, los entrenadores de las categorías Benjamín y Alevín son los que están más de acuerdo con esta afirmación. Este hecho nos parece muy importante, ya que para desempeñar adecuadamente un trabajo debemos estar motivados, lo cual se acrecienta si trabajamos con niños y niñas de estas edades.

Una vez expuestos y analizados los resultados obtenidos con el cuestionario, tanto desde el punto de vista descriptivo como de correlación, pasamos a exhibir aquéllos procedentes de de la entrevista.

2. ANÁLISIS DE LOS RESULTADOS DE LA ENTREVISTA

En este apartado presentamos los resultados hallados en las entrevistas realizadas a diez expertos en el fútbol base y en la formación de los entrenadores de fútbol. Concretamente, fueron entrevistados cinco expertos en la formación de entrenadores y los cinco coordinadores de las canteras (fútbol base) de los clubes más representativos de la Comunidad Autónoma de Andalucía. Quisiéramos añadir que el guión de la entrevista fue elaborado partiendo de las dimensiones del cuestionario aplicado a entrenadores de fútbol base de la provincia de Huelva (ver anexo), y que, partiendo de los resultados obtenidos en éste, fueron diseñadas las categorías, subcategorías y las preguntas de la misma.

En cuanto a los resultados, éstos serán expuestos y analizados siguiendo el orden de las diferentes dimensiones, categorías y subcategorías, tal como aparecen en la siguiente tabla, en la que, además, hemos añadido la frecuencia obtenida en cada una de ellas. Nos referiremos fundamentalmente, por motivos de espacio, a los resultados más destacados.

DIMENSIÓN	CATEGORÍAS	SUBCATEGORÍAS	FRECUENCIA	SUB-TOTAL
PERSONAL	Motivos	Económicos	12	129
		Promoción	21	
		Satisfacción	15	
	Entrenador iniciación	Importancia	17	
		Características/perfil	64	
VARIABLES SOCIODEMO-GRÁFICAS	Género		9	47
	Edad		13	
	Nivel de Estudios		11	
	Ser o haber sido jugador		14	
EXPERIENCIA DOCENTE	Importancia		16	47
	Años entrenando		3	
	Categorías Entrenamiento		28	
FORMACIÓN INICIAL	Importancia		42	172
	Titulación	Específica de Fútbol	45	
		Académica de Educación Física	33	
	Contenidos Curso Entrenadores	Utilidad	27	
		Contenidos que pueden mejorar	25	

DIMENSIÓN	CATEGORÍAS	SUBCATEGORÍAS	FRECUENCIA	SUB-TOTAL
FORMACIÓN PERMANENTE	Importancia		26	69
	Estrategias de Formación		43	
CONCEPCIÓN ENSEÑANZA DEL FÚTBOL	Competición	Importancia	35	118
		Adaptación	41	
	Objetivos		42	
METODOLOGÍA	Métodos de Enseñanza		46	144
	Programación		41	
	Juegos Reducidos		21	
	Evaluación		36	
NECESIDADES DE FORMACIÓN	Contenidos Necesarios		27	27
TOTAL				753

Tabla 20. Dimensiones, categorías, subcategorías y frecuencias.

Como podemos ver, las dimensiones que aportan mayor número de unidades de análisis son las que hacen referencia a la Formación Inicial, Metodología, Personal y Concepción de la Enseñanza del Fútbol. Por el contrario, las que menos aportan son las de Necesidades de Formación, Variables Sociodemográficas y Experiencia Docente.

2.1. Dimensión personal

La mayoría de los expertos que realizan contribuciones a esta categoría, piensa que los entrenadores de fútbol base no se dedican a esto principalmente por dinero.

> Motivos económicos no. Porque la rentabilidad económica y las gratificaciones que reciben en estas categorías no les solventan mucho (Ignacio, párr. 7).

Estos datos están en consonancia con los apuntados en la investigación de Giménez (2003a) respecto a los entrenadores de minibasket de Andalucía. Si bien parece que en un primer momento los entrenadores no comienzan a entrenar por motivos económicos, parece que, posteriormente esta idea cambia, ya que algunos de los entrevistados creen que en ocasiones las intenciones futuras de los entrenadores de fútbol base es ganar dinero entrenando en categorías superiores. Otro aspecto que destacan algunos de los expertos es el hecho de que en estas categorías se paga poco (cuando se paga), tal como expuso Morcillo (2004b), lo cual es una situación que debería mejorar y reconsiderarse, porque de esta manera los entrenadores mejor formados y con más experiencia no tenderán a entrenar en otras categorías donde se cobre.

La mayoría de los expertos entrevistados consideran que una de las principales razones por la que los entrenadores se dedican a entrenar y a enseñar el fútbol, es la satisfacción personal.

> Hombre yo creo que en un principio.... En un principio es porque le gusta, y por satisfacción personal. Porque en el fútbol base, pues, no se gana dinero (Baltasar, párr. 6).
> Muchos es el sentido vocacional, pasión por el fútbol... (Ignacio, párr. 7).

Esto coincide con lo encontrado por Yagüe (1998) en entrenadores de fútbol nacionales de Castilla y León, la mayoría de los cuales manifestaron entrenar por el «*gusto por el fútbol*». También está en relación con lo hallado por Morcillo (2004b), donde los entrenadores de fútbol base afirmaron que se dedicaban a entrenar por el gusto de trabajar con niños y por el entusiasmo que sienten al entrenar. Este dato es muy importante, puesto que, pensamos, que para que la enseñanza del fútbol se realice correctamente es primordial que el entrenador está motivado hacia lo que hace. Si no hay motivación no se trabaja a gusto, y si no se trabaja a gusto la calidad del trabajo a realizar decae notablemente. Esto está en consonancia con una de las demandas que se les suele hacer a los educadores deportivos, la cual hace referencia a que en ocasiones, están poco motivados (Tabernero et al., 2002). Giménez (2003a) halló que el principal motivo por el que los entrenadores y monitores de minibasket de Andalucía era el «*gusto por entrenar*», mientras que el «*gusto por enseñar*» aparece en segundo lugar. También Stewart y Sweet (1992), en su estudio sobre entrenadores de diferentes deportes en Montana (EE.UU), encontraron que la gran mayoría de entrenadores manifiesta dedicarse a entrenar por su amor a los niños y por «*placer personal*». Podemos pensar, pues, que todos los entrenadores, en principio, tienen una gran motivación para la realización de sus tareas docentes, lo cual contemplamos como muy positivo e importante.

Además, dentro de la variedad de motivos que pueden llevar a un entrenador a dedicarse a entrenar en el fútbol base, quizás uno de los principales sea el deseo de promocionarse y entrenar arriba, en categorías superiores, tal como exponen la mayoría de los entrevistados.

> Eh..., porque, sobre todo en el mundo del fútbol, eh... aquellos que intentan acceder a los cursos de técnicos deportivos desde los primeros

> momentos del curso ya pretenden entrenar a equipos de la máxima categoría ¿no? La verdad es que yo creo que falta una concienciación... para que estos chicos sean atendidos, pues, por personas que estén bien cualificadas (Carlos, párr. 3).

Morcillo (2004b) destacó la influencia que sobre la formación del jugador pueden tener las expectativas de futuro que el entrenador tenga. Estos resultados están en consonancia con el planteamiento realizado por Gordillo (1992) cuando nos decía que muchos entrenadores consideran entrenar en la iniciación como un primer paso en la formación de un técnico, el cual, normalmente, tiene como fin entrenar en categorías superiores. Al respecto, Wein (2007) piensa que muchos entrenadores del fútbol base usan a sus jóvenes jugadores como un medio de trepar en la escalera social y profesional, dando prioridad a ganar más que al desarrollo del jugador. Además, cabe destacar, tal como manifiestan algunos de los entrevistados, el gran poder que tienen sobre los niños, y también sobre los entrenadores, los medios de comunicación, los cuales hacen que se piense que el entrenar en equipos y categorías importantes lleva consigo la adquisición de dinero y prestigio. Por este motivo, cabe pensar que, a veces, el deseo de promocionarse y el de entrenar por motivos económicos van de la mano.

Una de las posibles consecuencias o inconvenientes que puede tener esta situación, tal como expone Fernando, es que directa o indirectamente salen perjudicados los chicos y chicas que están practicando el fútbol.

> La promoción profesional, y entrenar en categorías superiores puede coincidir, creo que... es un problema o inconveniente para la adecuada dinámica formativa (Fernando, párr. 8).

Por otro lado, todos los expertos entrevistados consideran muy importante la figura del entrenador a la hora de iniciar a los chicos y chicas en el deporte, tanto desde el punto de vista educativo, como desde el prisma de formación deportiva.

> Me parece una labor crucial, yo soy de los que piensa que el quid de la cuestión está en las primeras etapas de formación, tanto si lo vemos desde una vertiente educativa, donde esas experiencias con esas edades..., son fundamentales, que sean educativas y formativas, como si se están poniendo los cimientos para lo que los jugadores, aunque sea una minoría, puedan llegar a la elite. Yo creo que ambas cosas son relativamente compatibles (Álvaro, párr. 3).

Todos los expertos entrevistados, pues, consideran muy importante la figura del entrenador a la hora de iniciar a los chicos y chicas en el deporte, tanto desde el punto de vista educativo, como desde el prisma de formación deportiva. Para Wein (2005a) el fútbol base no necesita técnicos, sino formadores, los cuales han de formar jóvenes personas sin fijarse en los resultados y en la clasificación del equipo. Además, algunos de los entrevistados consideran importante al entrenador porque éste representa un modelo o ejemplo a seguir para los chavales. En este sentido, Arnold (1990) añade que el profesor-entrenador ha de ser consciente de su rol, *«debe comprender que posiblemente el modo en que él mismo se comporte en el campo de deportes sea tan captado como enseñado»* (p. 90). También Sisley y Wiese (1987) nos recuerdan que el entrenador es el factor más importante que influye sobre el deportista, sirve como modelo y ejerce gran influencia en la formación de actitudes y valores. Según Lago (2001a) en la iniciación deportiva debemos ser conscientes de los valores educativos que puede tener ésta, ya que esta consideración favorecerá la adecuada formación de los deportistas. Woodman (1993) manifiesta que el rol del entrenador en la iniciación es proporcionar un ambiente de práctica y de competición que asegure un desarrollo secuencial y una maestría en las habilidades básicas, además de diversión y participación. Por su parte, Gómez Benítez y Morillas (2001) destacan la importancia del papel del entrenador en la iniciación deportiva porque éste determinará las primeras experiencias del chico o chica, sentará las bases para su ulterior desarrollo como deportista y como persona y porque estimulará a los chavales hacia la práctica deportiva. No obstante, y teniendo en cuenta la opinión de algunos expertos entrevistados, a pesar de la gran importancia que tiene el entrenador, en la realidad, parece que las personas que se encuentran entrenando a niños y niñas, en general, no son las más adecuadas. Este hecho, quizás, hace que muchos chicos y chicas abandonen prematuramente la práctica deportiva. En este sentido Feltz (1992), citado por S. Jiménez (2008), tras realizar una investigación, señaló que el 80% de los niños que se inician en el deporte, al poco tiempo lo abandonan. Entre las causas más destacadas aparece la actuación del entrenador, puesto que el 60% lo hace debido a su conducta punitiva, malos tratos, falta de refuerzos, prejuicios, entrenamientos excesivos y otros comportamientos negativos del entrenador. Todas estas conductas pueden ser paliadas de alguna forma a través de una adecuada formación. Como vemos la figura del entrenador es de vital importancia y su formación, decisiva, por lo que es menester estudiarla, analizarla y, si es posible, mejorarla.

A pesar de la gran importancia que tiene el entrenador, en la realidad, muchas veces, parece que las personas que se encuentran entrenando a niños y niñas, en general, no son las más adecuadas.

> Eh..., vamos, bajo mi punto de vista, creo que es muy importante. El que los chicos, no solamente se puedan iniciar y puedan realizar las actividades más convenientes para su edad, sino también saber encauzarlos y saber motivarlos y hacerles interesante la actividad, para mí es fundamental. Por ello, la persona que está al frente de esta iniciación deportiva debería ser una persona cualificada ¿no? Pero la realidad es que nos encontramos con una situación bien distinta ¿no? (Carlos, párr. 3).

Respecto a las características/perfil del entrenador, destacamos, en primer lugar, el hecho de que el entrenador de fútbol base ha de cubrir numerosas facetas.

> Ahí, muchas veces en el fútbol base, nos estamos encontrando con un técnico que, además de ser un buen psicólogo, además de ser un buen relaciones públicas, de llevarse bien con la familia, eh... pues también es un educador, y es un poco de todo ¿no? Es un técnico, es un táctico, es un preparador físico, es un psicólogo, y, además, es un buen relaciones públicas, ¿no? (Carlos, párr. 21).

La principal característica que tiene que tener el entrenador de fútbol base es que debe ser un educador.

> Fundamentalmente... personas con una cierta formación, eh... con un perfil de educador, eh... que entienden que el deporte de base, pues, puede ser un medio de prolongar o de ampliar ese aspecto educativo que estos chicos están recibiendo en los centro educativos. Entonces, yo creo que la vocación es más educativa que deportiva (Carlos, párr. 6).

Además, la mayoría de los expertos entrevistados consideran que el entrenador que desarrolla su labor en el fútbol base ha de tener una serie de habilidades personales y sociales como saber relacionarse con los padres, inquietud por aprender y por mejorar, vocación, motivación, saber transmitir, dar importancia a los valores, saber relacionarse con los demás...

Según algunas de las personas entrevistadas, además de lo mencionado anteriormente, el entrenador de fútbol base debe tener una formación o preparación adecuada.

> En líneas generales, las capacidades de que debe disponer el entrenador de fútbol base tipo, pueden ser: conocimiento profundo del juego

> (fútbol), conocimientos didácticos (estructuración, selección de contenidos, etc.), conocimiento didáctico en relación a intervención didáctica (modelos de enseñanza, estilos y técnicas de enseñanza,...), conocimiento de la evolución infantil y capacidad de adaptación (Fernando, párr. 13).

Otro aspecto relevante respecto a las características y el perfil del entrenador de fútbol base es el género (como veremos en la dimensión *variables sociodemográficas*). Según parece, poco a poco la figura de la mujer va teniendo más presencia.

> Bueno, el perfil de ahora es bastante correcto, pero debe haber más implicación de la mujer en la enseñanza puesto que el fútbol femenino es un boom importante. El presidente de la UEFA dice que el fútbol femenino se está desarrollando tres veces más rápido que el fútbol masculino, que está bastante desarrollado. De hecho, cada vez hay más equipos del fútbol femenino y, concretamente, en Andalucía hay un programa muy importante de desarrollo del fútbol femenino. Y de aquí a pocos años, habrá más mujeres seguro (Horacio, párr. 11).

Como vemos, el entrenador de fútbol base ha de cubrir numerosas facetas. La principal característica que tiene que tener el entrenador de fútbol base es que debe ser un educador. Este dato coincide con la opinión generaliza existente entre los estudiosos, tanto de la iniciación deportiva, en general, como del fútbol, en particular. Esta noción del entrenador del deporte base, coincide con la de Solana (2004). En este mismo sentido se expresan Antonelli y Salvini (1978), citados por F. Jiménez (2003), quienes consideran al entrenador como un pedagogo, sobre todo en la iniciación deportiva. Según Lago (2001a) en la iniciación deportiva debemos ser conscientes de los valores educativos que puede tener ésta, ya que esta consideración favorecerá la adecuada formación de los deportistas. Por su parte, Moreno (1997) pone énfasis en la consideración del entrenador como un educador en el sentido completo y fiel de la palabra. Según Coca (1998/99) la labor que tiene que realizar el educador es muy ardua y compleja, por lo que es necesario motivar y preparar permanentemente a los educadores, sin olvidar que, como educadores, tenemos que tener claro que más importante que la realización del gesto técnico en sí, es lo que sucede por dentro al niño o niña al realizar ese gesto técnico. En este sentido, Parra et al. (2002) añaden que el monitor-entrenador ha de ayudar al alumno a crecer y a sentar los cimientos de su personalidad, donde el deporte tendrá un papel importante, sin duda. En la misma línea se expresaba Cagigal (1981, p. 195) cuando manifestaba que «*el educador del niño, el rol más delicado, difícil y trascendental entro todos los status profesionales –por consiguiente el que mejor retribuido debería estar– tiene la asombrosa, la desconcertante misión de meter el cincel en carne viviente. Carne que ríe y llora, que es ya ser humano cuando se está construyendo».* Giménez (2003a) propone que la tarea deportiva de un entrenador sólo podrá ser concebida dentro de una perspectiva educativa, y que, por tanto, el entrenador se convierte en un elemento clave planteando unos objetivos y una metodología adecuada. Por todo esto, y con razón, Coca (2005) manifiesta que *«ser entrenador es una papeleta muy exigente tanto desde el punto de vista humano como desde el punto de vista técnico».* Para Hahn (1988, p. 40) *«el entrenador es el nexo de unión entre el niño y el deporte... Esto deja claro que su responsabilidad pedagógica es más importante que su papel en la dirección del entrenamiento tecnomotriz».*

Por todo lo expresado arriba, no es de extrañar que la mayoría de los expertos entrevistados consideren que el entrenador que desarrolla su labor en el fútbol base ha de tener una serie de habilidades personales y sociales como saber relacionarse con los padres, inquietud por aprender y por mejorar, vocación, motivación, saber transmitir, dar importancia a los valores, saber relacionarse con los demás... Esto coincide con los datos obtenidos por Morcillo (2004b). En definitiva, tal como manifiestan algunas de las personas entrevistadas, además de lo mencionado anteriormente, el entrenador de fútbol base debe tener una formación o preparación adecuada. Pero también, como pone de manifiesto el estudio de Martin, Dale y Jackson (2001), muchas veces los chicos y chicas demandan del entrenador que éste tenga una formación adecuada desde el punto de vista deportivo, es decir, que proporciona prácticas pedagógicas efectivas y que sea capaz de realizar las habilidades requeridas para el deporte en cuestión.

Otras características que han de tener los entrenadores, según algunos de los encuestados, son aquéllas relacionadas con aspectos relativos a la experiencia y a la edad de los entrenadores de fútbol base. Para éstos es importante que el entrenador tenga experiencia y sea de una edad avanzada. Otro aspecto relevante respecto a las características y el perfil del entrenador de fútbol base es el género (como veremos, a continuación, en la dimensión *variables sociodemográficas*). En este sentido, cabe destacar que, según parece, poco a poco la figura de la mujer va teniendo más presencia. A continuación exponemos los resultados más destacados de esta dimensión.

Figura 10. Principales resultados de la dimensión Personal.

2.2. Dimensión variables sociodemográficas

La mayoría de los entrevistados coinciden en destacar el hecho de que el género masculino de los entrenadores de fútbol base es el que predomina, mientras que la figura de la mujer tiene aún una presencia escasa.

> Fundamentalmente..., nos encontramos, eh... con, fundamentalmente, con el sexo masculino ¿no?, o con el género masculino (Carlos, párr. 11).

Aún así, parece ser que cada vez se ven más mujeres que se dedican a entrenar en el fútbol base, lo cual puede estar relacionado con que poco a poco hay más mujeres jugadoras. Es decir, A medida que aumenta el número de jugadoras aumenta también el número de entrenadoras.

> Pero bueno, se ve poco a poco cómo hay ya..., yo lo veo también desde la facultad, cómo ya hay cada vez más mujeres que les gusta el tema y, sobre todo, va a depender mucho, me temo, de que haya jugadoras de fútbol para que haya entrenadoras. Es decir, va a haber una relación directa entre participantes jugadoras con entrenadoras, porque todavía no existe la posibilidad, o por lo menos, la, vamos a decir, la confianza en una mujer a la hora de llevar equipos masculinos ¿no? (Enrique, párr. 11).

La mayoría de los entrevistados, destacan el hecho de que el género masculino de los entrenadores de fútbol base es el que predomina, mientras que la figura de la mujer tiene aún una presencia escasa. Esto está en relación con lo encontrado por otros autores en otros estudios semejantes al nuestro (Feu, 2004; Giménez, 2003a; Gutiérrez, 2007; Ibáñez et al., 1997; F. Jiménez, 2000a y b; Nuviala, 2003; Nuviala et al., 2007; Sage, 1989; Saura, 1996 y Yagüe, 1998), los cuales se refieren a la mayor presencia de hombres tanto en la docencia de la Educación Física como en el Deporte. Aunque, en el caso de la enseñanza del fútbol base, y en nuestro estudio, este predominio es notable. Al respecto, Jones (1992) obtuvo datos muy parecidos a los nuestros con entrenadores ingleses que trabajan en el fútbol base en campamentos de verano de Estados Unidos. De esta manera, no es de extrañar, pues, tal como manifiestan Gilbert y Trudel (2004a), que existan pocos estudios sobre entrenadoras. Aún así, parece ser que cada vez se ven más mujeres que se dedican a entrenar en el fútbol base. Esto, a nuestro juicio, parece positivo y alentador y, quizás, pueda estar relacionado con que poco a poco hay más mujeres jugadoras. Es decir, A medida que aumenta el número de jugadoras puede también aumentar el número de entrenadoras.

Por otra parte, según se desprende del estudio de Martin et al. (2001), normalmente a la mayoría de los chicos y chicas ni a sus padres les preocupa demasiado que el entrenador sea hombre o mujer, con lo que, quizás, esta mayor presencia de hombres entrenando en el fútbol base no sea tan significativa en ese sentido.

En cuanto a la edad de los entrenadores, una cuestión importante es que existe una clara tendencia a que los entrenadores del fútbol base sean cada vez más jóvenes, así lo manifiestan Enrique y Horacio.

> Bueno, vamos a ver, en esa cuestión, primero: cada vez los entrenadores son más jóvenes, con lo cual tengo la sensación de que muchos chicos que no han podido ser jugadores, pues, les va a interesando ¿no?, y, entonces, en ese sentido, los niveles de la edad de los que quieren entrar en los cursos, etc., son cada vez menores (Enrique, párr. 11).

Según observamos en nuestros datos, en cuanto al nivel de estudios de los entrenadores de fútbol base, existe una gran variabilidad.

> Y el nivel de estudios suele presentar una gran variabilidad. Te encuentras gente que tiene un nivel de estudios universitarios, y otra

gente que no tiene, en absoluto, nivel de estudios, otros que tienen, al menos, hasta la enseñanza obligatoria (Genaro, párr. 9).

Muchos de los sujetos entrevistados coinciden en que, respecto a la edad de los entrenadores de fútbol base, existe gran variabilidad. Unos afirman que prevalecen los jóvenes, coincidiendo con otros trabajos (Álamo et al., 2002a; Feu, 2004; Giménez, 2003a; Gutiérrez, 2007; Ibáñez et al., 1997; F. Jiménez, 2000a y b; Jones, 1992; J. Martínez, 1995; Nuviala et al., 2007; Saura, 1996 y Tabernero et al, 2002). Mientras que otros aseveran que son los mayores los que abundan. Por su parte, algún experto manifiesta que la edad ideal para ser entrenador en el fútbol base es una edad media, es decir, ni jóvenes ni mayores. En este sentido, Martin et al. (2001) encontraron en su investigación que a jugadores padres y madres de éstos (tanto a unos como a otros) no les importaba demasiado la edad de sus entrenadores. Aún así, los chicos y chicas, cuando tienen ocasión de elegir, prefieren entrenadores entre 20 y 30 años, mientras que sus padres los prefieren entre 31 y 40 años.

Por otro lado, también tenemos que destacar que existe cierta tendencia o evolución hacia que los entrenadores de fútbol base tengan una mayor preparación académica, a lo que parece haber contribuido la llegada de los Diplomados y Licenciados en Educación Física.

> Probablemente cada vez hay más nivel de universitarios, ahora mismo hay más gente que tiene estudios ¿no?, cada vez hay más. Eso sí que puedo decir, que a lo largo de los años sí se ve una evolución hacia gente que tiene más estudios a la hora de hacer los cursos de entrenadores (Enrique, párr. 11).

La mayoría de los expertos consideran que gran parte de los entrenadores de fútbol base son exjugadores de fútbol.

> Eh... hay una, lo que yo más conozco en el mundo del fútbol, eh... habitualmente son exjugadores de fútbol, independientemente de que hayan sido profesionales o no, o simplemente de equipos amateur ¿no?, que quieren... una forma de continuación, de continuar su actividad dentro del mundo del fútbol ¿no? Para mí ese es, digamos, un porcentaje bastante elevado (Carlos, párr. 9).

Si bien esto se produce cuando hablamos del fútbol base en general, cuando nos centramos en las canteras de los equipos más destacados que tienen un equipo en primera división, este predominio es aún mayor.

En las canteras más reconocidas de España, posiblemente a partir de infantil, pues el ex-jugador es el perfil que predomina ¿no? Yo creo que no tiene demasiado, posiblemente, sentido, porque, realmente, de lo que se trataría es de evaluar las capacidades que se tienen o no se tienen como entrenador, independientemente de lo que acabamos de decir anteriormente. Pero sí que, posiblemente, si analizamos los entrenadores de las canteras de España, pues, posiblemente, esa clasificación mínima y breve que he hecho, igual es algo cierta (Fernando, párr. 11).

La mayoría de los expertos, pues, estiman que gran parte de los entrenadores de fútbol base son exjugadores de fútbol. Estos datos muestran la relación existente entre el ser o haber sido jugador de fútbol y dedicarse a ejercer como entrenador. En relación con lo que acabamos de afirmar, Giménez (2003a) obtuvo en su investigación que la gran mayoría de los entrenadores de minibasket de Andalucía han sido jugadores de baloncesto; Feu (2004) encontró datos muy parecidos con los entrenadores nacionales de balonmano. Igualmente Saura (1996) en su investigación, detectó que muchos de los entrenadores escolares de las Comarcas de Lleida eran practicantes o ex-practicantes de los distintos deportes colectivos. Datos similares encontró también Sage (1989) en su estudio de entrenadores en EE.UU. En este sentido Martin et al. (2001), tras su estudio en varios deportes, manifestaron que tanto los chicos y chicas, como sus padres, exigían, entre otras cualidades, que sus entrenadores pudiesen realizar las habilidades y destrezas requeridas para el deporte, lo cual, a nuestro juicio, está íntimamente relacionado con haber sido jugador de ese deporte. Además, según se desprende de los datos de nuestro estudio, si bien esto se produce cuando hablamos del fútbol base en general, cuando nos centramos en las canteras de los equipos más destacados que tienen un equipo en primera división, este predominio es aún mayor. Jiménez y Lorenzo (2009) encontraron al respecto, que muchos de los entrenadores, en este caso de baloncesto, señalaban que su etapa como jugador fue muy importante ya que podrían haber aprendido mientras observaban a sus entrenadores. Esta apreciación es también considerada por Cushion (2006), Jones, Armour y Potrac (2003) y Werthner y Trudel (2006).

También, a los entrenadores de fútbol base se les pide algo más que haber sido jugador al fútbol. Es decir, hay una necesidad de que el entrenador que haya sido jugador tenga también una titulación y una formación adecuada (Mills y Dunley, 1997). Nos queda claro, pues, que para ser entrenador del fútbol base no es imprescindible haber sido jugador federado, pero que si así ha sido, mejor, pues contará con cierta experiencia que les facilitará su labor como entrenador. A continuación exponemos esquemáticamente los principales resultados de la dimensión Variables Sociodemográficas.

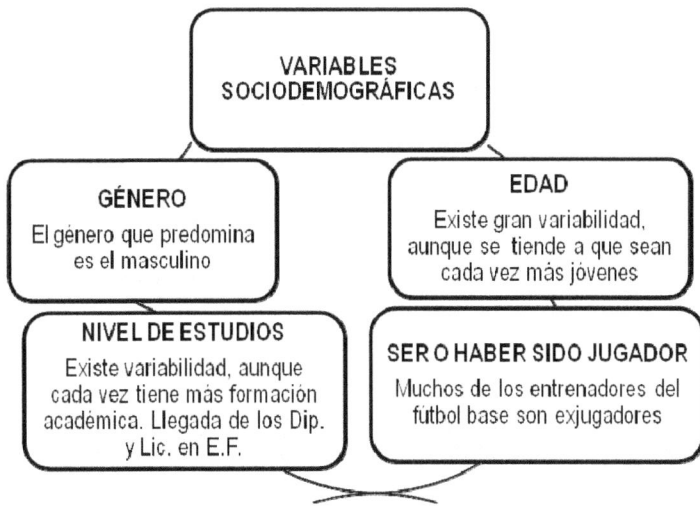

Figura 11. Principales resultados de la dimensión Variables Sociodemográficas.

2.3. Dimensión experiencia docente

Los expertos entrevistados, en general, le dan bastante importancia al hecho de tener experiencia para entrenar en el fútbol base.

> Bueno, creo que es bastante importante porque cada niño es diferente, cada niño es de una familia diferente, y, bueno, yo creo que, por lógica, el entrenador cuanto más situaciones y más niños haya manejado, pues, le ayudará a resolver situaciones ¿no? (David, párr. 14).

En este sentido, destacamos el hecho de que la propia experiencia se convierte en una de las fuentes primarias de conocimiento para los entrenadores (Abraham, Collins y Martindale, 2006 y Cushion et al., 2003). En este sentido, Cushion (2006) es partidario de aprovechar el valor o fuerza de esta experiencia en la formación y desarrollo de los entrenadores. También Jones et al. (2003) dan gran importancia a la experiencia de los entrenadores. Aunque, por otra parte, tal como señalan Cassidy y Rossi (2006), no sólo con la experiencia es suficiente, porque ésta, a veces, puede no ser efectiva. Al respecto cabe decir que, la experiencia es muy importante en la formación de los entrenadores y en el desarrollo de su labor, aunque, también es cierto, que se necesita otros aspectos como formación adecuada, habilidades personales y sociales, etc., tal como veíamos más arriba. Además, Normalmente los entrenadores de fútbol base llevan entrenando pocos años.

> Eh..., la realidad es que te encuentras que los entrenadores con más experiencia, o más oportunistas, están entrenando en las máximas categorías ¿no? Eh... y muy poca gente con mucha experiencia está trabajando en el deporte de base (Carlos, párr. 16).

Normalmente los entrenadores de fútbol base llevan entrenando pocos años, lo cual significa que un gran número de entrenadores del fútbol base tiene poca experiencia. Estos datos se corresponden con los hallados por Feu (2004), quien encontró que la mayoría de los entrenadores de balonmano de España tiene entre 0 y 5 años de experiencia. Esto está en relación con los resultados obtenidos por Jones (1992) en entrenadores ingleses que entrenan en el fútbol base en campamentos de verano en Estados Unidos. Este mismo autor manifestó que el hecho de que muchos entrenadores sean jóvenes, hace que éstos tengan pocos años de experiencia. Aunque nuestros datos, sin embargo, contrastan con los obtenidos por Nuviala (2003), sí coinciden en gran parte con los obtenidos por F. Jiménez (2000a y b), quien estudió el perfil profesional de los técnicos deportivos de Tenerife; con los que obtuvo Giménez (2003a) en relación con los entrenadores de minibasket en Andalucía; con los encontrados por Saura (1996) entre los entrenadores escolares de las Comarcas de Lleida; y con los resultados de Gutiérrez (2007) en los entrenadores de fútbol de la Comunidad de Madrid. También Nuviala et al. (2007) obtuvieron similares resultados con los técnicos deportivos de la provincia de Huelva. Además, hallaron resultados similares Stewart y Sweet (1992) en su estudio sobre entrenadores de diferentes deportes en Montana (EE.UU). Al respecto se expresaba Gordillo (1992) al referirse a que muchos de los entrenadores de la iniciación deportiva tienen poca experiencia. También Haslam (1990) puso de manifiesto que las personas que entrenan a chicos y chicas de edades entre 6 y 10 años suelen tener poca experiencia. Esta situación parece que no es la más adecuada para el fútbol base, ya que, aunque la experiencia no lo es todo, como mencionábamos más arriba, sí estimamos conveniente que el entrenador que lleve a cabo su labor en estas categorías tenga la suficiente experiencia que avale su trabajo.

Por otro lado, y según algunos de los expertos, la formación de los entrenadores de fútbol debería estar en función de las categorías en las que se trabaje.

> Bueno, pues un poco hilando con lo que acabamos de decir, seguramente lo suyo sería que hubiera una formación adecuada a niveles y si el nivel es el nivel base, el nivel de iniciación al fútbol..., el primer paso, pues, sería pasar por clubes de ayudante, estar en un segundo plano

como ocurre con otras profesiones, si a esto podríamos llamarlo profesión (Álvaro, párr. 18).

También cabe destacar el hecho de que algunos de los expertos entrevistados hacen notar que en las edades de infantil y cadete deben de estar los entrenadores con más experiencia, ya que se trata de edades difíciles debido a los cambios que se producen en la pubertad.

> Las categorías más difíciles para entrenar en el fútbol base y, sobre todo para enseñar el gesto técnico, son las categorías donde el niño no tiene todavía el desarrollo madurativo cerebral suficiente. Entonces, ahí es donde se adquiere el gesto técnico y esto es, aproximadamente, hasta los 13 años. Entonces, en ese aspecto, deben de estar los más experimentados, los mejores demostradores y los mejores enseñantes (Horacio, párr. 16).

A continuación exponemos esquemáticamente los principales resultados de la dimensión Experiencia Docente.

Figura 12. Principales resultados de la dimensión Experiencia Docente.

2.4. Dimensión formación inicial

Casi todos los expertos entrevistados consideran que el entrenador de fútbol base ha de tener una buena formación para poder realizar su labor de manera eficiente.

> Lo que sí está claro, y no me cabe ninguna duda, que el entrenador de fútbol base tiene que estar formado, si no tiene buena formación el entrenador de fútbol base, es un mal entrenador, aunque disponga de otros valores (Fernando, párr. 23).

Al respecto McCullick et al. (2005) manifiestan que existe actualmente la necesidad de entrenadores más cualificados para atender a la gran demanda que existe de práctica deportiva en estas edades. En este mismo sentido, ya insistían Sisley y Wiese (1987) cuando reclamaban por entonces una mayor preparación de los entrenadores deportivos. En nuestra opinión, la formación inicial es crucial en la labor de cualquier profesional, y más aún, en aquellas dedicaciones donde se trate de personas humanas y, sobre todo, si éstas están en desarrollo (como es el caso del fútbol base). Aunque la situación parece haber cambiado algo, todavía queda mucho camino por recorrer. Sin embargo, resulta curioso que cuando se les pregunta a los entrenadores por la importancia de la formación del entrenador, suelen considerar a ésta como muy importante (Bloom y Salmela, 2000).

Siguiendo en la misma línea, la investigación de J. Martínez (1995) ilustró carencias en la formación inicial de los técnicos deportivos españoles, lo cual apunta a una necesidad de formación de los mismos. Además, el estudio de Asenjo y Maiztegui (2000) sugirió la necesidad, según la opinión de diferentes colectivos, de una mayor y mejor formación deportiva y pedagógica de los entrenadores, mientras que Tabernero et al. (2002) subrayaron la escasa formación de éstos. En la misma línea se mostraron Álamo et al. (2002a y b) cuando manifestaron que la falta de cualificación de los entrenadores es notoria, y que en numerosas ocasiones este tipo de actividad se encuentra en las manos de personas que, con sus mejores intenciones, intentan enseñar un deporte y transmitir una serie de normas, valores, etc., implícitos a la práctica deportiva; aunque no poseen una formación pedagógica adecuada para que los chicos y las chicas reciban una enseñanza en las mejores condiciones. Además, tal como expusieron Mills y Dunlevy (1997), uno de los peligros que tienen los entrenadores sin titulación es que, probablemente, no saben aplicar los primeros auxilios.

En relación con la cuestión referida a dónde deberían estar los entrenadores con más formación, tenemos que decir que no existe unanimidad entre los entrevistados a la hora de ubicar a los entrenadores con mayor formación. Algunos dicen que en el fútbol base y otros que en las categorías superiores. Lo que sí parece ser importante, según manifiesta, es estimular y motivar a aquéllos que se están formando para ser el día de mañana entrenadores de fútbol base, ya que la formación de los entrenadores de fútbol base ha de ser más adecuada y más eficaz (Vegas, 2006). En nuestra opinión debe haber entrenadores bien formados en todas las categorías, porque cada una tiene sus peculiaridades e importancia. En cuanto a la cuestión referida a dónde deberían estar los entrenadores con más formación, tenemos que decir que no existe unanimidad entre los entrevistados a la hora de ubicar a los entrenadores con mayor formación. Algunos dicen que en el fútbol base y otros que en las categorías superiores. Lo que sí parece ser importante, según manifiesta uno de los entrevistados, es estimular a aquéllos que se están formando para ser el día de mañana entrenadores de fútbol base.

Para muchos de los expertos el hecho de tener la titulación de entrenador de fútbol es importante, ya que no estiman conveniente el hecho de que haya tantos entrenadores de fútbol base desarrollando su labor sin tener ninguna titulación o con la pretitulación de Aspirante a Técnico Deportivo de Fútbol.

> Pues, ya lo he comentado antes, que no debería ser así, que no debería ser así. Eso es una tradición en el mundo del deporte federado. Una tradición porque a los niños les puede entrenar cualquiera. Y eso ocurre en el fútbol y en cualquier otro deporte. Cualquiera, con que, eso, con que juegue un poquito al fútbol, ya puede entrenar, vamos. Si lo vemos en la elite, en la elite de vez en cuando aparece algún entrenador que simplemente su único mérito es haber sido un gran exjugador, y lo malo es que, encima, luego obtienen resultados, algunos de ellos, ¿no? Y en la base eso ocurre con demasiada frecuencia. Por tanto, eso no, no está bien (Álvaro, párr. 31).

Las causas que llevan a que la mayoría de los entrenadores de fútbol base no tengan titulación alguna de fútbol o tengan la de Aspirante a Técnico Deportivo, pueden ser varias, como, por ejemplo, falta de interés, motivos económicos, etc. Aunque, quizás, una de las principales sea que no hay suficientes entrenadores titulados para atender a la gran demanda que existe actualmente, puesto que hay muchos clubes y escuelas de fútbol con una gran cantidad de niños y niñas que quieren practicar el fútbol. Entonces, con el fin de poder atender a esta demanda, los clubes y escuelas tienen que poner al mando de sus equipos a alguien, aunque éste no tenga título.

> A ver, a mí no me parece bien, pero te comento, te digo por experiencia. Yo creo que eso se debe a que los clubs no tienen entrenadores. Porque, ¿tú sabes lo que es tener que entrenar lunes, martes, miércoles, jueves, el fin de semana, y no tener remuneración ninguna? No todo el mundo entrena, y no todo el mundo está dispuesto a perder el

lunes, el martes, el miércoles, y el fin de semana por entrenar (Baltasar, párr. 25).

En cuanto al título de Aspirante a Técnico Deportivo de Fútbol, existen dos opiniones entre los entrevistados. Por un lado están los que no le encuentran sentido y ponen en duda su utilidad y, por otro, aquéllos que ven en esta pretitulación un primer escalón en el que se dan las nociones básicas para entrenar y no hacer cosas mal con niños y niñas. Aún así, parece que en el fondo están de acuerdo en que no es suficiente para entrenar en el fútbol base.

A pesar de todo, parece que poco a poco la situación va mejorando, aunque, qué duda cabe, queda mucha tarea por hacer.

> ...Cada vez hay más cursos. Antes se hacían cada no sé cuantos años, y ahora se hace cada menos tiempo. Antes se hacían en una localidad y ahora se están repartiendo en más localidades. Entonces, se está mejorando bastante, no tiene nada que ver esto con hace 10 años... Afortunadamente, los clubes grandes e importantes ya están poniendo una base de que el entrenador tenga una titulación. E incluso, en los clubs más pequeños también van en esa línea. Eso es muy bueno, porque la gente joven viene muy bien. Yo soy mucho de la gente joven, porque creo que vienen muy capacitados, y vienen con muchos estudios, vienen muy preparados. ...Es importante que la gente educada esté en el fútbol base (Ignacio, párr. 22).

Para muchos de los expertos el hecho de tener la titulación de entrenador de fútbol es importante, ya que no estiman conveniente que haya tantos entrenadores de fútbol base desarrollando su labor sin tener ninguna titulación o con la pretitulación de Aspirante a Técnico Deportivo de Fútbol. Nuestros datos coinciden con los de Gutiérrez (2007) en la enseñanza del fútbol en la Comunidad de Madrid, con los de Álamo et al. (2002a y b), quienes estudiaron a los entrenadores de Gran Canaria y Tenerife, y también con los encontrados por J. Martínez (1995) en su estudio de los técnicos deportivos nacionales, quienes concluyen que muchos de los entrenadores que desarrollan su labor no tienen titulación. Por su parte Quinn y Carr (1998) manifestaron que los entrenadores de fútbol base carecen de la formación adecuada, lo cual puede hacer que los niños y niñas abandonen la práctica del fútbol de forma prematura. Además, esta situación se repite en Giménez (2003a), en la enseñanza del baloncesto en Andalucía, y en Saura (1996) en los entrenadores escolares de las Comarcas de Lleida. Nuviala et al. (2007) también hallaron resultados parecidos entre los técnicos deportivos también de la provincia de Huelva. Por su parte, Sage (1989) ya manifestaba entonces, que el colectivo de entrenadores adolecía de una escasa preparación formal. También cabe destacar que Stewart y Sweet (1992), en su estudio sobre entrenadores de diferentes deportes en Montana (EE.UU), comprobaron que una parte significativa de los entrenadores no tienen certificado o título para entrenar. Por su parte, Knorr (1996) detectó que existían numerosos entrenadores con poca o ninguna formación/cualificación, lo cual, según este mismo autor, sería una tendencia que, desafortunadamente, no cambiaría en un futuro próximo. Parece que se ha cumplido, más o menos, su pronóstico. También Morcillo (2004b) concluyó que la formación inicial de los entrenadores de fútbol base no era la adecuada y que ésta debe diferenciarse según las categorías de las que se trate. Sin embargo, tal como apuntan (Bloom y Salmela, 2000), los entrenadores suelen considerar muy importante su formación. Resulta algo contradictorio.

Al respecto, y por el contrario, F. Jiménez (2000a y b) obtuvo datos diferentes, ya que este autor encontró que la mayoría de los técnicos deportivos de deportes colectivos de Tenerife poseían titulación deportiva. Igualmente, Feu (2004) halló que sólo una minoría de los entrenadores nacionales de balonmano no tiene ninguna titulación. Por tanto, el hecho de que muchos entrenadores solo posean una habilitación para entrenar, y el hecho de que son numerosos los que no tienen titulación, nos hace pensar, de ser así, que existen numerosos entrenadores en el fútbol base que no tienen la formación adecuada para llevar a cabo la tarea que actualmente realizan.

Las causas que llevan a que la mayoría de los entrenadores de fútbol base no tengan titulación alguna de fútbol o tengan la de Aspirante a Técnico Deportivo, según algunos de los entrevistados, son variadas; falta de interés, motivos económicos, etc. Quizás, uno de los motivos por los cuales se da esta situación es la apuntada por Sisley y Wiese (1987) y Sabock y Chandler-Garvin (1986), la cual hace referencia a la existencia de laxitud o dejadez a la hora de exigir la titulación de entrenador. Aunque es posible que una de las principales sea que no hay suficientes entrenadores titulados para atender la gran demanda que existe actualmente, tal como manifestaban Sabock y Chandler-Garvin (1986) respecto al deporte en general, puesto que hay muchos clubes y escuelas de fútbol con una gran cantidad de niños y niñas que quieren practicar el fútbol. Entonces, para de poder atender a esta demanda, los clubes y escuelas tienen que poner al mando de sus equipos a alguien, aunque éste no tenga título.

En cuanto al título de Aspirante a Técnico Deportivo de Fútbol, existen dos opiniones entre los entrevistados. Por un lado están los que no le encuentran sentido y ponen en duda su utilidad y, por otro, aquéllos que ven en esta pretitulación un primer escalón en el que se dan las nociones básicas para entrenar y no hacer cosas mal con niños y niñas. Aún así, parece que en el fondo están de acuerdo en que no es suficiente para entrenar en el fútbol base. A pesar de todo, parece que poco a poco la situación va mejorando, aunque, qué duda cabe, queda mucha tarea por hacer. En este sentido se expresaban Douge y Hastie (1993) cuando auguraban que el panorama estaba cambiando y que las federaciones deportivas son cada vez más exigentes a la hora de designar personas para entrenar. A esto mismo se refería Campbell (1993) cuando manifestaba que desde numerosos países se estaba pretendiendo que los entrenadores tuviesen una certificación (título) apropiada al lugar y ámbito en el que trabajen. No obstante, más tarde Gilbert y Trudel (2001) nos vuelven a recordar que se sigue dando la no exigencia del certificado (título) para entrenar en el deporte juvenil. Por tanto, cualquiera puede entrenar. Este hecho, como es lógico, es aún una gran preocupación.

Por otro lado, la gran mayoría de los expertos entrevistados consideran que el hecho de tener estudios relacionados con la Educación Física y el Deporte es muy positivo a la hora de ejercer la enseñanza del fútbol.

> Es decir, si un entrenador de fútbol ha hecho un TAFAD, o ha hecho magisterio en Educación Física o ha hecho la licenciatura de Educación Física, no solo no le perjudica, sino que les ayuda enormemente y la licenciatura, en particular, pues lógicamente más todavía. Es un auténtico lujo (Álvaro, párr. 33).

La gran mayoría de los expertos entrevistados, pues, creen que el hecho de tener estudios relacionados con la Educación Física y el Deporte, es muy positivo a la hora de ejercer la enseñanza del fútbol. En este sentido, un aspecto positivo a destacar es que cada vez hay más entrenadores en el fútbol base que tienen estudios académicos relacionados con la Educación Física y con el Deporte. En esta línea, Álamo et al. (2002a y b), Feu (2004), Nuviala (2003) y Nuviala et al. (2007) hallaron, en sus investigaciones sobre entrenadores y técnicos deportivos, resultados en los que se observó un aumento de los titulados en Educación Física. Stewart y Sweet (1992), en su estudio sobre entrenadores de diferentes deportes en Montana (EE.UU), detectaron por entonces que existía un número significativo de entrenadores con titulación relacionada con la educación física. No obstante, Martínez y Gil (2001) encontraron muy pocos diplomados y licenciados en educación física entre los técnicos deportivos de Aragón. Coincidiendo con Giménez (2003a), este aumento de los diplomados en E. F. lo consideramos muy importante, puesto que, como hemos expresado más arriba, pensamos que la figura del entrenador deportivo ha de estar en íntima relación con la del Profesor de Educación Física. Este dato puede indicarnos, quizás, la tendencia de los Patronatos y Servicios de Deportes hacia la contratación de Diplomados en E.F. para la realización de tareas de técnico o entrenadores deportivos, lo cual nos parece bastante acertado. Esto se corresponde con lo expresan algunos de los expertos cuando manifiestan que existe cierta tendencia o evolución hacia que los entrenadores de fútbol base tengan una mayor preparación académica, a lo que parece haber contribuido la llegada de los Diplomados y Licenciados en Educación Física. En este sentido, Vegas (2006) concluye que la formación inicial de los entrenadores de fútbol base ha de buscar similitudes con la de los profesionales de la Educación Física, sobre todo con la de los maestros.

Cabe destacar, como subrayó Saura (1996) en su estudio, el hecho de que a mayor nivel de formación, mayor número de conductas educativas por parte del entrenador y viceversa, lo cual nos lleva a considerar que sería muy conveniente que los entrenadores de fútbol base tuvieran una formación académica sólida y, si puede ser, relacionada con la Educación Física y el Deporte. En este sentido, tal como apunta uno de los sujetos entrevistados, parece ser que de estas titulaciones, la que más ayuda en la enseñanza del fútbol, es la titulación de maestro en Educación Física. La formación del entrenador se ha beneficiado del corpus científico procedente de la enseñanza de la Educación Física (Douge y Hastie, 1993). Al respecto hemos de decir, que muchos autores (Giménez, 2003A; Ibáñez y Medina, 1999, entre otros) relacionan los modelos de formación del profesorado en general con los de formación del profesorado de E.F. y del entrenador deportivo, por lo que resultaría beneficioso la incorporación de ciertos contenidos y elementos de formación a los programas de formación de entrenadores de fútbol.

En cuanto a los contenidos que más utilidad tienen en el fútbol base, los entrevistados hacen mención a muchos de ellos, aunque destacan los siguientes: aquéllos que tienen relación con las ciencias médicas y biológicas (medicina deportiva, anatomía, fisiología y primeros auxilios), los que se refieren al entrenamiento deportivo y los que aluden a la Educación Física de Base.

> Pero..., hombre, yo, quizás, me quede, quizás es una opinión un poco personal, yo me quede con las materias relacionadas con Preparación o Educación Física, dependiendo del nivel en el que estemos trabajando, y, quizás las relacionadas con la Medicina. ¿Por qué? Porque su desconocimiento puede conllevar un mayor daño físico, real al chiquillo (Javier, párr. 35).

Otro aspecto relevante en el currículum del entrenador de fútbol de primer nivel, son las prácticas, tal como señala Álvaro.

> Claro no podemos pedirle al fútbol lo que no se hace en el sistema educativo, pero que en su formación inicial, en los cursos de monitores haya un período de prácticas relativamente significativo, y que pudiera tener unos meses, un tiempo, el mayor posible, de unas prácticas tuteladas, de estar ayudando, ser ayudante de algún equipo, me parece fundamental, antes de coger las riendas de un equipo. No obstante es un poco utópico lo que estoy diciendo porque si en el sistema educativo no se cumple al cien por cien lo que estoy diciendo, pues, es muy difícil que en el mundo federado del deporte esto se haga, pero sería lo ideal (Álvaro, párr. 20).

En cuanto a los contenidos que más utilidad tienen en el fútbol base, los entrevistados hacen mención a muchos de ellos, aunque destacan los siguientes: aquéllos que tienen relación con las ciencias médicas y biológicas (medicina deportiva, anatomía, fisiología y primeros auxilios), los que se refieren al entrenamiento deportivo y los que aluden a la Educación Física de Base. Estos datos coinciden con los de Haslam (1990), quien en su investigación halló que los entrenadores demandaban formación relativa a la planificación, programación, seguridad y primeros auxilios, además de solicitar conocimientos de cómo adaptar la práctica al crecimiento y desarrollo de los niños. Otro aspecto, señalado por uno de los expertos, relevante en el currículum del entrenador de fútbol de primer nivel, son las prácticas, es decir, el periodo que tiene que estar el entrenador realizando la labor de entrenador o de entrenador ayudante en un club o escuela de fútbol. Se trataría de lo que se conoce como *mentoring* formal, en este caso, ya que el currículum oficial establece este tiempo de prácticas como obligatorio. En nuestra opinión, tal como veremos en la categoría *estrategias de formación* este contenido del curso de entrenadores nos parece de especial relevancia, puesto que es ahí, en la práctica del día a día, donde se empieza a aprender de verdad y, mucho más y mejor, si estamos bajo la tutela de un mentor. Así, pues, estos datos, junto con los siguientes, han de servirnos, al menos, para reflexionar sobre los contenidos que componen el currículum de la formación inicial de los entrenadores de fútbol base.

Además, gran parte de los entrevistados piensan que los contenidos susceptibles de mejora son aquéllos que hacen referencia a los aspectos psicológicos, metodológicos y didácticos y, en menor medida los relativos a la preparación física, educación física de base y dirección de equipos. Por otro lado, cabe destacar también que algunos de los expertos consideran necesario la inclusión de contenidos relativos al inglés, nuevas tecnologías y educación deportiva.

Muchos de los entrevistados consideran que los contenidos susceptibles de mejora son aquéllos que hacen referencia a los aspectos psicológicos, metodológicos y didácticos y, en menor medida los relativos a la preparación física, educación física de base y dirección de equipos. Respecto a los contenidos metodológicos y didácticos, Woodman (1993) considera que el área pedagógica del entrenamiento necesita mejorar en los distintos currículos, y que a lo largo de todo el mundo, ha sido la que peor ha sido diseñada. Por su parte, McCullick et al. (2005) destacaron en su estudio que los entrenadores participantes reclaman una mayor relación entre la teoría y la práctica, lo cual pensamos ha de tenerse en cuenta. Además, estos autores señalan que los cursos necesitan ser de alta calidad y que éstos deberían llevar a una mejor práctica del entrenamiento. Por otra parte, y en relación con lo mencionado en la subcategoría anterior, también cabe destacar aquí que, tal como aconsejan Cushion (2006) y Launder (1993), se debería proporcionar a los entrenadores oportunidades de aprendizaje a través de programas de formación que incluyan el *mentoring* formal como parte del currículo de formación. Algunos estudios como el de S. Jiménez (2008), demostraron su eficacia. En este sentido, como decíamos más arriba, nos parece muy importante este método o estrategia de formación, por lo que, no sólo debe aparecer en los programas, sino que se debe asegurar la calidad del mismo, ya que también es importante el papel que juega el mentor (Cushion, 2006). Además, según señalan Douge y Hastie (1993), sería necesario investigar más sobre el proceso de *mentoring*, ya que los entrenadores experimentados necesitan formación en ese sentido, ya que de por sí, no pueden garantizar el éxito del proceso, ya que el *mentoring* como método de aprendizaje no está exento de dificultades, muchas de las cuales tienen que ver con la formación del mentor (Campbell, 1993).

Cabe destacar también que algunos de los expertos consideran necesario la inclusión de contenidos relativos al inglés, nuevas tecnologías y educación deportiva. Esta propuesta nos parece igualmente interesante, ya que hoy en día este tipo de conocimientos son imprescindibles.

De forma esquemática, seguidamente exponemos los principales resultados de la dimensión Formación Inicial.

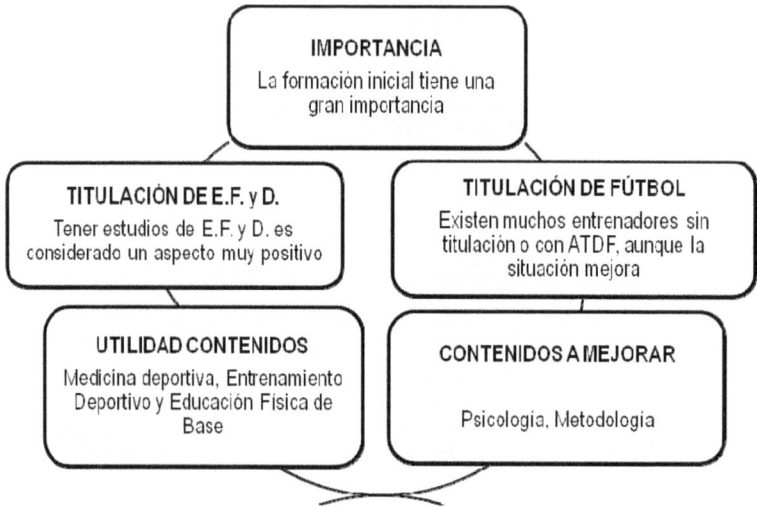

Figura 13. Principales resultados de la dimensión Formación Inicial.

2.5. Dimensión formación permanente

Todos los expertos entrevistados estiman que la formación permanente de los entrenadores de fútbol base es muy importante.

> Bueno, yo creo que es determinante. Es decir, yo creo que entre las capacidades que tiene ese perfil de…, cualquiera de los dos perfiles, tanto el de rendimiento como el de formación, pero especialmente el perfil del entrenamiento para la formación, una de las capacidades que tiene que tener ese entrenador es el…, de alguna forma, la inquietud ¿no?, las ganas permanentes de aprender y de mejorar (Fernando, párr. 34).

Como vemos, los entrevistados consideran que la formación permanente de los entrenadores de fútbol base es muy importante. En este sentido Morcillo (2004b) manifestó que el entrenador debe mostrar inquietud y reciclarse permanentemente. Esta importancia de la formación continua, muchas veces, se contrapone al tiempo real que los entrenadores dedican a la misma. Gilbert et al. (2006) reconocieron que existía poco tiempo dedicado a la formación formal permanente por parte de entrenadores de softball, fútbol americano y voleibol en EE.UU. Esta importancia de la formación permanente o continua es también resaltada por Bloom y Salmela (2000) y por Nash y Collins (2006).

Cuando a los expertos se les pregunta por las estrategias de formación más adecuadas para garantizar una adecuada formación permanente de los entrenadores de fútbol base, éstos dan respuestas muy variadas. Hacen referencia tanto a estrategias de formación no formales (cursos-sobre todo cursos prácticos- jornadas, seminarios...), como a maneras informales de formación como el intercambio de experiencias, formación entre los entrenadores del mismo club y aprender del día a día. Además, una de las estrategias de formación más nombrada es la lectura de libros, revistas on-line, etc.

> Las más adecuadas son las jornadas que, fundamentalmente, sean prácticas. Que no sean muy numerosas en cuanto a muchas personas oyendo, y que sean jornadas monográficas. Es decir, jornadas, sesiones o actividades monográficas. Un profesor con 25 ó 30 alumnos en el terreno de juego. Con sesiones teóricas y, sobre todo, con sesiones prácticas. Para mí el 65% de práctica y el 35% de teoría, sería una buena proporción (Horacio, párr. 34).

Como podemos apreciar los expertos dan respuestas muy variadas. Hacen referencia tanto a estrategias de formación no formales (cursos-sobre todo cursos prácticos- jornadas, seminarios...), como a maneras informales de formación como el intercambio de experiencias, formación entre los entrenadores del mismo club y aprender del día a día. Esta diversidad de formación se corresponde con la investigación de Werthner y Trudel (2006), donde los entrenadores preferían formarse a través de diferentes estrategias de formación, entre ellas internet. Además, una de las estrategias de formación más nombrada por los entrevistados de nuestro estudio, es la lectura de libros, revistas on-line, etc. Como podemos comprobar, casi todas las estrategias de formación son válidas, siempre y cuando se lleven a cabo adecuadamente. En relación con las estrategias de formación no formales, Bloom y Salmela (2000), confirmando los datos obtenidos en nuestro estudio, aseveraron que los entrenadores sienten que es importante adquirir conocimientos a través de actividades como clinics, seminarios y simposios. En cuanto a las estrategias de formación informales, [consideradas claves por Nelson et al. (2006)], Cushion et al. (2003), Jones et al. (2003) y Werthner y Trudel (2006), los entrenadores suelen aprender de la experiencia diaria (aprendizaje situado, Cassidy y Rossi, 2006). Y de la observación de otros entrenadores, así como tener encuentros con otros entrenadores y compartir experiencias [Red informal de conocimiento (Jones et al., 2004), citados por S. Jiménez, 2008, si se produce fuera del contexto de entrenamiento y aprendizaje situado (Cassidy y Rossi, 2006) si se lleva a cabo dentro del contexto]. También Cushion (2006), Bloom y Salmela (2000) y Abrahams et al. (2006) destacaron la importancia que tiene el aprender de otros en la formación de los entrenadores. Por otro lado, los expertos también hacen referencia a estrategias de formación basadas en la formación entre los entrenadores de un mismo club o escuela, lo cual se asemeja a las llamadas comunidades de práctica

(Cassidy y Rossi, 2006). En este sentido, Morcillo (2004b) encontró que los entrenadores valoraban positivamente las reuniones y puestas en común entre entrenadores de un mismo club e, incluso, entre entrenadores de clubes diferentes. Al respecto, tenemos que decir que también nos parece una forma muy adecuada para aprender y formarse como entrenadores de fútbol base, el único *pero* que podríamos ponerle es si los algunos de los entrenadores participantes se mostrarían recelosos de descubrir ante los demás sus «secretos». Por otro lado, Robles (2008) halló que la mayoría de los profesores de Educación Física eran partidarios de intercambiar experiencias como estrategia de formación permanente, lo cual, a nuestro juicio nos parece también bastante interesante.

Sería conveniente, pues, aprovechar, como señalan Bloom y Salmela (2000) y Abrahams et al. (2006), el hecho de que, normalmente, los entrenadores muestran un deseo de continuar formándose y creciendo como entrenadores. Este aspecto habría que tenerlo en cuenta y aprovecharlo ofreciendo actividades de formación de interés y de calidad para los entrenadores de fútbol base. Como conclusión de esta subcategoría, podemos decir que combinar la experiencia con actividades como la práctica reflexiva, los *clinics*, el intercambio de información con otros entrenadores, lecturas, etc., ayuda a mejorar el rendimiento del entrenador (Schempp et al., 2006, citado por S. Jiménez, 2008) y, quizás, sería lo más adecuado de llevar a cabo.

A continuación exponemos de forma esquemática los resultados más destacados de la dimensión Formación Permanente.

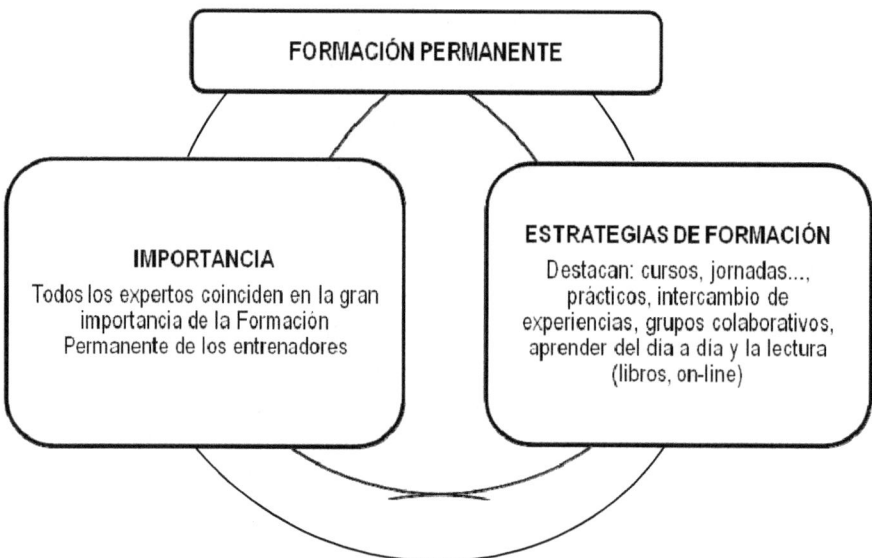

Figura 14. Principales resultados de la dimensión Formación Permanente.

2.6. Dimensión concepción enseñanza del fútbol

Todos los expertos entrevistados consideran que actualmente se le da demasiada importancia a la competición, lo cual puede hacer que se desvíe la atención hacia ésta dejando en un segundo plano los aspectos relacionados con la formación personal y deportiva que son los que deberían primar en el fútbol base.

> Excesiva. En el fútbol base se le está dando por rutina, por tradición, se le está dando excesiva importancia a lo que es la competición, en detrimento de la formación. Hay unas nuevas corrientes que vienen lideradas por las escuelas de fútbol, por otros modelos de competición, que ya no le están dando tanta importancia. Pero esto va a tardar todavía tiempo...La competición genera una deformación de la formación en las edades tempranas. Porque el niño está más pendiente del resultado, y el entrenador está más pendiente del resultado, que de lo que es el aprendizaje. Y entonces, la competición, a veces, mata o disminuye la formación. De aquí, que yo piense personalmente, que los modelos de competición del fútbol base están obsoletos y hay que cambiarlos. No se puede hacer la competición de los niños a imagen y semejanza del fútbol profesional: ligas, competiciones y otra serie de cosas (Horacio, párr. 37).

Cabe destacar, al respecto, como comenta uno de los entrevistados, que, a veces, se dice lo contrario que se hace, es decir, se dice que ganar no es lo importante, que lo importante es participar, pero, al final, se sigue dando demasiada importancia a los resultados y a ganar. No obstante, otro aspecto que destacan algunos de los expertos entrevistados es el hecho de que es el propio entrenador el que puede hacer algo, el que puede luchar contra esta situación, aunque, muchas veces, la tarea es muy ardua.

Todos los expertos, pues, estiman que actualmente se le da demasiada importancia a la competición, lo cual puede hacer que se desvíe la atención hacia ésta dejando en un segundo plano los aspectos relacionados con la formación personal y deportiva, que son los que deberían primar en el fútbol base. Otro aspecto que destacan algunos de los expertos entrevistados es el hecho de que es el propio entrenador el que puede hacer algo, el que puede luchar contra esta situación, aunque, muchas veces, la tarea es muy ardua. En este mismo sentido, algunos sujetos hacen hincapié en que la competición en sí no es mala, sino que para que ésta sea formativa y educativa tiene que tener una orientación adecuada. En relación con esto, Martin et al. (2001) encontraron que tanto los deportistas jóvenes como sus padres prefieren a un entrenador que, entre otras características, proporcione oportunidades para que los deportistas compitan y alcancen sus metas. Incluso, nos siguen diciendo estos autores, tanto los deportistas como sus padres prefieren entrenadores que reúnan estos dos componentes. También, Gilbert y Trudel (2004b) concluyeron acerca de la necesidad de que los programas de formación de los entrenadores deberían proporcionar estrategias de formación que incorporen tanto el desarrollo del deportista como el ganar. Como podemos imaginar, esto no es tarea fácil, lo cual no significa que debamos cejar en nuestro empeño, ya que una competición bien encauzada puede tener muchas posibilidades educativas. De hecho, algunos estudios muestran la importancia que tiene la competición en el proceso de enseñanza-aprendizaje del deporte en la Educación Primaria (González, Campos y Abella, 2008 y Reverter y Mayolas, Adell y Plaza, 2009).

Por otro lado, la gran mayoría de los expertos piensan que la competición no está suficientemente adaptada a las características psicoevolutivas de los chicos y chicas, ni desde el punto de vista del sistema de competición, como desde la perspectiva de los elementos estructurales del fútbol.

> En absoluto. Hay que adaptar la competición al niño, no el niño a la competición. Como se ha seguido de siempre, y, además, el modelo es un modelo que viene desde arriba hacia abajo, es decir, desde la Federación Española a las Federaciones Territoriales, pues resulta que la competición está hecha a imagen y semejanza de los adultos. Y los niños no son un adulto en miniatura... Entonces, la competición, igual que la primera división, que son profesionales y que pueden jugar 40 partidos ó 70 partidos al año, pues así está hecha para los niños: las puntuaciones son las mismas, prácticamente cambia poco en cuanto a las sustituciones, en cuanto a los tiempos de juego..., bueno y todo esto. Entonces, yo creo que habría que producir un verdadero cambio en los modelos organizativos de la competición. Adaptarla al niño y no el niño a la competición (Horacio, párr. 39).

En este sentido, Lapresa et al. (2008) concluyeron su investigación manifestando que la competición 5 vs 5 en la categoría prebenjamín (niños de 6 años) no estaba adecuada en relación con la utilización del espacio (profundidad y amplitud) ni con las acciones técnicas demandadas en su práctica. Estos autores proponen como alternativa el fútbol 3 vs 3, aunque esto aún debe ser estudiado. También, Arriscado y Dalmau (2009) encontraron en su estudio que la mayoría de los monitores deportivos estaba de acuerdo con adaptar la enseñanza de los deportes a las características de los alumnos. En este sentido, L. M. García (2008) sugiere una mayor investigación encaminada al estudio de los principios tácticos y condiciones numéricas y espaciales con el fin de dilucidar cuáles pueden emprender los chicos y chicas de cada categoría. Por su parte, Strean (1995) hizo referencia, en su estudio con entrenadores de diferentes deportes, entre los cuales se encontraba el fútbol, a los beneficios que tiene hacer cambios en las reglas de juego para adaptar el deporte a las necesidades de los niños y niñas.

No obstante, según algunos de los expertos, está situación va cambiando poco a poco y se va evolucionando, aunque todavía queda tarea por hacer. En este sentido, la gran mayoría de los entrevistados, en relación con los objetivos que priman en el fútbol base, estiman que, en la actualidad, son los de rendimiento los que predominan, aunque, deberían perseguirse en el fútbol base deberían ser los educativos y los recreativos, fundamentalmente. También destacan algunos entrevistados que los objetivos pueden compaginarse y obtener beneficios para la formación integral de los chicos y chicas.

> La experiencia me dice que los objetivos que priman son los competitivos, pero por encima de cualquier otro. Lógicamente, no debe ser... Pero la experiencia te dice que todo el mundo se quiere comer a todo el mundo, sea como sea (Javier, párr. 55).

Por último algunos de los expertos entrevistados destacan el hecho de que las canteras de clubes de elite no pueden tener los mismos objetivos que las canteras de clubes y equipos más modestos, es decir los objetivos son distintos o tiene que ser distintos. La gran mayoría de los entrevistados, pues, creen que, en la actualidad, son los de rendimiento los que predominan. Al respecto, Saura (1996), en su trabajo sobre los entrenadores escolares de las comarcas de Lleida, halló que los entrenadores dan demasiada importancia a la selección de los mejores jugadores, lo cual puede darnos una idea de sus verdaderas intenciones. También prácticamente todos los expertos consideran que los objetivos que deberían perseguirse en el fútbol base deberían ser los educativos y los recreativos, fundamentalmente. Saura (1996), en su estudio sobre los entrenadores escolares de las comarcas de Lleida, encontró que los objetivos perseguidos por éstos son *«disfrutar jugando»* y luego *«aprender habilidades»*, mientras que el objetivo *«conseguir la victoria»* resulta, el menos, valorado. Por su parte, Morcillo (2004b) cree que en el fútbol base no deben primar los resultados y que debe predominar el carácter educativo, ya que estamos hablando de un proceso de formación. Al respecto, tenemos que decir que abogamos por una enseñanza del fútbol en la que predominen objetivos educativos, pero también recreativos, ya que todo es más fácil si los chicos y chicas disfrutan con lo que hacen. Por otro lado, Asenjo y Maiztegui (2000), tras su estudio, consideraron que una de las mayores demandas que se les hace al colectivo de entrenadores deportivos es aquélla que hace referencia al planteamiento de actividades motivadoras, donde los chicos y chicas disfrutan. En este sentido se manifiestan algunos de los entrevistados cuando consideran que los objetivos pueden compaginarse y obtener así beneficios para la formación integral de los chicos y chicas.

A continuación exponemos esquemáticamente los principales resultados de la dimensión Concepción Enseñanza del Fútbol.

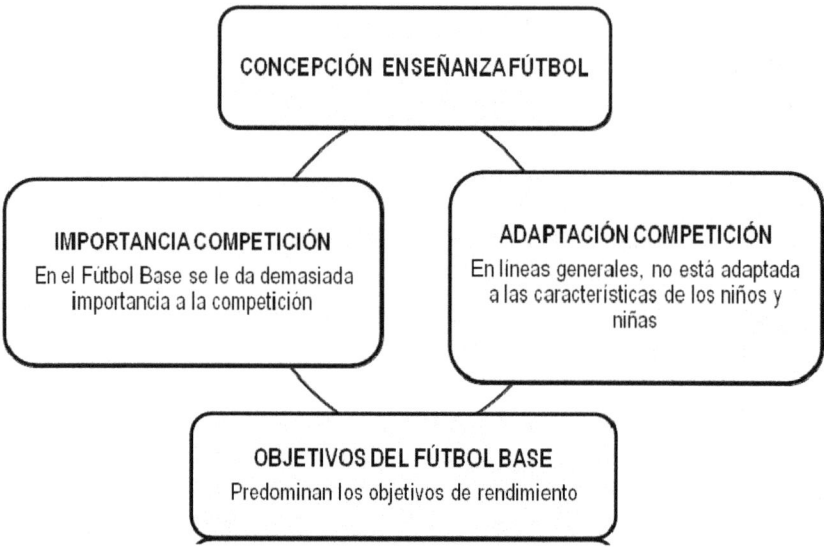

Figura 15. Principales resultados de la dimensión Concepción Enseñanza del Fútbol.

2.7. Dimensión metodología

Cuando les preguntamos a los expertos entrevistados por el tipo de métodos de enseñanza que, a su juicio, utilizan con mayor frecuencia los entrenadores del fútbol base, la mayoría de éstos afirman que los más usados son los métodos de enseñanza directivos.

> Pues yo creo que los instructivos. En general, directivos, instrucción directa, mando directo, asignación de tareas, pero, sobre todo, sí, sí, los métodos directivos, los modelos tradicionales, yo creo que predominan (Álvaro, párr. 60).

> Predomina, todavía, el método directo. El método directo, la instrucción directa. Y cuando hablo de instrucción, es hablar de algo militar, de enseñanza militar (Horacio, párr. 47).

Según Quinn y Carr (1998), los entrenadores de fútbol base de Estados Unidos solían utilizar metodologías donde el contenido no tenía en cuenta las características del desarrollo del niño, donde no se les permitía la libertad de roles y movimientos durante el juego. Esto también se relaciona con los resultados obtenidos por Jones (1990), quien encontró que los entrenadores de fútbol base de Inglaterra utilizaban predominantemente la instrucción directa en la enseñanza de las técnicas básicas del fútbol. Según Yagüe (1998) la mayoría de los entrenadores nacionales de Castilla y León, utilizaban métodos directivos (mando directo y asignación de tareas). Por su parte, Curtner-Smith et al. (2009) encontraron también un mayor empleo, por parte de entrenadoras de baloncesto de EE. UU., de estilos de enseñanza directivos. A este respecto, tenemos que destacar una consideración significativa derivada del estudio de Butler (1993), citado por Butler y McCahan (2005): muchos de los profesores investigados creían que el aprendizaje debía centrarse en el alumno, sin embargo, realmente utilizaron métodos de enseñanza directivos, los cuales están centrados, como sabemos, en el profesor. Esto puede indicar que haya entrenadores que piensan que están utilizando un tipo de metodología, cuando en realidad están utilizando otra distinta, o que dicen que hacen algo distinto a lo que realmente llevan a cabo. No obstante, vemos que muchos entrenadores del fútbol base utilizan métodos considerados poco educativos (Sáenz-López, 1997).

De la misma forma, cuando se les consulta por aquéllos métodos de enseñanza que deberían predominar en la enseñanza del fútbol, los entrevistados, mayormente, se decantan por los que se basan en la resolución de problemas, lo cual nos parece bastante adecuado ya que este tipo de métodos suele considerarse muy educativos (Sáenz-López, 1997). No obstante, algunos matizan y se sitúan en una posición ecléctica, donde se utilicen ambos métodos dependiendo de las circunstancias.

> Bajo mi punto de vista, debe ser..., una metodología más abierta, de mayor implicación cognitiva en el juego... Estamos hablando de fútbol; el fútbol es una habilidad, como habilidad es una habilidad abierta, con componentes perceptivos y decisionales importantes. Por lo tanto, tenemos que propiciar esa metodología que ayude al jugador a captar la información, a saber seleccionar los estímulos que se le presentan a lo largo de un partido, y en función de esos estímulos saber tomar decisiones... Para tomar decisiones hay que desarrollar una inteligencia de juego, y eso... si no hay situaciones problema, si no hay resolucio-

nes de problemas, si no hay una búsqueda, si no hay una metodología de situaciones abiertas, donde el jugador asuma esas responsabilidades, es muy difícil que se pueda conseguir (Carlos, párrafo 46).

En este sentido, Fraile (2009) manifiesta que el entrenador debe conocer y utilizar distintos métodos de enseñanza en función de sus objetivos, características de los jugadores, etc. No obstante, Arriscado y Dalmau (2009), tras realizar un estudio con monitores de diferentes deportes, manifestaron que existía cierta tendencia al empleo del método tradicional, aunque el comprensivo se iba introduciendo poco a poco. Por tanto, según parece, poco a poco, la situación en el fútbol está empezando a cambiar también (Vegas, 2006), aunque queda mucho camino por andar.

Por otro lado, todos los entrevistados estiman de gran importancia el hecho de programar en el fútbol base. A pesar de la importancia que tiene programar en el fútbol base parece ser que la programación de la enseñanza del fútbol, normalmente, no se lleva a cabo. No obstante, las canteras de clubes de elite suelen programar con asiduidad.

> Pues lo que conozco, y lo que pretendo conocer, la verdad es que muy poco (Carlos, párr. 52).

Las razones por las que los entrenadores de fútbol base no programan pueden ser variadas (falta de tiempo, de recursos, etc.), pero, fundamentalmente, se debe a la falta de formación.

> Hay personas en los clubs de fútbol base que le ponen mucho empeño a las cosas, le dedican mucho tiempo. A veces, la falta de preparación y otras veces, también, la falta de tiempo. Son actividades no profesionalizadas, no remuneradas y..., que comprenderlo (Javier, párr. 64).

A pesar de la importancia que tiene programar en el fútbol base parece ser que la programación de la enseñanza del fútbol, normalmente, no se lleva a cabo. Lo mismo advertía F. Jiménez (2000a y b) cuando manifestaba que más de la mitad de los técnicos de los deportes colectivos de Tenerife no planificaban previamente por escrito, de forma habitual, las sesiones a llevar a cabo. En lo referente a la programación, Jones (1992) destacó que los entrenadores ingleses de fútbol base que entrenan en campamentos de verano en Estados Unidos, consideraron la planificación como algo de menor importancia. Evidentemente, no nos parece acertada esta consideración. Además, Jones (1996) halló que los responsables de contratar a los entrenadores de fútbol base en Estados Unidos, consideraron primordial formar a éstos en relación con el hecho de programar, tanto a corto como a largo plazo. Este hecho nos parece preocupante y digno de ser tenido en cuenta en la formación de nuestros entrenadores de fútbol base. En relación con esto, tenemos que decir que Ibáñez et al. (1997) indicaron que la inmensa mayoría de los entrenadores españoles de baloncesto decían que solían planificar sus sesiones de entrenamiento. De nuevo habría que comprobar si lo que dicen se corresponde con lo que realmente hacen. No obstante, según bastantes de los expertos encuestados, las canteras de clubes de elite suelen programar con asiduidad.   Las razones por las que los entrenadores de fútbol base no programan pueden ser variadas (falta de tiempo, de recursos, etc.), pero, fundamentalmente, se debe a la falta de formación. De hecho, Jones (1996) encontró, en su estudio con entrenadores de fútbol ingleses, que éstos demandaban ser asistidos respecto al área de planificación a corto y largo plazo. Si esto es así, habría que tenerlo en cuenta a la hora de establecer los contenidos de formación de los cursos de entrenadores de fútbol.

La gran mayoría de los expertos consideran positiva la utilización de los juegos reducidos, modificados o comprensivos para la enseñanza del fútbol.

> Bueno, yo creo que son muy interesantes este tipo de juegos, de ejercicios, porque, de alguna manera, les ayuda a los niños a aprender más rápidamente y a conocer mejor el juego ¿no? yo creo que ayudan bastante (David, párr. 48).

Al respecto destacamos los resultados obtenidos por F. Jiménez (2000a y b) en su estudio de los técnicos de deportes colectivos (baloncesto, balonmano y fútbol sala) de Tenerife; este autor, tras el análisis de los datos obtenidos en el cuestionario de opinión, encontró que las situaciones donde se interacciona con compañeros y contra adversarios son las más empleadas. No obstante, cuando realizó una observación sistemática, halló que lo que decían los técnicos que hacían no se correspondía con lo que realmente llevan a cabo, ya que las situaciones de enseñanza con presencia de adversarios son las menos utilizadas por esos mismos técnicos. Sin embargo, pensamos que el tipo de trabajo que contempla la existencia de oposición contribuye enormemente a la mejora de la formación deportiva de los jugadores y jugadoras en este tipo de deportes, ya que está en íntima relación con la estructura interna del deporte a enseñar.

Por su parte, Jones (1996), en su estudio de entrenadores de fútbol base en Inglaterra, detectó que una de las principales carencias que los propios entrenadores reconocían, era que los contenidos del curso de entrenadores no se centraban sobre la diversión, y los juegos relacionados con el fútbol. Por tanto, pensamos que sería necesario corroborar lo que estos entrenadores dicen que hacen con lo que realmente hacen, ya que el concepto de juego puede no sea el adecuado en determinadas ocasiones. La utilización de este tipo de metodología estaría en relación con las demandas que se le hacen a los educadores deportivos respecto a la inclusión, en su enseñanza del deporte, de actividades motivadoras (Asenjo y Maiztegui, 2000). En este sentido se expresaban también los entrenadores de minibasket de Andalucía al afirmar, en su inmensa mayoría, que la utilización del juego mejora la enseñanza del baloncesto en dicha categoría (Giménez, 2003a).

Muchos de los expertos estiman importante la evaluación en el fútbol base, aunque parece ser que los entrenadores no suelen llevarla a cabo.

> Sí, yo creo que es importante. Que los entrenadores vean cómo van los críos a lo largo del año, que luego se le diga, que el crío vea que se le tiene en cuenta, que se tiene en cuenta sus capacidades, sus aptitudes, y que el vea que...si va mejorando, cómo va mejorando. Yo creo que es importante (Baltasar, párr. 54).

> No, no. No se lleva a cabo. No se lleva a cabo..., la evaluación, en absoluto (Genaro, párr. 54).

Al igual que ocurría con la programación, posiblemente las causas de esta falta de programación estén también relacionadas con la falta de formación y de tiempo para llevarla a cabo. No obstante, también como ocurría en la programación, todo indica que la evaluación suele ser algo normal en las canteras de clubes o equipos de élite.

De forma esquemática, a continuación, exponemos los principales resultados de la dimensión Metodología.

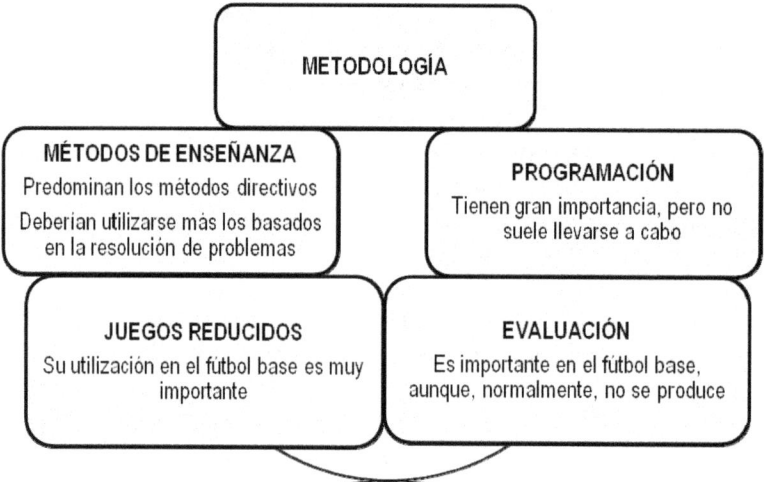

Figura 16. Principales resultados de la dimensión Metodología.

2.8. Dimensión necesidades de formación

Los sujetos entrevistados se suelen referir, en general, a una gran variedad de contenidos como imprescindibles en la formación de los entrenadores de fútbol base. No obstante, las materias más destacadas son las siguientes: Metodología, aspectos técnico-tácticos, psicología, preparación física y Educación Física de Base.

> Entonces, volviendo a la pregunta, la materia de Preparación Física, de Educación Física, me parece a mí que es fundamental, quizás más fundamental que las demás (Javier, párr. 71).

> Eh... educación física, ciencias de la conducta, metodología y ciencias biológicas. No deberían faltar nunca. Puede faltar la legislación deportiva, puede faltar las reglas de juego, que se puede aprender por otro camino, pero estas 4 ó 5 deben estar siempre presentes (Horacio, párr. 58).

Al respecto, Haslam (1990) concluyó tras su estudio, que en los cursos de entrenadores se debía de dar más importancia a los contenidos relacionados con la planificación, programación, seguridad y primeros auxilios, así como a la adaptación de la práctica al crecimiento y desarrollo de los deportistas. Por su parte, Abrahams et al. (2006) hallaron que cuando se les preguntaba a los entrenadores acerca de lo que ellos necesitaban para realizar su trabajo de forma efectiva, éstos hacían referencia a tres tipos de conocimientos: los específicos del deporte en cuestión, los relativos a la pedagogía deportiva (comunicación y adquisición de la habilidad o destreza) y los que hacen referencia a la fisiología y la psicología. Como vemos, estas consideraciones concuerdan notablemente con las expuestas por los expertos entrevistados. En relación con esto, Marín (2004), en su estudio de los entrenadores de fútbol base de Almería, destacó que el entrenador debía tener conocimientos importantes sobre las características y objetivos del deporte, además de conocimientos relacionados con los chicos y chicas a quienes estamos enseñando, es decir, conocimientos de sus capacidades, emociones, características cognitivas, aprendizajes, etc. En la misma línea Woodman (1993) reclamaba un mejor tratamiento de los contenidos relacionados con la psicología y la pedagogía en los programas de formación de los entrenadores deportivos. Por otro lado, Mills y Dunlevy (1997) destacaron, sobre todo, la necesidad de que los entrenadores que trabajan con niños y niñas tengan conocimientos básicos de primeros auxilios, lo cual está consonancia con las manifestaciones de algunos de los sujetos entrevistados. También habría que tener en cuenta que muchos entrenadores, cuando se les pregunta por los contenidos del curso de entrenadores, reclaman una mayor conexión entre la teoría y la práctica de los mismos (McCullick et al., 2005). La figura que exponemos seguidamente muestra un resumen de la dimensión Necesidades de Formación.

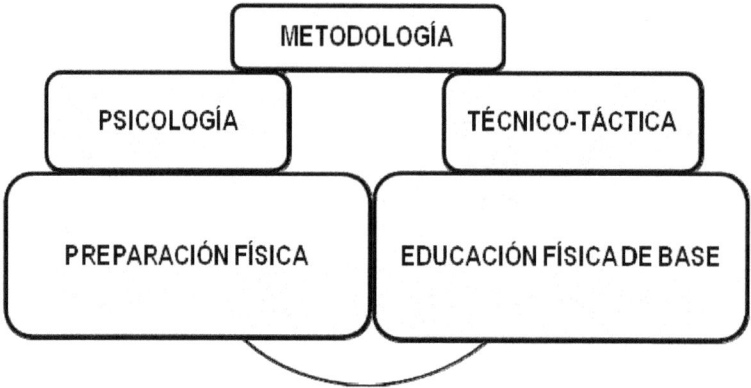

Figura 17. Principales resultados de la dimensión Necesidades de Formación.

A continuación, una vez expuestos y analizados los resultados obtenidos en nuestra investigación, en el capítulo siguiente, pasaremos a realizar la triangulación de los mismos.

Capítulo VII.
TRIANGULACIÓN DE LOS RESULTADOS DE LA INVESTIGACIÓN

«El hombre que no estudia las dos partes de la cuestión no es honrado»
(Abraham Lincoln).

1. INTRODUCCIÓN

La triangulación intenta contrastar y verificar los resultados a partir de diferentes fuentes y perspectivas, consistiendo en la comparación de diferentes puntos de vista, métodos, técnicas... (Delgado et al., 2006). En la actualidad existen diferentes tipos de triangulación (Delgado et al., 2006 y Hernández et al., 2007), de las que nosotros aplicaremos para nuestra investigación la que hace referencia a la triangulación de datos (de distinta naturaleza: cuantitativos y cualitativos), distintas fuentes de información, técnicas e informantes (cuestionario y entrevista a entrenadores y expertos, respectivamente); a la triangulación de métodos (diseño de dos etapas: cuantitativa y cualitativa). La triangulación es una herramienta importante ya que permite aumentar o satisfacer criterios de calidad como la credibilidad, la transferibilidad, la confirmabilidad y la dependencia (Delgado et al., 2006). En este sentido, Hernández et al. (2007) manifiestan que en el enfoque mixto la triangulación tiene grandes implicaciones convirtiéndose en el fundamento esencial de la propuesta mixta. Estos autores concluyen afirmando que «*la triangulación proporciona una visión holística, múltiple y sumamente enriquecedora. La utilización de múltiples métodos permite desarrollar un programa de investigación sistemático. Cada uno de los métodos debe generar un estudio completo en sí mismo. A su vez, debe indicar la naturaleza y dirección del siguiente*» (p. 796).

En el presente capítulo vamos a comparar los datos obtenidos a través de los instrumentos utilizados en nuestra investigación, es decir, a través del cuestionario y de la entrevista, centrándonos en las similitudes y diferencias de los resultados obtenidos en ambas etapas del estudio. Recordamos aquí que el análisis de los resultados obtenidos por el cuestionario nos sirvió de base para la elección del siguiente instrumento de investigación y para la selección de los expertos, que participaron en la segunda fase de nuestro trabajo. Estas decisiones se tomaron apuntando a la consecución de nuestro objetivo principal, el cual era conocer la realidad de la enseñanza del fútbol base y la formación de los entrenadores de este nivel. En este sentido McCullick et al. (2005) destacan la importancia que tiene triangular la información proveniente de los entrenadores que realizan los cursos con aquélla que emana de las personas (expertos) que los imparten.

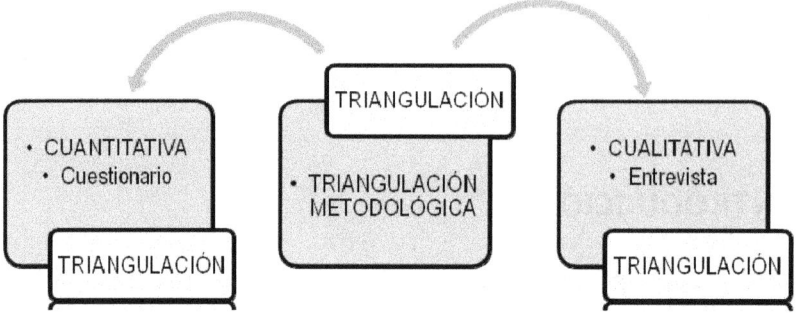

Figura 18. Triangulación de la investigación.

2. TRIANGULACIÓN POR DIMENSIONES

2.1. Dimensión personal

En esta dimensión pretendemos conocer los motivos que llevan a los entrenadores de fútbol base a dedicarse a entrenar, a la vez que intentamos comprender mejor la importancia que tiene la figura del entrenador en la iniciación deportiva y sus principales características.

En opinión de la mayoría de los expertos entrevistados, los entrenadores de fútbol base, en general, no se dedican a entrenar por motivos económicos. Estos datos se corresponden con los obtenidos en los cuestionarios, ya que los entrenadores están en desacuerdo o muy en desacuerdo (55,7%), aunque hay algunos que manifiestan entrenar por estos motivos. Al respecto creemos que, al no estar muy bien remunerada (cuando lo está) esta actividad, los entrenadores que llegan a entrenar en el fútbol base lo hacen, principalmente por otros motivos. Por tanto, no pensamos que las razones económicas sean la clave. En cambio, los entrevistados, en su mayoría, están de acuerdo con que existen muchos entrenadores que pretenden entrenar en un futuro en categorías superiores, lo cual sí concuerda con lo obtenido en las encuestas a entrenadores de fútbol base, donde obtuvimos que el 60,8% está de acuerdo o muy de acuerdo con estas intenciones. No obstante, hay un 27,8% que no tiene intención de entrenar en categorías superiores en el futuro. En este sentido, según hallamos en nuestro estudio de correlación, cuanto mayor formación académica tienen los entrenadores de fútbol base, menor acuerdo con entrenar en categorías mayores (p=0,003). En nuestra opinión es lógico que muchos entrenadores quieran entrenar en categorías superiores, sobre todo motivado por el hecho de que es donde se gana dinero y prestigio. En este sentido, hemos de decir que, tal como manifiesta el entrevistado Enrique, este modelo es el que venden los medios de comunicación, los cuales, hoy en día, tienen una gran influencia, tanto en adultos como en niños y niñas, lo cual puede hacer que, en muchas ocasiones, los motivos económicos y los de promoción vayan de la mano, tal como afirma Baltasar.

> Eh..., bueno, yo creo que es bastante heterogéneo, un poco la idea ¿no?, pero, básicamente, pues bueno, también creo que hay un mensaje de la propia televisión y de lo que se vive del mundo tan maravilloso, que es la primera división, los entrenadores, etc., que eso, primero, es un modelo importante para que las personas digan, pues yo quiero hacer esto, ¿no?, yo quiero ser entrenador del Real Madrid, etc. (Enrique, párr. 6).

> Lo que hemos dicho, porque la gente que tiene experiencia quiere entrenar arriba, quiere ganar dinero... (Baltasar, párr. 16).

Por otro lado, una de las principales razones por las que los entrenadores de fútbol base se dedican a entrenar es la satisfacción personal. Esta afirmación es mantenida por casi todos los sujetos entrevistados y, además, se corresponde con los datos hallados con los cuestionarios, donde obtuvimos que a prácticamente todos los encuestados (96,2%) les produce una gran satisfacción entrenar en el fútbol base y, también, les gustaría tener más tiempo para dedicarse a ello (92,4%). Además, se encontró una relación significativa (p=0,027) entre las categorías en las que entrenan los entrenadores del fútbol base y el hecho de que entrenar en el fútbol base se reporte una gran satisfacción. En este sentido vemos que, en general, e independientemente de la categoría, a los entrenadores de fútbol base de la provincia de Huelva les reporta una gran satisfacción entrenar en el fútbol base. Esto es así sobre todo en las categorías más pequeñas (Benjamín y Alevín), donde los entrenadores muestran estar más de acuerdo con que entrenar en el fútbol base les reporta una gran satisfacción. Este hecho, pensamos, es muy positivo, puesto que para llevar a cabo su tarea de forma eficiente, es muy importante que esté motivado y que le guste, a pesar de que, como hemos visto más arriba, muchas veces no esté adecuadamente recompensado e, incluso, remunerado. Por otro lado, también tenemos que decir que la persona encargada de enseñar el fútbol a los chicos y chicas, tiene una gran importancia para los entrevistados. No sólo desde el punto de vista del fútbol, sino, más aún, desde la perspectiva de iniciar en el deporte a los niños y niñas de estas edades. En este sentido, no es de extrañar que la mayoría de los expertos considere que para realizar la tarea del entrenador de fútbol base, éste ha de reunir una serie de características que conformen un perfil idóneo. Entre estas demandas, destacan las siguientes: el entrenador debe ser, sobre todo, un educador, debe tener una formación sólida, y debe reunir una serie de habilidades, tanto personales como sociales. En este sentido se expresa Carlos.

> Eh... está claro que el perfil profesional y, además, las competencias que debe reunir ese profesional para dar respuesta a ese perfil, a lo que se espera que ese profesional o ese técnico deportivo pueda hacer en el contexto, eh... está claro que un nivel I, no es solamente dirigir, acompañar a los jóvenes en la competición, no solamente es diseñar... diseñar entrenamientos, llevar a cabo entrenamientos convenientes a las edades, sino también el proceso formativo, educativo que eso conlleva ¿no? (Carlos, párr. 19).

En nuestra opinión, es totalmente cierto que la persona que esté al mando de un grupo de chavales tiene que tener una formación adecuada. Estamos hablando de personas que se están formando física, psíquica, emocional y socialmente, con lo que las influencias que reciban van a ser determinantes. En este sentido, no puede ser, como ocurre a veces, que *cualquiera* se haga cargo de entrenar a equipos de fútbol base, es menester exigir unos mínimos de formación, titulación e implicación personal con la labor que se realiza.

DIMENSIÓN PERSONAL
Coincidencias
• Los entrenadores de fútbol base, en general, no se dedican a entrenar por motivos económicos • Existen muchos entrenadores que pretenden entrenar en un futuro en categorías superiores • La satisfacción personal es una de las principales razones por las que los entrenadores de fútbol base se dedican a entrenar
Otros aspectos a tener en cuenta
• La figura del entrenador tiene una gran importancia en la iniciación deportiva de los chicos y chicas • El entrenador debe reunir una serie de características: educador, con formación y con habilidades personales y sociales

Cuadro 51. Triangulación de la dimensión Personal.

2.2. Dimensión variables sociodemográficas

Esta dimensión hace referencia a cuestiones que tratan de darnos información a la hora de establecer el perfil del entrenador de fútbol base. Nos referimos al género, la edad, estudios, y si ha sido jugador o no de fútbol federado.

La inmensa mayoría de los entrenadores de fútbol base de la provincia de Huelva es hombre (98,9%), lo cual coincide con que la mayoría de los entrevistados destaca que el género masculino de los entrenadores de fútbol base es el que predomina, mientras que la figura de la mujer tiene aún una presencia escasa. En cuanto a la edad, gran parte de los entrenadores encuestados estaba entre 21 y 30 años (58,2%). Por su parte, los expertos entrevistados coinciden en que, respecto a la edad, existe gran variabilidad, ya que unos afirman que prevalecen los jóvenes, mientras que otros aseveran que son los mayores los que abundan. No obstante, parece que existe una clara tendencia a que los entrenadores del fútbol base sean cada vez más jóvenes, así lo manifiestan Enrique y Horacio. Esto sí está en relación con los datos obtenidos en los cuestionarios.

> Bueno..., en esa cuestión, primero: cada vez los entrenadores son más jóvenes, con lo cual tengo la sensación de que muchos chicos que no han podido ser jugadores, pues, les va a interesando ¿no?, y, entonces, en ese sentido, los niveles de la edad de los que quieren entrar en los cursos, etc., son cada vez menores (Enrique, párr. 11).
> El perfil está variando poderosamente en los últimos tiempos, en las últimas temporadas. Ha pasado de ser una persona siempre mayor de 35 años a ser un joven que ya incluso, al tener los estudios de técnico deportivo, validez profesional y validez académica igual que los ciclos formativos, ciclo medio y ciclo superior, pues cada vez tenemos..., ahora mismo la media de alumnos es de 27 años de edad (Horacio, párr. 9).

Por otro lado, y en cuanto al nivel de estudios de los entrenadores de fútbol base, hemos de decir que, según los datos hallados con nuestro cuestionario, la mayoría tiene estudios secundarios, bachillerato, B.U.P./C.O.U. Esto concuerda, en parte, con lo que manifiestan los sujetos entrevistados. En este sentido cabe destacar que existe una gran variabilidad en cuanto al nivel de estudios de los entrenadores de fútbol base, existiendo una tendencia o evolución hacia que los entrenadores de fútbol base tengan una mayor preparación académica, a lo que parece haber contribuido la llegada de los Diplomados y Licenciados en Educación Física, tal como manifiesta Javier.

Incluso se está dando mucho el caso de personas que son entrenadores que tienen una formación universitaria..., relacionada con la Educación Física y el Deporte (Javier, párr. 11).

Por otro lado, cuando relacionamos la edad con el nivel de estudios de los entrenadores de fútbol base de la provincia de Huelva, obtenemos una relación significativa (p=0,005). Cabe decir que la mayoría de los entrenadores que tienen entre 21 y 30 años (edades entre las que están gran parte de los encuestados) poseen un nivel de estudios básico. Respecto a la cuestión de que los entrenadores de fútbol base hayan sido o no jugadores de fútbol antes de dedicarse a entrenar, los entrenadores encuestados han sido jugadores en un 63,3%, mientras que un 17,7% lo son aún en el momento de contestar al cuestionario. Estos datos coinciden con los que obtuvimos en nuestras entrevistas a expertos en el fútbol base, donde éstos consideran que gran parte de los entrenadores de fútbol base son exjugadores.

DIMENSIÓN VARIABLES SOCIODEMOGRÁFICAS	
Coincidencias	
• Predomina el género masculino • Muchos de los entrenadores son exjugadores	
Ciertas discrepancias	
CUESTIONARIO	ENTREVISTA
• Jóvenes entre 21 y 30 años • Nivel de estudios básico	• Edad variada de los entrenadores • Nivel de estudios diverso

Cuadro 52. Triangulación de la dimensión Variables Sociodemográficas.

2.3. Dimensión experiencia docente

La dimensión Experiencia Docente se refiere a aspectos relacionados con la importancia que tiene ésta en la enseñanza del fútbol, a los años que los entrenadores llevan entrenando y a las categorías en las que entrenan.

La mayoría de los entrenadores de fútbol base de la provincia de Huelva lleva entrenando entre 0 y 5 años (36,7%), mientras que un significativo 30'4% lo ha hecho entre 0 y 2 años. Esto denota una falta de experiencia notable, lo cual coincide con lo que opinan la mayoría de los expertos entrevistados, ya que éstos dicen que, normalmente, los entrenadores de fútbol base llevan entrenando pocos años. Así lo manifiesta claramente Carlos.

> Eh..., la realidad es que te encuentras que los entrenadores con más experiencia, o más oportunistas, están entrenando en las máximas categorías ¿no? Eh... y muy poca gente con mucha experiencia está trabajando en el deporte de base (Carlos, párr. 16).

Por su parte, Los expertos entrevistados, en general, le dan bastante importancia al hecho de tener experiencia para entrenar en el fútbol base, tal como expresan Fernando y Javier.

> Yo creo que cuando se habla de entrenadores teóricos y entrenadores prácticos, creo que es un error importante, porque o se tiene o no se tiene conocimiento, pero sí es cierto que la experiencia es determinante (Fernando, párr. 16).

> La experiencia es un dato importante, pero cuanto más cercana sea a la actividad a que se está realizando en ese momento, pues más te va servir esa experiencia (Javier, párr. 20).

En cuanto a las categorías en las que entrenan los entrenadores de fútbol base de la provincia de Huelva, éstos lo hacen mayoritariamente en las categorías benjamín y alevín; el 15,2% entrena en la categoría alevín, mientras que el 13,9% lo hace en las categorías benjamín y alevín conjuntamente, lo cual hace un total de 29,1%. En relación con esto, los entrevistados, no se ponen de acuerdo a la hora de decantarse por en qué categorías tienen que estar los entrenadores con más experiencia, algunos afirman que en la base y otros que en categorías superiores. En este sentido, quizás tenga algo que ver el hecho de que para muchos de los expertos debe haber entrenadores experimentados en todas las categorías. Según algunos de los expertos (Álvaro y Javier) la formación de los entrenadores de fútbol debería estar en función de las categorías en las que se trabaje. En nuestra opinión, es importante que, se trate de la categoría que se trate, la persona que está entrenando a chavales debe tener cierta experiencia, sobre todo para no cometer imprudencias de cualquier tipo.

> ... Pues un poco hilando con lo que acabamos de decir, seguramente lo suyo sería que hubiera una formación adecuada a niveles y si el nivel es el nivel base, el nivel de iniciación al fútbol, claro, el primer paso, pues, sería pasar por clubes de ayudante, estar en un segundo plano como ocurre con otras profesiones, si a esto podríamos llamarlo profesión (Álvaro, párr. 18).

DIMENSIÓN EXPERIENCIA DOCENTE ⇩	
Coincidencia	
• La mayoría de los entrenadores tiene poca experiencia	
Cierta discrepancia	
CUESTIONARIO	ENTREVISTA
• Muchos entrenadores entrenan en las categorías benjamín y alevín	• No hay unanimidad sobre en qué categoría han de entrenar los más experimentados

Cuadro 53. Triangulación de la dimensión Experiencia Docente.

2.4. Dimensión formación inicial

Esta dimensión hace referencia a la importancia que se le da a la formación inicial, al hecho de tener o no titulación específica de fútbol y al significado que tiene tener una titulación académica relacionada con la Educación Física y el Deporte. Además nos interesa conocer también la utilidad que tienen los contenidos de los cursos de entrenadores, tanto a nivel general como particular, y cuáles de ellos podrían mejorarse.

Según se desprende de los datos del cuestionario, una cantidad considerable de los entrenadores no tiene el título de entrenador (19%). Además, existe un elevado número de entrenadores que tiene solamente el Curso de Iniciación Aspirante a Técnico Deportivo de Fútbol (24,1%). A esto se une que muchos de los encuestados no le dan demasiada importancia al hecho de tener el título de entrenador (17,7%). Esta evidente falta de formación no se corresponde con la alta importancia dada por los expertos entrevistados a la formación inicial de los entrenadores de fútbol base, tal como ponen de manifiesto Fernando y Horacio.

> Lo que sí está claro, y no me cabe ninguna duda, que el entrenador de fútbol base tiene que estar formado, si no tiene buena formación el entrenador de fútbol base, es un mal entrenador, aunque disponga de otros valores (Fernando, párr. 23).

> Si no hay formación no hay enseñanza. Si no, no hay manera de transmitir. Si no hay conocimientos, tú no puedes transmitir esos conocimientos (Horacio, párr. 19).

Además, existe una relación significativa entre la titulación de fútbol y los años entrenando en el fútbol base (p=0,003), es decir, a menor nivel de titulación de fútbol, menor experiencia en el campo de la enseñanza del fútbol (0 y 5 años). Como vemos esta relación muestra dos aspectos no muy positivos en la enseñanza del fútbol, ya que la situación indica que los entrenadores no sólo tienen poca experiencia sino que además tienen escasa o nula titulación de fútbol.

Tampoco se corresponde con la opinión de los sujetos entrevistados respecto a la importancia de tener el título de entrenador, ya que para muchos de éstos el hecho de tener la titulación de entrenador de fútbol es importante, ya que no estiman conveniente el hecho de que haya tantos entrenadores de fútbol base desarrollando su labor sin tener ninguna titulación o con la pretitulación de Aspirante a Técnico Deportivo de Fútbol.

> Pues, ya lo he comentado antes, que no debería ser así, que no debería ser así. Eso es una tradición en el mundo del deporte federado. Una tradición porque a los niños les puede entrenar cualquiera. Y eso ocurre en el fútbol y en cualquier otro deporte. Cualquiera, con que, eso, con que juegue un poquito al fútbol, ya puede entrenar, vamos. Si lo vemos en la elite, en la elite de vez en cuando aparece algún entrenador que simplemente su único mérito es haber sido un gran exjugador, y lo malo es que, encima, luego obtienen resultados, algunos de ellos, ¿no? Y en la base eso ocurre con demasiada frecuencia. Por tanto, eso no, no está bien (Álvaro, párr. 31).

En cuanto a la cuestión referida a en qué categorías deberían estar los entrenadores con más formación, tenemos que decir que no existe unanimidad entre los entrevistados a la hora de ubicar a los entrenadores con mayor formación. Algunos dicen que en el fútbol base y otros que en las categorías superiores.

La gran mayoría de los expertos entrevistados considera que el hecho de tener estudios relacionados con la Educación Física y el Deporte es muy positivo a la hora de ejercer la enseñanza del fútbol. Esto está en relación con el hecho de que cada vez existen más entrenadores de fútbol base que tienen una formación académica relacionada con la Educación Física (24,1% de los entrenadores de nuestro estudio). En este sentido, los mismos sujetos entrevistados también consideran que cada vez hay más entrenadores en el fútbol base que tienen estudios académicos relacionados con la Educación Física y con el Deporte. Este dato, nos parece muy relevante, ya que pensamos, al igual que los expertos, que es muy importante este tipo de formación para ejercer la tarea de entrenador, en la iniciación deportiva en general, y en la enseñanza del fútbol, en particular.

En relación con el curso de entrenadores y los contenidos del mismo, la mayoría de los entrenadores considera, cuando se les pregunta por cada uno de ellos por separado, que los contenidos recibidos en el curso de entrenadores le han sido de utilidad en su labor como entrenador de fútbol base, lo cual coincide con lo que contestan los expertos, ya que estos consideran que, en general, casi todos o todos los contenidos que componen el currículum del entrenador de fútbol de nivel I, está bien, ya que si están ahí es por algo. Sin embargo, piensan lo contrario cuando se les pregunta por los contenidos en general (24,1% de los entrenadores encuestados). Lo mismo ocurre con los sujetos entrevistados, ya que la mayoría de ellos reconoce que algún contenido debería mejorar. Además más de 1/3 de los encuestados cree que el tiempo empleado en el curso de entrenadores es insuficiente, mientras que alrededor de 1/3 cree que los contenidos del curso de entrenadores no son suficientes para entrenar en el fútbol base. Estos datos parecen denotar cierto descontento de los entrenadores con el curso realizado y, por lo tanto, inferimos cierta necesidad de mejora en los contenidos del curso y duración de los mismos. En relación con lo anteriormente mencionado, un significativo 32% de los entrenadores encuestados están en desacuerdo o en muy en desacuerdo con el hecho de que los contenidos del curso de entrenadores le hayan sido de gran utilidad a la hora de desempeñar su función como entrenador de fútbol base. En cuanto a los contenidos que más utilidad tienen en el fútbol base, los entrevistados hacen mención a muchos de ellos, aunque destacan los siguientes: aquéllos que tienen relación con las ciencias médicas y biológicas (medicina deportiva, anatomía, fisiología y primeros auxilios), los que se refieren al entrenamiento deportivo y los que aluden a la Educación Física de Base.

> Entonces, una materia importante es la educación física de base. Otra materia importante es las ciencias biológicas. Si no conoce el funcionamiento del cuerpo humano, difícilmente va a aplicar la educación física de base... Nosotros le damos mucha importancia también a los primeros auxilios, porque en esos equipos de fútbol base no hay médico, no hay fisioterapeuta, no hay ATS, entonces, el técnico deportivo de primer nivel tiene que conocer, pues, todos los primeros auxilios: desde una pequeña lesión hasta la resucitación cardiopulmonar y, lógicamente, mucho más que la táctica (Horacio, párr. 27).

No obstante, gran parte de los entrevistados considera que los contenidos susceptibles de mejora son aquéllos que hacen referencia a los aspectos psicológicos, metodológicos y didácticos y, en menor medida los relativos a la preparación física, educación física de base y dirección de equipos.

Habría que dotar de más contenidos a la metodología de la enseñanza, que es fundamental. Quizás se haya desvirtuado un poco en ese sentido. Y es importante también, la educación física de base, pero bueno, creo que puede estar bien. Bueno, fundamentalmente, la metodología y las ciencias de la conducta (Horacio, párr. 29).

Por otro lado, cabe destacar también que algunos de los expertos consideran necesario la inclusión de contenidos relativos al inglés, nuevas tecnologías y educación deportiva, lo cual nos parece bastante interesante.

DIMENSIÓN FORMACIÓN INICIAL	
Coincidencias	
• Muchos entrenadores tienen poca formación inicial (titulación de fútbol) • Cada vez hay más entrenadores con estudios relacionados con la E.F. • Entrenadores y expertos, en general, consideran útiles los contenidos del curso de entrenadores, aunque piensan que algunos deben mejorar	
Cierta discrepancia	
CUESTIONARIO	ENTREVISTA
• Numerosos entrenadores no le dan mucha importancia a tener el título	• Los expertos le dan bastante importancia a tener el título

Cuadro 54. Triangulación de la dimensión Formación Inicial.

2.5. DIMENSIÓN FORMACIÓN PERMANENTE

En esta dimensión tratamos de conocer, por un lado, la importancia que tiene la formación permanente del entrenador de fútbol base y, por otro, dilucidar qué estrategias de formación son las más adecuadas para este colectivo.

Todos los expertos entrevistados coinciden en que la formación permanente tiene gran importancia.

Bueno, yo creo que es determinante. Es decir, yo creo que entre las capacidades que tiene ese perfil de…, cualquiera de los dos perfiles, tanto el de rendimiento como el de formación, pero especialmente el perfil del entrenamiento para la 'formación, una de las capacidades que tiene que tener ese entrenador es el…, de alguna forma, la inquietud ¿no?, las ganas permanentes de aprender y de mejorar (Fernando, párr. 34).

En este sentido cabe destacar que de los sujetos encuestados algo más del 2/3 piensa que realizar cursos, jornadas, etc. de E.F. y Deportes (44,3%) y también de fútbol (43,1%) es importante para realizar la labor de entrenador de fútbol. Además, prácticamente la totalidad los entrenadores analizados cree que el entrenador de fútbol base ha de estar al día (96,2% de los encuestados). También la mayoría de los individuos encuestados suele realizar cursos, jornadas, etc., para estar al día, ya que los que se ofertan suelen ser de su interés (77,2%). Como podemos comprobar, casi todos los entrenadores le dan una gran importancia a la formación continua, al igual que los expertos entrevistados. Por otra parte, al relacionar la titulación deportiva de fútbol con el ítem relativo al estado de acuerdo o desacuerdo con estar al día en su formación, hemos obtenido una relación significativa (p=0,004), donde aquellos entrenadores que tienen un nivel de formación intermedio (1º y 2º nivel) son los que más de acuerdo están con que el entrenador debe estar al día en su formación. También encontramos una relación estadísticamente significativa (p=0,008) cuando relacionamos las categorías en las que entrenan los jugadores y el grado de acuerdo con estar al día en la formación. En este sentido, cabe destacar que los entrenadores que entrenan en las categorías alevín y benjamín-alevín, son los que más realizan cursos, jornadas, etc., para estar al día. Parece, pues, que a mayor categoría en la que se entrena, menor realización de cursos y jornadas, etc., para estar al día. No obstante, y en nuestra opinión, habría que conocer hasta qué punto los entrenadores encuestados se preocupan de verdad en realizar cursos, jornadas, etc., puesto que muchas veces lo que los encuestados dicen que hacen o piensan, no se corresponde con lo que realmente hacen.

Prácticamente todos los entrenadores encuestados (89,8%) suelen intercambiar opiniones, experiencias, etc., con otros compañeros y entrenadores para estar al día y para completar su formación. Además, el 74,7% asevera trabajar en grupo dentro del club o escuela donde entrena. También, el 77,3% de los entrenadores suele leer libros, revistas, etc. para continuar formándose. Estos datos son alentadores, puesto que indican, al menos a priori, que los entrenadores tienen un gran interés por seguir formándose a través de las distintas estrategias de formación existentes. Según los expertos las estrategias de formación más adecuadas para la formación de los entrenadores de fútbol base son: cursos, jornadas, seminarios (sobre todo, con orientación práctica), intercambio de experiencias, grupos colaborativos, aprender del día a día la lectura (libros, revistas, on-line).

> Entonces, yo creo que tendríamos que buscar modelos más horizontales, como está ocurriendo en el mundo de la enseñanza, eh... Ahí el trabajo de M. es muy interesante ¿no?, sobre el trabajo colaborativo

de los técnicos de un mismo club ¿no?, de cómo, a partir de las prácticas y de las reuniones que ellos tienen, analizar, reflexionar y tomar decisiones sobre esa práctica. Podría ser de gran interés ¿no? (Carlos, párr. 32).

Hay mucha gente que explica sus experiencias en los libros y uno que tiene esa inquietud de leer y de estudiar, pues creo que tiene muchas posibilidades de sacar muchas cosas adelante. Y si, evidentemente, si está con sus problemas en la práctica, pues, creo que es la formación ideal (Enrique, párr. 36).

Por otra parte, cuando relacionamos las categorías en las que entrenan los entrenadores con el nivel de acuerdo con trabajar en grupo dentro del club o escuela donde se entrena, obtenemos una relación significativa (p=0,05). Es decir, los entrenadores de las categorías benjamín y alevín, son los que más de acuerdo están con trabajar en grupo dentro del club o colegio en el que entrenan. Como vemos, los datos hallados con el cuestionario y con la entrevista concuerdan.

DIMENSIÓN FORMACIÓN PERMANENTE
Coincidencias
• La Formación Permanente tiene una gran importancia • Las Estrategias de Formación más utilizadas por los entrenadores coinciden con las propuestas como más adecuadas por los expertos: cursos, jornadas, seminarios (sobre todo, con orientación práctica), intercambio de experiencias, grupos colaborativos, aprender del día a día y la lectura de libros, revistas, online

Cuadro 55. Triangulación de la dimensión Formación Permanente.

2.6. DIMENSIÓN CONCEPCIÓN ENSEÑANZA DEL FÚTBOL

Se trata de comprender mejor qué concepción de la enseñanza del fútbol tienen los entrenadores de fútbol base. En este sentido, queremos conocer qué opinan sobre la importancia que se le da actualmente a la competición, si ésta está adaptada a las características psicoevolutivas de los niños y niñas que lo practican y qué objetivos priman en la realidad del fútbol base y cuáles deberían ser priorizados.

Cuando le preguntamos a los entrenadores acerca de la importancia que le dan a los resultados de la competición, el 71% dice no darle mucha importancia, lo cual no coincide con lo expresado por los expertos entrevistados, ya que éstos opinan que en el fútbol base se le da demasiada importancia a la competición.

> Excesiva. En el fútbol base se le está dando por rutina, por tradición, se le está dando excesiva importancia a lo que es la competición, en detrimento de la formación. Hay unas nuevas corrientes que vienen lideradas por las escuelas de fútbol, por otros modelos de competición, que ya no le están dando tanta importancia. Pero esto va a tardar todavía tiempo...La competición genera una deformación de la formación en las edades tempranas. Porque el niño está más pendiente del resultado, y el entrenador está más pendiente del resultado, que de lo que es el aprendizaje. Y entonces, la competición, a veces, mata o disminuye la formación. De aquí, que yo piense personalmente, que los modelos de competición del fútbol base están obsoletos y hay que cambiarlos. No se puede hacer la competición de los niños a imagen y semejanza del fútbol profesional: ligas, competiciones y otra serie de cosas (Horacio, párr. 37).

En relación con lo anterior, predominan los entrenadores que se centran en los objetivos educativos (84,8%) y recreativos (69,7%), mientras que sólo un 16,5% está de acuerdo con plantearse objetivos competitivos. Además, hallamos una correlación significativa ($p=0,036$) al relacionar las categorías en las que entrenan los entrenadores y la importancia dada a los resultados en las competiciones. En este sentido, cabe señalar que los entrenadores que entrenan en las categorías más pequeñas, pre-benjamín, benjamín y alevín, son los que menos están de acuerdo con que los resultados obtenidos por su equipo en las competiciones son muy importantes. También resultó significativa la relación entre las categorías en las que entrenan los entrenadores y los objetivos educativos ($p=0,015$); es decir, los entrenadores que entrenan en las categorías benjamín y alevín están más de acuerdo con respecto al planteamiento de objetivos educativos. No obstante, estos datos no se corresponden con los que obtuvimos en las entrevistas, puesto que los expertos entrevistados aseveran que en el fútbol base los objetivos que predominan por encima de los demás son los de rendimiento.

> Está clarísimo que el de rendimiento. O sea, vamos, sin ninguna duda y totalmente exagerado como he dicho antes con el aspecto de la competición... Todo, todo lo que aglutina..., cualquier decisión que tú ves en el día a día, siempre tiene un trasfondo de rendimiento... Cualquier decisión de..., aunque sea una decisión que, a lo mejor, ni siquiera tiene que ver con el partido, sino de alguna convocatoria, de cómo

llevar a cabo la preparación de un partido, de..., no sé, cómo establecer el viaje. Todo lo que significa el entorno, un poquito, de la competición, tiene siempre un trasfondo de rendimiento, pero, además, clarísimo y, muchas veces, exagerado. Eso es lo que pasa en la realidad (Genaro, párr. 43).

Por otra parte, en cuanto a la adaptación del fútbol y de la competición a las características de los niños y niñas, los sujetos entrevistados consideran que, en líneas generales, ni la competición ni algunos aspectos de la enseñanza del fútbol están adaptados al niño o niña.

> Aunque ha habido un avance con el fútbol 7, que ha costado la misma vida a los tradicionalistas del fútbol, pero yo creo que se debería adaptar en algunas categorías y contextos, muchísimo más. Adaptar el número de jugadores, el espacio del campo, el balón, las dimensiones de las porterías... (Álvaro, párr. 53).

Estos datos no se corresponden con lo que manifiestan los entrenadores de fútbol base de la provincia de Huelva, puesto que algo más de la mitad de ellos (54,4%) cree que la competición está adaptada, aunque un significativo 39,2% manifiesta lo contrario.

DIMENSIÓN CONCEPCIÓN ENSEÑANZA FÚTBOL	
Ciertas discrepancias	
CUESTIONARIO	ENTREVISTA
• Los entrenadores no le dan mucha importancia a la competición • En general, la competición está adaptada a las características de los niños y niñas • Los entrenadores se plantean, fundamentalmente, objetivos educativos y recreativos	• Los expertos piensan que los entrenadores le dan demasiada importancia a la competición • En líneas generales, ni la competición ni algunos aspectos están adaptados • En el fútbol base predominan los objetivos de rendimiento

Cuadro 56. Triangulación de la dimensión Concepción Enseñanza del Fútbol.

2.7. DIMENSIÓN METODOLOGÍA

En esta dimensión intentamos conocer mejor la metodología de enseñanza utilizada por los entrenadores de fútbol base, así como algunos aspectos relacionados con ésta, tales como la programación, la evaluación y la utilización de juegos reducidos en la enseñanza del fútbol.

En relación con la utilización de los distintos métodos de enseñanza, cabe señalar que los entrenadores indican que no utilizan los métodos directivos en un 40,5%, mientras que un 39,2% está de acuerdo. Con lo que vemos que existen muchos entrenadores que usan métodos directivos. Respecto a los métodos de enseñanza basados en el descubrimiento, el 76,5% suele usar este tipo de métodos. Por otro lado, cuando relacionamos las categorías en las que entrenan los entrenadores y la utilización de métodos de enseñanza basados en el descubrimiento, obtenemos una relación significativa ($p=0,048$), lo cual quiere decir que a menor categoría (benjamín y alevín), mayor número de entrenadores que manifiestan un grado de acuerdo con la utilización de métodos de enseñanza basados en el descubrimiento. Vemos, no obstante, que estos datos no se corresponden totalmente con lo expresado por los expertos entrevistados, puesto que éstos consideran que los métodos de enseñanza que predominan en el fútbol base son los directivos, aunque deberían utilizarse con más frecuencia los basados en la resolución de problemas.

> Bueno, está claro que ha predominado un modelo técnico por delante de los modelos alternativos basados en teorías constructivistas y cognitivas (Fernando, párr. 48).
> Predomina, todavía, el método directo. El método directo, la instrucción directa. Y cuando hablo de instrucción, es hablar de algo militar, de enseñanza militar (Horacio, párr. 47).

En lo referente a la programación y a la evaluación de la enseñanza del fútbol, los sujetos entrevistados creen que la programación y la evaluación tienen gran importancia, aunque no suele llevarse a cabo. Sin embargo, los entrenadores aseveran que suelen programar y evaluar con cierta frecuencia. De nuevo, aquí habría que comprobar si lo que dicen que hacen los entrenadores se corresponde con la realidad, tal como manifiestan Javier y Carlos.

> Haciendo una comparación con el resto del fútbol base, en el resto de clubs, normalmente no se da programación de ningún tipo (Javier, párr. 64).
> Pues lo que conozco, y lo que pretendo conocer, la verdad es que muy poco (Carlos, párr. 52).

En lo referido a la utilización de juegos reducidos, comprensivos o modificados, los expertos consideran que el uso de éstos resulta ser muy interesante en la enseñanza del fútbol.

> Bueno, yo creo que son muy interesantes este tipo de juegos, de ejercicios, porque, de alguna manera, les ayuda a los niños a aprender más rápidamente y a conocer mejor el juego ¿no? yo creo que ayudan bastante (David, párr. 48).

Cabe señalar que el 88,6% de los entrenadores dice utilizar una metodología basada en el juego, lo cual, como veíamos más arriba, se contradice con lo que opinan los expertos, ya que éstos aseguran que la metodología predominante es la tradicional, la cual no se fundamenta, precisamente en el juego, sino en la enseñanza analítica de la técnica.

DIMENSIÓN METODOLOGÍA	
Ciertas discrepancias	
CUESTIONARIO	ENTREVISTA
• Los entrenadores suelen utilizar métodos basados en el descubrimiento • Los entrenadores dicen que suelen programar y evaluar la enseñanza del fútbol • Los entrenadores basan su metodología en el juego	• Los expertos opinan que en el fútbol base predominan los métodos directivos • Los entrevistados creen que no es usual programar ni evaluar en el fútbol base • Los sujetos consideran que predomina la enseñanza tradicional basada en la técnica

Cuadro 57. Triangulación de la dimensión Metodología.

2.8. DIMENSIÓN NECESIDADES DE FORMACIÓN.

Esta última dimensión hace referencia a los contenidos y aspectos que son más necesarios en la formación de los entrenadores de fútbol base.

Como veíamos en la dimensión *Formación Inicial*, muchos entrenadores encuestados piensan que los contenidos del curso de entrenadores no fueron muy útiles, cuando se les pregunta por los contenidos en general (24,1%). Lo mismo ocurre con los sujetos entrevistados, ya que la mayoría de ellos reconocen que algún contenido debería mejorar. Además más de 1/3 de los encuestados cree que el tiempo empleado en el curso de entrenadores es insuficiente, mientras que alrededor de 1/3 cree que los contenidos del curso de entrenadores no son suficientes para entrenar en el fútbol base. Estos datos parecen denotar cierto descontento de los entrenadores con el curso realizado y, por lo tanto, inferimos cierta necesidad de mejora en los contenidos del curso y duración de los mismos. En relación con lo anteriormente mencionado, un significativo 32% de los entrenadores encuestados está en desacuerdo o muy en desacuerdo con el hecho de que los contenidos del curso de entrenadores le hayan sido de gran utilidad a la hora de desempeñar su función como entrenador de fútbol base. Por su parte, los expertos entrevistados suelen referirse, en general, a una gran variedad de contenidos como imprescindibles en la formación de los entrenadores de fútbol base. No obstante, las materias más destacadas son las siguientes: metodología, aspectos técnico-tácticos, psicología, preparación física y educación física de base. A esto habría que añadir el hecho de que los sujetos entrevistados consideran que los contenidos que más deben mejorar son los referidos a la metodología y a la psicología.

> Como te dije anteriormente, yo creo que tiene que estar preparado bien, básicamente, que sepa bien cómo llevar un equipo, y después, el trato, la psicología de llevar un grupo, yo creo que es muy importante, sobre todo en edades pequeñas... un trato mal hacia el niño yo creo que lo puede marcar y puede hacer que deje el deporte. Yo creo que, sobre todo eso, que sepa llevar al grupo, tener psicología con los críos, para mí es lo más importante (Baltasar, párr. 59).

> Eh... educación física, ciencias de la conducta, metodología y ciencias biológicas. No deberían faltar nunca. Puede faltar la legislación deportiva, puede faltar las reglas de juego, que se puede aprender por otro camino, pero estas 4 ó 5 deben estar siempre presentes (Horacio, párr. 58).

DIMENSIÓN NECESIDADES DE FORMACIÓN
Los contenidos susceptibles de mejora son: metodología, psicología, técnico-táctica, preparación física y educación física de base

Cuadro 58. Triangulación de la dimensión Necesidades de Formación.

Tras realizar la triangulación de los datos obtenidos con nuestra investigación, en el siguiente capítulo expondremos las conclusiones más relevantes de nuestro trabajo.

Capítulo VIII
CONCLUSIONES DE LA INVESTIGACIÓN

«Lo que sabemos es una gota de agua, lo que ignoramos es el océano»
(Isaac Newton).

En este apartado exponemos, por un lado, las limitaciones y dificultades que nos hemos encontrado durante la realización de este trabajo, así como a las principales conclusiones de nuestra investigación. A continuación, partiendo de las conclusiones, nos centraremos en las implicaciones que conllevan las conclusiones de nuestro estudio y describiremos algunos aspectos de una propuesta de mejora. Por último, haremos mención a ciertas perspectivas de futuro.

1. LIMITACIONES DEL ESTUDIO

Uno de los principales factores limitantes de nuestro estudio, ha sido la, prácticamente, inexistencia de estudios similares, ni de fútbol, ni de otros deportes. Sólo hemos encontrado algunos que hacían referencia a aspectos concretos y aislados de nuestra investigación y, la mayoría de las veces, se referían a otros deportes. Esto ha hecho que no hayamos podido discutir nuestros resultados con la profundidad que nos hubiese gustado. En segundo lugar, quisiéramos hacer referencia a la dificultad que hemos encontrado a la hora de que los encuestados devolviesen el cuestionario cumplimentado, ya que la disposición de cada persona es distinta y no todo el mundo está dispuesto a perder su tiempo en asuntos que no le incumbe de forma directa. Por otra parte, nos hubiera gustado poder ampliar la población de entrenadores encuestados. También, debemos destacar que pensamos, a pesar de nuestro esfuerzo y persistencia, que hemos conseguido pocos cuestionarios de una de las Mancomunidades participantes en nuestro estudio (El Condado de Huelva), ya que sabemos que en esta Mancomunidad hay más entrenadores de fútbol base de los que han contestado. En cuanto a las entrevistas, decir que nos hubiera gustado haber mantenido un contacto personal con los entrevistados para poder comentar los resultados obtenidos con cada entrevista, pero esto no fue posible por motivos de accesibilidad y de dispersión geográfica de los mismos.

2. CONCLUSIONES

Llegados a este punto, a continuación exponemos las conclusiones de nuestro trabajo relacionándolas con los objetivos de la investigación descritos en la introducción de este trabajo.

2.1. Consecución de los objetivos

Objetivo 1. Establecer el perfil del entrenador de fútbol base

El perfil del entrenador de fútbol base de la provincia de Huelva se corresponde con el siguiente: hombre de entre 21 y 30 años, con estudios secundarios, bachillerato, B.U.P./C.O.U., que juega o ha jugado al fútbol y lleva entrenando en el fútbol base entre 0 y 5 años.

Objetivo 2. Exponer los motivos que llevan a los entrenadores de fútbol base a dedicarse a esta labor

a) La satisfacción personal es una de las principales razones por las que los entrenadores de fútbol base se dedican a entrenar.
b) Existen muchos entrenadores que pretenden entrenar en un futuro en categorías superiores.
c) Los entrenadores de fútbol base, en general, no se dedican a entrenar por motivos económicos.

Objetivo 3. Determinar las características que debe reunir el entrenador de fútbol base

a) La figura del entrenador tiene una gran importancia en la iniciación deportiva de los chicos y chicas.
b) El entrenador debe reunir una serie de características, las cuales son: educador, con formación y con habilidades personales y sociales.

Objetivo 4. Analizar la formación y cualificación que tienen los distintos entrenadores de fútbol base

Objetivo 4.1. Precisar la formación inicial de los entrenadores de fútbol base.

a) Respecto al nivel de estudios, existe diversidad, aunque predominan los que tienen estudios básicos. No obstante, cada vez tiene mayor formación académica. Cada vez hay más Diplomados y Licenciados en Educación Física.
b) Existen muchos entrenadores sin titulación o con la pretitulación denominada Aspirante a Técnico Deportivo en Fútbol.

Objetivo 4.2. Concretar la formación permanente de los entrenadores de fútbol base.

a) Entrenadores y expertos consideran que la formación permanente es muy importante.
b) Prácticamente la totalidad los entrenadores analizados cree que el entrenador de fútbol base ha de estar al día.
c) Los expertos creen que las estrategias de formación permanente más adecuadas son: cursos, jornadas, seminarios (sobre todo, con orientación práctica), intercambio de experiencias, grupos colaborativos, aprender del día a día la lectura (libros, revistas, on-line).

Objetivo 4.3. Exponer la experiencia docente que tienen los entrenadores de fútbol base.

a) La experiencia tiene gran importancia a la hora de entrenar en el fútbol base.
b) Normalmente los entrenadores de fútbol base llevan poco tiempo entrenando en el fútbol base, entre 0 y 5 años.

Objetivo 4.4. Explicar y analizar la utilidad de los contenidos de los cursos de entrenadores de fútbol base.

a) Más de 1/3 de los encuestados cree que el tiempo empleado en el curso de entrenadores es insuficiente.
b) Más de 1/3 cree que los contenidos del curso de entrenadores no son suficientes para entrenar en el fútbol base.
c) Los contenidos del curso de entrenadores más útiles son: medicina deportiva, entrenamiento deportivo y educación física de base.
d) Los contenidos que han de mejorar son los de metodología y psicología.

Objetivo 5. Describir y examinar la metodología de enseñanza aplicada por los entrenadores de fútbol base

a) Aproximadamente la mitad de los entrenadores suele utilizar métodos de enseñanza directivos.
b) Los métodos de enseñanza que predominan se basan en la instrucción directa, los directivos, aunque deberían utilizarse con más frecuencia los basados en la resolución de problemas.

Objetivo 6. Identificar la concepción de la enseñanza del fútbol que tienen los entrenadores de fútbol base

a) Gran parte de los entrenadores considera importante, en la labor del entrenador de fútbol base, enseñar/educar a otras personas, y considera el fútbol como un medio a través del cual pueden educar a sus jugadores y jugadoras.
b) Por el contrario, en el fútbol base se le da demasiada importancia a la competición.
c) En líneas generales, ni la competición ni algunos aspectos de la enseñanza del fútbol están adaptados al niño o niña.
d) En el fútbol base predominan los objetivos de rendimiento.

Objetivo 7. Establecer las necesidades de formación de los entrenadores de fútbol base

Los contenidos susceptibles de mejora son: metodología, psicología, técnico-táctica, preparación física y educación física de base.

Objetivo 8. Determinar y analizar las relaciones entre la edad, la titulación académica, la titulación de fútbol, las categorías en las que entrenan, los años entrenando de los entrenadores de fútbol base y las demás variables estudiadas

Objetivo 8.1. Disponer y estudiar las relaciones entre la edad y otras variables.

a) La mayoría de los entrenadores que tienen entre 21 y 30 años (edades entre las que están gran parte de los encuestados) posee un nivel de estudios básico.
b) Los entrenadores jóvenes de 21-30 años tienden a no tener titulación, a tener sólo el curso de iniciación aspirante a técnico deportivo, o a tener el primer nivel de entrenador de fútbol. Esto denota una clamorosa falta de

formación de los entrenadores y entrenadores de fútbol base de la provincia de Huelva.

Objetivo 8.2. Delimitar y analizar las relaciones entre la titulación académica y otras variables.

a) Cuanta mayor formación académica tienen los entrenadores, menor acuerdo con entrenar en categorías mayores.

Objetivo 8.3. Precisar y estudiar las relaciones entre la titulación de fútbol y otras variables.

a) Los entrenadores que tienen otra titulación deportiva diferente a la de fútbol, se decantan, en su mayoría, por deportes de la misma familia (colectivos o de cooperación-oposición).

Objetivo 8.4. Exponer y examinar las relaciones entre las categorías en las que entrenan y otras variables.

a) Los entrenadores que entrenan en las categorías más pequeñas, prebenjamín, benjamín y alevín, son los que menos están de acuerdo con que los resultados obtenidos por su equipo en las competiciones son muy importantes.
b) Los entrenadores consideran importante o muy importante enseñar/educar a otras personas.
c) Son las categorías Benjamín y Alevín las que cuentan con un grado de acuerdo mayor respecto al planteamiento por parte de los entrenadores de objetivos educativos.
d) En general, e independientemente de la categoría, a los entrenadores de fútbol base de la provincia de Huelva les reporta una gran satisfacción entrenar en el fútbol base.

2.2. Implicaciones y propuesta de mejora

Los datos y conclusiones obtenidos con nuestra investigación, deben de servir a las instituciones y organismos que dirigen el deporte en general, y el fútbol en particular, para abundar en la formación de los técnicos y entrenadores de fútbol, apoyándose en un conocimiento concreto y objetivo de la realidad en la que trabajan, atendiendo, igualmente, a las necesidades e intereses de formación de los propios entrenadores. En este sentido, pensamos que las conclusiones obtenidas en nuestro estudio deberían tener implicaciones en tres campos: federaciones de fútbol, facultades de ciencias de la actividad física y del deporte y los propios entrenadores de fútbol base.

Implicaciones para las federaciones de fútbol

- Las enseñanzas de los cursos de entrenadores deben partir de las características personales de los entrenadores que acuden a los cursos de entrenadores: jóvenes, con un nivel de estudios básico, con poca experiencia y sin dedicación exclusiva a la labor de entrenador, puesto que la mayoría vive de otra profesión.
- Al tender los entrenadores a no tener titulación, y a tener una formación escasa, se debe motivar a éstos para que realicen o acaben, según el caso, el curso y tengan una formación adecuada.
- El contenido *desarrollo profesional* del currículo del curso de entrenadores, tiene poca aceptación entre los entrenadores que entrenan en el fútbol base, lo cual ha de ser tenido en cuenta a la hora de confeccionar los contenidos de estos cursos.
- Desde las federaciones de fútbol se ha de estimular y motivar a los entrenadores hacia una formación permanente, regular y de calidad.
- Si la mayoría de los entrenadores son partidarios de una práctica placentera del fútbol y del planteamiento de objetivos educativos, reforzar estos aspectos, en detrimento de otros (competición, rendimiento...).

Implicaciones para las Facultades de Ciencias de la Actividad Física y del Deporte

- Al tender los entrenadores a no tener titulación, y a tener una formación escasa, se debe motivar a los alumnos de la aplicación específica de fútbol a que realicen también el curso de entrenadores de fútbol y tengan una formación adecuada.
- Las Facultades de Ciencias de la Actividad Física y del Deporte se ha de estimular y motivar hacia una formación permanente regular y de calidad.
- Como la mayoría de los entrenadores son partidarios de una práctica placentera del fútbol y del planteamiento de objetivos educativos, reforzar estos aspectos, en detrimento de otros (competición, rendimiento...).

Implicaciones para los entrenadores de fútbol base

- Los entrenadores deben realizar el curso de entrenadores, al menos el de primer nivel.

- La formación permanente es vital, por tanto, los entrenadores tiene que seguir formándose, a través de la realización de cursos, jornadas, lectura de libros, etc. No solo realizar una formación permanente relacionada con el fútbol, sino también con otros deportes similares (cooperación/oposición) para enriquecer así su formación.
- Los niños y niñas de estas edades están formándose, lo cual hace que los entrenadores deban concienciarse de la importancia que tiene en estas edades, la formación y la educación integral a través de la práctica deportiva, en este caso, por medio del fútbol, y ponerla en práctica de forma real.

En cuanto a nuestra propuesta de mejora, en ésta contemplamos los siguientes aspectos, que, si bien, son orientativos, pueden incidir positivamente en la formación de los entrenadores de fútbol base. Refiriéndonos básicamente al curso del nivel I, y basándonos en los datos de nuestra investigación, a continuación exponemos **algunas consideraciones para la mejora del proceso de enseñanza-aprendizaje del fútbol.**

- Los datos de nuestra investigación (objetivo 4.1.) aluden a que existen muchos entrenadores sin titulación o con la de Aspirante a Técnico Deportivo de Fútbol. Por tanto, sería conveniente que desde las instituciones competentes (Facultades, Federaciones, Patronatos, Servicios de deportes, Clubes, Escuelas Deportivas, etc.) se llevara a cabo una campaña de **concienciación, estimulación y motivación**, para que todos los entrenadores que no tengan título se lo saquen, y los que tengan el de Aspirante a Técnico Deportivo de Fútbol, se animen y realicen el nivel I.
- Teniendo en cuenta los resultados obtenidos en el objetivo 4.2., se debe seguir fomentando la participación de los entrenadores en actividades de formación permanente. Cabe destacar en la formación de los entrenadores de fútbol, la importancia que tiene la **formación permanente** (Nash y Collins, 2006). Por tanto, las instituciones responsables (Facultades de CC. de la Actividad Física y el Deporte y Federaciones de Fútbol) deberían atender a las demandas de los propios entrenadores y, en función de éstas, poner en funcionamiento planes de formación adecuados. Se trataría de, tal como se deduce de los resultados de nuestra investigación, ofrecer cursos, jornadas, pero, sobre todo con una marcada orientación práctica. También se ha de favorecer el intercambio de experiencias entre los entrenadores, donde se reflexione sobre las distintas experiencias. Otra forma útil de seguir aprendiendo son los grupos colaborativos o comunidades de práctica entre entrenadores de un mismo club o escuela (también cabría la posibilidad de hacerlo

entre clubes o escuelas). Incluso estas formas de aprendizaje podrían realizarse por categorías, es decir, agrupándolas en función de las similitudes entre ellas, ya que, como sabemos, no es lo mismo entrenar a alevines que a juveniles. Otra estrategia de formación, más tradicional, pero no menos importante, es la lectura de libros, revistas escritas o electrónicas. Se trataría de hacer más accesibles este tipo de recursos, creando una biblioteca, base de datos, etc. En este sentido, Werthner y Trudel (2006), aseveran que las federaciones deportivas deberían estimular las estrategias de formación informales.

- Según los resultados hallados en nuestro estudio (objetivo 4.4.) existen asignaturas que son susceptibles de mejora: metodología y psicología. Al respecto, pensamos que se debería mejorar los contenidos de enseñanza de las asignaturas de metodología y de psicología, dotándolas de los contenidos adecuados para los chicos y chicas de estas edades. En este sentido, sería conveniente, que la psicología estuviera relacionada con los chicos y chicas de estas edades y contemplara aspectos relacionados con la **psicología evolutiva** y con el **aprendizaje y desarrollo motor**. En este sentido, cabe destacar, como lo hace Vegas (2006), que el currículum del Técnico Deportivo en Fútbol no hace alusión al conocimiento que ha de tener éste respecto al desarrollo y características psicoevolutivas de los niños y niñas que practican fútbol. Sin embargo, es necesario una formación inicial que proporcione conocimientos relativos al aprendizaje y desarrollo motor (Vegas, 2006). De esta manera, se expresa Coca (2008), cuando manifiesta que debemos conocer a fondo el desarrollo psicoevolutivo del niño en todas las edades. También Quinn y Carr (1998) resaltan que, a veces, los niños abandonan la práctica del fútbol a causa del desconocimiento, por parte del entrenador, de los patrones de crecimiento y de desarrollo motor. En este sentido Jones (1996), encuentra en su estudio sobre entrenadores de fútbol ingleses, que una de sus demandas es la adquisición de conocimientos acerca del desarrollo psicoevolutivo del niño. Abraham y Collins (1998), destacan la importancia que tiene para un entrenador tener conocimientos sobre el aprendizaje motor humano. Además, pensamos que, aunque todos los contenidos tienen su importancia, deberían reforzarse, tal como manifiestan nuestros datos, aquéllos que hacen referencia a la medicina y seguridad deportiva, metodología y preparación física. Según Stewart y Sweet (1992), los entrenadores necesitan unos conocimientos adicionales en áreas de las ciencias del deporte como la psicología, la fisiología y la nutrición, entre otras. Además, es muy importante lo que podemos denominar **didáctica del fútbol**, que podría unirse con la de Metodología o, considerarse por separado. En este contenido entrarían aspectos relacionados con: elaboración de la planificación y

- de la programación, construcción de unidades didácticas y de sesiones, comunicación y enseñanza, recursos didácticos, etc.
- Por otro lado, y siguiendo los resultados obtenidos en el objetivo 7 de nuestro trabajo, sería conveniente, en general, realizar una revisión de los contenidos de las asignaturas de metodología y psicología, como hemos explicitado anteriormente, pero también de las que hacen referencia a la técnica y a la táctica, a preparación física y a la educación física de base. En este sentido, habría que dotar de más peso a la asignatura de preparación física, con el objetivo de poder incluir aquí aspectos relacionados con la **Educación Física de Base**, ya que parece que el tiempo dedicado a ésta no es suficiente. Además, Morcillo (2004b) manifiesta que en pocos clubes se llevan a cabo trabajos de motricidad en edades tempranas, lo cual no parece lo más adecuado desde el punto de vista de la formación.
- En relación con el objetivo 5 de nuestro trabajo, y respecto a la asignatura de metodología, los datos nos dicen que los métodos directivos son los más utilizados por los entrenadores de fútbol base, mientras que los más adecuados para estas edades son los que se basan en la resolución de problemas. Por tanto, parece adecuado formar a los entrenadores de fútbol base acerca del **modelo comprensivo** de enseñanza del deporte en la asignatura de metodología, ya que desde el punto de vista educativo y formativo, son muy interesantes. En este sentido se expresan autores como Arriscado y Dalmau (2009).
- Teniendo en cuenta los resultados obtenidos en el objetivo 6 de nuestra investigación, los entrenadores suelen dar excesiva importancia a la competición y a los resultados obtenidos en ésta. En nuestra opinión, se debería dar, en los cursos de entrenadores y en las facultades de Educación Física, un enfoque más formativo y educativo de la enseñanza del fútbol, para así formar y concienciar a los nuevos entrenadores en este sentido. Por tanto, habría que cambiar la **concepción** actual que tienen los entrenadores de fútbol base sobre la **enseñanza del fútbol**. Es notorio y evidente que se le da demasiada importancia a la competición, lo cual va en detrimento de a educación y de la formación integral de las personas. Aunque la competición no es mala de por sí, si no se utiliza adecuadamente, puede llegar a ser nociva. En este sentido, habría que adaptar los sistemas de competición actuales, los cuales son meros calcos del de los adultos. En este sentido, Wein (2007), reclama que la competición ha de adaptarse a las características físicas e intelectuales de los jugadores. Además, habría que seguir adaptando los elementos estructurales del fútbol al niño o niña, es decir, realizar **adaptaciones en los elementos estructurales:** número de jugadores, tamaño del campo, etc. En este sentido habría que investigar sobre la adecua-

ción o no del fútbol 5 y fútbol 9, además de ciertas adaptaciones de las porterías, que a veces son demasiado grandes para los chavales, o el peso y el tamaño de los balones, etc. Las adaptaciones del fútbol realizadas hasta la fecha, son positivas, aunque insuficientes. Convendría, pues, seguir adaptando el fútbol al niño. Por otra parte, también, hemos de comentar que en el fútbol base tendrían que prevalecer los objetivos educativos, en vez de los de rendimiento, como sucede actualmente, tal como se deduce de los resultados obtenidos en nuestro estudio.

- Por otro lado, normalmente los entrenadores de fútbol base tienen poca experiencia, llevan poco tiempo entrenando. Por este motivo cobra gran importancia el contenido/asignatura de las prácticas en el curso de entrenadores. Se trata de proporcionar y asegurar una formación adecuada como ayudante, es decir, a través de un **mentoring** formal en el que la figura del mentor es determinante (Cushion, 2006 y Jones et al., 2003), puesto que va a ser quien va a guiar al entrenador en prácticas y de quien va a aprender (ya que la mayoría de los conocimientos que adquieren los entrenadores se produce a través de la observación de otros entrenadores (Cushion, 2006; Cushion et al., 2003). Morcillo (2004b), observa que la figura del *entrenador* colaborador no está implantada en las categorías inferiores. En este sentido, pues, se debería plantear un proceso de *mentoring* reglado con el fin de mejorar la calidad de los entrenadores. Además, las instituciones y federaciones deberían crear, fomentar y financiar programas estructurados y formales de *mentoring* (Jiménez y Lorenzo, 2009).

A continuación exponemos en un cuadro explicativo nuestra propuesta de mejora. Para ello nos basamos en una serie de acciones a llevar a cabo en función de los resultados obtenidos en nuestro trabajo, teniendo en cuenta, también, a los responsables de la puesta en práctica de las mismas, los objetivos a conseguir con éstas y algunos indicadores de la ejecución.

N°	Acciones de mejora según informe final	Responsables	Objetivos a conseguir	Indicadores de la ejecución de la acción
1	Realización de campañas informativas, de concienciación y de motivación para que los entrenadores realicen el curso de nivel I	• Facultades CC. Actividad Física y el Deporte • Federaciones de Fútbol • Diputaciones, Patronatos y Servicios de Deportes • Escuelas y Clubes de Fútbol	• Concienciar a instituciones y entrenadores de fútbol base sobre la importancia de la formación, y motivar para que los entrenadores realicen el curso de entrenadores de nivel I	• Valoración y constatación de la puesta en práctica de dichas campañas • Registro de los entrenadores titulados por las Federaciones de Fútbol
2	Mayor fomento y desarrollo de una adecuada formación permanente	• Facultades CC. Actividad Física y el Deporte • Federaciones de Fútbol • Diputaciones, Patronatos y Servicios de Deportes • Escuelas y Clubes de Fútbol	• Fomentar una adecuada formación permanente de los entrenadores de fútbol base	• Establecimiento y puesta en práctica de un programa anual de actividades de formación permanente para los entrenadores de fútbol base • Evaluación de dicho programa de educación permanente
3	Dotación de más peso (horas y contenidos) a las asignaturas de psicología evolutiva y aprendizaje y desarrollo motor del curso de entrenadores de fútbol de nivel I	• Federaciones de Fútbol	• Incrementar los conocimientos de los entrenadores de fútbol base en relación con la psicología evolutiva, el aprendizaje y el desarrollo motor de los jóvenes futbolistas	• Valoración de los contenidos y de la carga horaria de estos contenidos en el currículum de formación de los entrenadores de nivel I
4	Inclusión de la asignatura de *didáctica del fútbol* en el currículum de los entrenadores de fútbol base	• Federaciones de Fútbol	• Aumentar conocimientos de los entrenadores de fútbol base relacionados con la didáctica del fútbol (programación, evaluación, organización y control del grupo, comunicación y enseñanza, recursos didácticos...)	• Evaluación y comprobación de la inclusión y adecuación de los contenidos relacionados con la didáctica aplicada a la enseñanza del fútbol

Nº	Acciones de mejora según informe final	Responsables	Objetivos a conseguir	Indicadores de la ejecución de la acción
5	Inclusión de la asignatura de *Educación Física de Base* en el currículum de los entrenadores de fútbol base	• Federaciones de Fútbol	• Ampliar los conocimientos de los entrenadores de fútbol base con relación a las habilidades perceptivo-motrices para el desarrollo de las habilidades específicas del fútbol	• Evaluación y comprobación de la inclusión y adecuación de los contenidos relacionados con la Educación Física de Base
6	Introducción y/o mayor desarrollo de los contenidos relacionados con el modelo de enseñanza *comprensivo* dentro de la asignatura de Metodología	• Federaciones de Fútbol	• Añadir a los conocimientos de los entrenadores de fútbol base los relacionados con las nuevas metodologías de enseñanza del fútbol	• Evaluación y comprobación de la inclusión y adecuación de los contenidos relacionados con la Educación Física de Base
7	Mayor insistencia en el tratamiento educativo de la enseñanza del fútbol	• Facultades CC. Actividad Física y el Deporte • Federaciones de Fútbol • Diputaciones, Patronatos y Servicios de Deportes • Escuelas y Clubes de Fútbol	• Lograr una mayor concienciación acerca de las posibilidades educativas de la enseñanza del fútbol y de su importancia	• Puesta en práctica de campañas relacionadas con la transmisión de valores educativos en la enseñanza del fútbol • Valoración y evaluación de las mismas
8	Continuación de las adaptaciones en los elementos estructurales del fútbol (espacio, nº jugadores...)	• Facultades CC. Actividad Física y el Deporte • Federaciones de Fútbol • Diputaciones, Patronatos y Servicios de Deportes • Escuelas y Clubes de Fútbol	• Adaptar la enseñanza del fútbol a las características psicoevolutivas de los niños y niñas • Progresar en la enseñanza del fútbol	• Introducción y valoración de nuevos sistemas de competición más acordes con las características y necesidades de los niños y niñas • Evaluación de las adaptaciones realizadas en los elementos estructurales

Nº	Acciones de mejora según informe final	Responsables	Objetivos a conseguir	Indicadores de la ejecución de la acción
9	Mejora del desarrollo del *mentoring formal* o *práctica tutelada*, como estrategia de formación indispensable	• Facultades CC. Actividad Física y el Deporte • Federaciones de Fútbol • Diputaciones, Patronatos y Servicios de Deportes • Escuelas y Clubes de Fútbol	• Mejorar la formación de los entrenadores de fútbol base	• Evaluación y seguimiento continuado del proceso de práctica tutelada

Cuadro 59. Propuesta de mejora del proceso de Enseñanza-Aprendizaje del fútbol.

3. PERSPECTIVAS DE FUTURO

Para concluir nuestro estudio, a continuación hacemos referencia a algunas perspectivas de futuro de investigación que podrían contribuir a la ampliación y a la profundización en los diferentes aspectos estudiados en nuestro trabajo.

- Debemos seguir estudiando la figura del entrenador de iniciación deportiva en general, y de fútbol, en particular, tanto en aspectos de formación como de metodología de enseñanza. Se necesitan, pues, más investigaciones como la nuestra.
- Ampliación de nuestro estudio centrándonos en una o dos dimensiones, profundizando considerablemente en éstas
- Aplicación a una población mayor para poder así extraer conclusiones más sólidas.
- A partir de los datos obtenidos, se puede llevar a cabo un grupo de discusión de expertos, para profundizar en los aspectos más destacados.
- Además, podemos realizar un seminario de formación con entrenadores de fútbol base y realizar un estudio de casos.
- Por otro lado, esta investigación puede ser completada con la observación de los entrenadores durante los entrenamientos y las competiciones.
- Igual que el punto anterior, pero esta vez podemos observar a entrenadores que estén en período de prácticas, y analizar el proceso de *mentoring* formal.
- Estudio de las estrategias de formación utilizadas en un club o escuela concreta.
- Comparación entre entrenadores con titulación en Educación Física y entrenadores sin dicha titulación.

REFERENCIAS

- Abraham, A., & Collins, D. (1998). Examining and extending research in coach development. *Quest, 50*, 59-79.
- Abraham, A., Collins, D., & Martindale, R. (2006). The coaching schematic: Validation expert coach consensus. *Journal of Sports Sciences, 24* (6), 549-564.
- Águila, C., y Casimiro, A. (2000). Consideraciones metodológicas para la enseñanza de los deportes colectivos en edad escolar [Versión electrónica]. *Lecturas de E.F. y Deportes, Revista Digital*, 20. Consultada el 14/09/08 en http://www.efdeportes.com/efd20a/metodol1.htm
- Álamo, J. M., Amador, F., y Pintor, P. (2002a). Función social del deporte escolar. El entrenador del deporte escolar [Versión electrónica]. *Lecturas: Educación Física y Deportes, Revista Digital*, 45. Consultada el 15/02/08 en http://www.efdeportes.com/efd45/escolar.htm
- Álamo, J. M., Amador, F., y Pintor, P. (2002b). El deporte escolar: conquista de nuevos espacios en el mercado laboral. *Revista Española de Educación Física y Deportes, IX* (4), 5-10.
- Alcina, J. (1994). Aprender a investigar. Métodos de trabajo para la redacción de tesis doctorales (Humanidades y Ciencias Sociales). Madrid: Compañía literaria S. L.
- Allison, S., & Thorpe, R. (1997). A comparison of the effectiveness of two approaches to teaching games within physical education. A skills approach versus a games for understanding approach. *British Journal of Physical Education* (3), 9-13.
- Almond, L. (1985). Teaching games through action research. En C.O.N.I. Scuola dello Sport (Ed.), *Teaching Team Sports. International Congress* (pp. 185-197). Roma, 1983: C.O.N.I. A.I.E.S.E.P.
- Anderson, J. R., Reder, L. M., & Simon, H. A. (1996). Situated Learning an Education. *Educational Researcher, 25* (4), 5-11.
- Antón, J. L. (1990). Balonmano. Fundamentos y etapas de aprendizaje. Madrid: Gymnos.
- Antón, J. L., y Dolado, M. M. (1997). La iniciación a los deportes colectivos: una propuesta pedagógica. En F. J. Giménez y P. Sáenz-López (Eds.), *El deporte escolar* (pp. 23-40). Huelva: Universidad de Huelva.
- Antón, J. L., y López, J. (1989). La formación y aprendizaje de la técnica y la táctica. En J. L. Antón (Ed.), *Entrenamiento Deportivo en la edad escolar. Bases de aplicación* (pp. 89-133). Málaga: UNISPORT.
- Arias, J. L. (2008). El proceso de formación deportiva en la iniciación a los deportes colectivos fundamentado en las características del deportista experto. *Retos. Nuevas tendencias en Educación Física, Deporte y Recreación, 13*, 28-32.
- Armstrong, S. (1998). Games for understanding -breaking new ground. *Bulletin of Physical Education, 24* (3), 28-32.
- Arnold, P. J. (1990). *Educación física, movimiento y currículum*. Madrid: Morata, S. A.
- Arranz, F. J., Morilla, M., Gutiérrez, M., Regife, J. O., Naranjo, J., y Sanchís, J. (1997). La enseñanza y el aprendizaje basados en el descubrimiento. La resolución de problemas y el descubrimiento guiado. *Fútbol. Cuadernos técnicos* (8), 44-49.
- Arriscado, D., y Dalmau, J. M. (2009). Análisis del deporte de base: modelos de enseñanza en la etapa de iniciación deportiva [Versión Electrónica]. *Revista Digital. Lecturas de E.F. y Deportes, 128*. Consultada el 20/01/09, en

http//www.efdeportes.com/efd128/modelos-de-enseñanza-en-la-etapa-de-iniciacion-deportiva.htm

- Asenjo, F., y Maiztegui, C. (2000). La interrelación entre los distintos agentes implicados en el deporte escolar. Un análisis de sus demandas desde el punto de vista de los educadores deportivos. En C. Maiztegui y V. Pereda (Eds.), *Ocio y deporte escolar* (pp. 41-63). Bilbao: Universidad de Deusto.
- Ávila, M., y Chirosa, J. (1997). Iniciación a deportes colectivos, el balonmano, una perspectiva integrada y educativa. *Habilidad Motriz* (9), 35-40.
- Bayer, C. (1985). Pour une pratique transférable dans l'enseignement des sports collectifs. En C.O.N.I. Scuola dello Sport (Ed.), *Teaching Team Sports. International Congress* (pp. 198-208). Roma, 1983: C.O.N.I. A.I.E.S.E.P.
- Bayer, C. (1986). La enseñanza de los juegos deportivos colectivos. Barcelona: Hispano Europea.
- Bedford, A. (1990). Teaching strategies an invasion games. *Bulletin of Physical Education, 26* (2), 31-34.
- Berkowitz, R. J. (1996). From skill to tactics. *Journal of Physical Education, Recreation and Dance, 67* (4), 44-45.
- Blázquez, D. (1999a). A modo de introducción. En D. Blázquez (Ed.), *La iniciación deportiva y el deporte escolar* (pp. 19-46). Barcelona: INDE.
- Blázquez, D. (1999b). Métodos de enseñanza de la práctica deportiva. En D. Blázquez (Ed.), *La iniciación deportiva y el deporte escolar* (pp. 251-286). Barcelona: INDE.
- Bloom, G. A., & Salmela, J. H. (2000). Personal characteristics of expert team sport coaches. *Journal of Sport Pedagogy, 6* (2), 56-76.
- Boixadós, M., Valiente, L., Mimbrero, J., Torregrosa, M., y Cruz, J. (1998). Papel de los agentes de socialización en deportistas en edad escolar. *Revista de Psicología del Deporte, 7* (2), 295-310.
- Booth, K. (1983). An introduction to netball -an alternative approach. *Bulletin of Physical Education, 19* (1), 27-31.
- Boutmans, J. (1985). Comparative effectiveness of two methods of teaching team sports in secondary schools. En C.O.N.I. Scuola dello Sport (Ed.), *Teaching Team Sports. International Congress* (pp. 239-247). Roma, 1983: C.O.N.I. A.I.E.S.E.P.
- Briones, G. (1990). Métodos y ciencias de la investigación para las ciencias sociales. México: Trillas.
- Buck, M. M., & Harrison, J. M. (1990). Improving student achievement in physical education. *Journal of Physical Education, Recreation and Dance, 62* (7), 40-44.
- Buendía, L. (1992). Técnicas e instrumentos de recogida de datos. En M. P. Colás y L. Buendía (Eds.), *Investigación educativa* (pp. 201-248). Sevilla: Alfar, S. A.
- Bunker, D., & Thorpe, R. (1982). A model for the teaching of games in secondary schools. *Bulletin of Physical Education, 18* (1), 5-8.
- Butler, J. I. (1996). Teacher responses to teaching games for understanding. *Journal of Physical Education, Recreation and Dance, 67* (9), 17-20.
- Butler, J. I. (1997). How would Socrates teach games? A constructivist approach. *Journal of Physical Education, Recreation and Dance, 68* (9), 42-47.
- Butler, J. I. (1999). Ten teachers' perceptions of teaching games for understanding: who will embrace this new approach? *Research Quarterly for Exercise and Sport, 70* (1), A-76.
- Butler, J. I., & McCahan, B. J. (2005). Teaching Games for Understanding as a Curriculum Model. En L. Griffin y J. I. Butler (Eds.), *Teaching Games for Understanding. Theory, Research, and Practice* (pp. 33-54). Champaign, IL. United States of America: Human Kinetics.

- Cagigal, J. M. (1981). ¡Oh Deporte! Anatomía de un gigante. Valladolid: Miñón.
- Cagigal, J. M. (1985). Pedagogía del deporte como educación. *Revista de Educación Física. Renovación de teoría y práctica* (3), 5-11.
- Campbell, S. (1993). Coaching Education Around the world. *Sport Science Review, 2* (2), 62-74.
- Cárdenas, D. (2006). El proceso de formación táctica en el baloncesto desde la perspectiva constructivista [Versión electrónica]. *Lecturas: Educación física y Deportes, Revista digital*, 94. Consultada el 12/03/07 en http://wwwefedeportes.com/efd94/balonces.htm
- Cárdenas, D., Conde, J. L., y Ortega, E. (1999). *El desarrollo de la creatividad a través de la enseñanza de los deportes de equipo en la escuela*. En P. Sáenz-López, J. Tierra y M. Díaz (Eds.), Ponencia presentada en el XVII Congreso Nacional de Educación Física de Facultades de Educación, Huelva.
- Cárdenas, D., y López, M. (2000). El aprendizaje de los deportes colectivos a través de los juegos con normas. *Habilidad Motriz* (15), 22-29.
- Carrascosa, J. (1996). Equívocos habituales en el trabajo del entrenador en materia de psicología y metodología. *Training Fútbol* (8), 23-29.
- Casamort, J. (1999). Características pedagógicas del deporte. En D. Blázquez (Ed.), *La iniciación deportiva y el deporte escolar* (pp. 49-60). Barcelona: INDE.
- Cassidy, T., & Rossi, T. (2006). Situating learning: (Re)examining the notion of apprenticeship in coach education. *International Journal of Sports Sciences & Coaching, 1* (3), 235-246.
- Castejón, F. J. (2005). Una aproximación a la utilización del deporte. El proceso de enseñanza aprendizaje [Versión electrónica]. *Lecturas: Educación Física y Deportes, Revista Digital*, 80. Consultada el 12/03/07 en http://www.efdeportes.comefd80/deporte.htm
- Castejón, F. J. (2006). ¿El deporte un contenido educativo? [Versión electrónica]. *Wanceulen E. F. Digital*, 2. Consultada el 19/02/07 en http://www.wanceulen.com/revista/numero2.mayo06/articulos/ARTICULO%202-1.htm
- Castejón, F. J., Aguado, R., Calle, M., De la Corrales, D., García, A., Martínez, F. et al. (1999). En P. Sáenz-López, J. Tierra y M. Díaz (Eds.), *La enseñanza del deporte de iniciación con estrategia técnica, táctica y técnico-táctica*. Ponencia presentada en el XVII Congreso Nacional de Educación Física, Huelva.
- Castejón, F. J., Aguado, R., García Bayod, A., Hernando, A., y Ruiz Dorado, D. (2000). Iniciación deportiva, ¿qué sabemos hasta ahora y qué podemos hacer? En J. Díaz (Ed.), *Actas del I Congreso Nacional de deporte en edad escolar* (pp. 477-490). Dos Hermanas (Sevilla): Excmo. Ayuntamiento de Dos Hermanas.
- Castejón, F. J., Aguado, R., Calle, M., Corrales, D., Gamarra, A., García, A. et al. (2001). Transferencia de la solución táctica del atacante con balón en 2x1 entre fútbol y baloncesto. *Habilidad Motriz* (17), 11-19.
- Castejón, F. J., Aguado, R., De la Calle, M., Corrales, D., García, A., Gamarra, A. et al. (2002). La enseñanza del deporte con diferentes estrategias: técnica, táctica y técnica táctica. *Revista de Educación Física. Renovación de teoría y práctica* (86), 27-33.
- Castejón, F. J., Giménez, F. J., Jiménez, F., y López, V. (2003a). Iniciación deportiva. Evolución y tendencias. En F. J. Castejón (Ed.), *Iniciación deportiva. La enseñanza y el aprendizaje comprensivo en el deporte* (pp. 9-15). Sevilla: Wanceulen.
- Castejón, F. J., Giménez, F. J., Jiménez, F., y López, V. (2003b). Concepción de la enseñanza comprensiva en el deporte: modelos, tendencias y propuestas. En F. J. Cas-

- tejón (Ed.), *Iniciación deportiva. La enseñanza y el aprendizaje comprensivo en el deporte* (pp. 17-34). Sevilla: Wanceulen.
- Castejón, F. J., y López, V. (1997). Iniciación deportiva. En *Manual del maestro especialista en Educación Física* (pp. 137-172). Madrid: Pila Teleña.
- Castelo, J. (1999). Fútbol. Estructura y dinámica del juego. Barcelona: INDE.
- Castro, R., y López, I. (2004). La iniciación deportiva en la educación primaria: enseñanza de los deportes de cooperación/oposición de participación simultánea y espacio compartido [Versión electrónica]. *Lecturas: Educación Física y Deportes, Revista Digital*, 77. Consultada el 12/03/07 en http://www.efdeportes.com/efd77inic.htm
- Chandler, T. (1996). Reflections and further questions. *Journal of Physical Education, Recreation and Dance, 67* (4), 49-51.
- Chappell, R. (1990). The games for understanding debate - game forms. *Bulletin of Physical Education, 26* (1), 44-47.
- Chatzopoulos, D., Drakou, A., Kotzamanidou, M., & Tsorbatzoudis, H. (2006). Girls' soccer performance and motivation: games vs technique approach. *Perceptual and Motor Skills, 103* (2), 463-470.
- Chen, W., & Rovegno, I. (1999). Facilitating critical thinking skills: a constructivist-oriented approach to teaching game strategies in child-designed games. *Research Quarterly for Exercise and Sport, 70* (1), A-80-81.
- Cimarro, J., y Pino, J. (1997). La planificación por conceptos de juego en fútbol: un modelo para edades tempranas. *Training Fútbol* (24), 8-23.
- Coca, S. (1985). Hombres para el fútbol. Una aproximación humana al estudio psicológico del futbolista en competición. Madrid: Gymnos.
- Coca, S. (1998/99). Las distintas respuestas deportivas en las primeras edades del ser humano o cómo se enriquece la personalidad a través del deporte. En, *Primeras jornadas sobre los valores humanos y técnicos en el deporte*. Las Rozas. Madrid: Área de deportes de las Rozas.
- Coca, S. (2002). El fútbol como proceso educativo. *Training Fútbol* (73), 36-43.
- Coca, S. (2005). Entrevista de dirección de equipos. *Training Fútbol* (110), 8-19.
- Coca, S. (2008). Formar a través del fútbol. *Training Fútbol, 149*, 38-44.
- Cohen, L., y Manion, L. (1990). La entrevista. En L. Cohen y L. Manion. *Métodos de investigación educativa*. Madrid: La Muralla.
- Cohen, J. (1960). A coefficient of agreement for nominals scales. *Educational and Psychological measurement, 20*, 37-46.
- Cohen, R. (1998). Escuela integral de fútbol base: principios fundamentales [Versión electrónica]. *Lecturas: Educación Física y Deportes, Revista Digital*, 10. Consultada el 27/11/08 en http://www.efdeportes.com/efd10/cohen10.htm
- Colás, M. P. (1992). Los métodos de investigación en educación. En M. P. Colás y L. Buendía (Eds.), *Investigación educativa*. Sevilla: Alfar, S. A.
- Coll, C. (1988). Significado y sentido en el aprendizaje escolar. Reflexiones en torno al concepto de aprendizaje significativo. *Infancia y Aprendizaje* (41), 131-142.
- Collier, C. S. (2005). Integrating Tactical Games and Sport Education Models. En L. Griffin y J. I. Butler (Eds.), *Teaching Games for Understanding. Theory, Research, and Practice* (pp. 137-148). Champaign, IL. United States of America: Human Kinetics.
- Consejería de Educación y Ciencia. (2004). DECRETO 12/2004, de 20 de enero, por el que se establecen los currículos, los requisitos y pruebas específicas de acceso correspondientes a los títulos de Técnico Deportivo y de Técnico Deportivo Superior de las especialidades de Fútbol y Fútbol Sala: BOJA extraordinario nº 1, de 8 de febrero de 2004.

- Consejo de Europa. (1996). *Carta Europea del Deporte. Código de Ética Deportiva*. Madrid: Consejo Superior de Deportes.
- Contreras, O. R. (1996). El deporte educativo (II). La iniciación deportiva en el diseño curricular base de educación primaria. *Revista de Educación Física. Renovación de teoría y práctica* (62), 33-37.
- Contreras, O. R. (1998). *Didáctica de la Educación Física. Un enfoque constructivista*. Barcelona: INDE.
- Contreras, O. R., García, L. M., y Cervelló, E. (2005). Transfer of tactical knowledge from invasion games to floorbal. *Journal of Human Movement Studies, 49*, 193-213.
- Contreras, O. R., García, L. M., y Gutiérrez, D. (2001). Análisis crítico a la metodología comprensiva para la enseñanza de los deportes. En F. Ruiz (Ed.), *Actas del XIX Congreso Nacional de Educación Física. Facultades de Educación y Escuelas de Magisterio* (Vol. II, pp. 745-759). Murcia: Universidad.
- Cruz, J., Boixadós, M., Torregrosa, M., y Mimbrero, J. (1996). ¿Existe un deporte educativo?: papel de las competiciones deportivas en el proceso de socialización del niño. *Revista de Psicología del Deporte* (9-10), 111-132.
- Cuéllar, M. J., y Delgado, M. A. (2000). Estudio sobre los estilos de enseñanza en Educación Física [Versión electrónica]. *Lecturas: Educación Física y Deportes, Revista Digital*, 25. Consultada el 16/03/09 en http://www.efdeportes.com/efd25a/estilos.htm
- Curtner-Smith, M., Kim, J., Ajongbah, S., Zengaro, F., Wheeler, S., & Wallace, S. (2009). Teaching styles of girls' high school basketball coaches. *Research Quarterly for Exercise and Sport, 80* (1, supplement), A-54.
- Cushion, C. J. (2006). Mentoring. Harnessing the power of experience. En R. Jones (Ed.), *The Sports Coach as Educator: Re-conceptualising sports coaching* (pp. 128-144). London: Routledge.
- Cushion, C. J., Armour, K. M., & Jones, R. L. (2003). Coach education and continuing professional development: experience and learning to coach. *Quest, 55*, 215-230.
- De la Rica, M. J. (1993a). La iniciación deportiva en la escuela. Los deportes colectivos. En AA.VV. (Ed.), *Fundamentos de Educación Física para enseñanza primaria* (Vol. II, pp. 759-795). Barcelona: INDE.
- De la Rica, M. J. (1993b). El deporte en la educación física. En AA.VV. (Ed.), *Fundamentos de Educación Física para enseñanza primaria* (Vol. II, pp. 733-757). Barcelona: INDE.
- Delgado, M. E., Vargas, I., y Vázquez, M. L. (2006). El rigor en la investigación cualitativa. En M. L. Vázquez (Ed.), *Introducción a las técnicas cualitativas de investigación aplicadas en salud*. Barcelona: Universitat Autònoma de Barcelona. Servei de Publicacions.
- Delgado, M. A. (1991). *Los estilos de enseñanza en la Educación Física. Propuesta para una reforma de la enseñanza*. Granada: Instituto de Ciencias de la Educación. Universidad de Granada.
- Delgado, M. A. (1992). Directrices generales para la iniciación al deporte en la etapa escolar y formación del profesorado/entrenador deportivo. En Consejo General del C.O.P.L.E.F. (Ed.), *Recopilación de abstracts del Congreso Nacional de Educación Física y Deportes. El Deporte Escolar* (pp. 25-26). Madrid: C.O.P.L.E.F.
- Delgado, M. A. (1994). La actividad física en el ámbito educativo. En J. Gil y M. A. Delgado (Eds.), *Psicología y pedagogía de la actividad física y el deporte* (pp. 115-148). Madrid: Siglo veintiuno.

- Devís, J. (1992). Bases para una propuesta de cambio en la enseñanza de los juegos deportivos. En J. Devís y C. Peiró (Eds.), *Nuevas perspectivas curriculares en Educación Física: la salud y los juegos modificados* (pp. 141-159). Barcelona: INDE.
- Devís, J. (1995). Deporte, educación y sociedad: hacia un deporte escolar diferente. *Revista de Educación* (306), 455-472.
- Devís, J., y Peiró, C. (1992). Orientaciones para el desarrollo de una propuesta de cambio en la enseñanza de los juegos deportivos. En J. Devís y C. Peiró (Eds.), *Nuevas perspectivas curriculares en Educación Física: la salud y los juegos modificados* (pp. 161-184). Barcelona: INDE.
- Devís, J., y Sánchez, R. (1996). La enseñanza alternativa de los juegos deportivos: antecedentes, modelos actuales de iniciación y reflexiones finales. En J. A. Moreno y P. L. Rodríguez (Eds.), *Aprendizaje Deportivo* (pp. 159-181). Murcia: Universidad de Murcia.
- Dodds, P., Griffin, L. L., & Placek, J. H. (2001). Chapter 2. A selected review of the literature on development of learners' domain-specific knowledge. *Journal of Teaching in Physical Education, 20* (4), 301-313.
- Doolittle, S. A. (1995). Teaching net games to low-skilled students: a teaching for understanding approach. *Journal of Physical Education, Recreation and Dance, 66* (7), 18-23.
- Doolittle, S. A., & Girard, K. T. (1991). A dynamic approach to teaching games in elementary PE. *Journal of Physical Education, Recreation and Dance, 62* (4), 57-62.
- Douge, B., & Hastie, P. (1993). Coach Effectiveness. *Sport Science Review, 2* (2), 14-29.
- Dufour, J. (1989). Fútbol: la reflexión táctica. *Revista de Entrenamiento Deportivo, Tomo III* (1), 22-30.
- Ellis, M. (1985). Similarities and differences in games: a system for classification. En C.O.N.I. Scuola dello Sport (Ed.), *Teaching Team Sports. International Congress* (pp. 137-142). Roma, 1983: C.O.N.I. A.I.E.S.E.P.
- Espar, F. (1988). El concepto de táctica individual en los deportes colectivos. *Apunts: Educación Física y Deportes* (51), 16-22.
- Famose, J. P. (1992). *Aprendizaje motor y dificultad de la tarea*. Barcelona: Paidotribo.
- Fernández, E. (1998). El deporte en la escuela. Diferentes modelos para la enseñanza del deporte. *Élide, Revista Anaya de Didáctica de la Educación Física, Año I* (0), 71-76.
- Férnández, M. (1995). *La profesionalización del docente*. Madrid: Siglo XXI.
- Ferreira, M. R., y Vázquez, M. L. (2006). Introducción a los fundamentos teóricos de la investigación cualitativa. En M. L. Vázquez (Ed.), *Introducción a las técnicas cualitativas de investigación aplicadas a la salud*. Barcelona: Universitat Autònoma de Barcelona. Servei de Publicacions.
- Feu, S. (2000). Las actividades extraescolares en la escuela primaria. Una propuesta para llevar los programas de las Escuelas Deportivas a los Centros Escolares. En *Actas del I Congreso Nacional de Deporte en edad escolar* (pp. 323-335). Dos Hermanas (Sevilla): Ayuntamiento de Dos Hermanas.
- Feu, S. (2001). Criterios metodológicos para una iniciación deportiva educativa: una aplicación al balonmano [Versión electrónica]. *Lecturas: Educación física y Deportes, Revista digital*, 31. Consultada el 14/09/07 en http://www.efdeportes.com/efd31/balonm1.htm
- Feu, S. (2002). Unos objetivos educativos para la iniciación deportiva: una aplicación al balonmano. *Revista de Educación Física. Renovación de Teoría y Práctica* (85), 17-27.
- Feu, S. (2004). Estudio de los modelos y variables que afectan al entrenador español de balonmano. Tesis doctoral inédita. Universidad de Extremadura, Cáceres.

- Fleming, S. (1994). Understanding 'understanding': making sense of the cognitive approach to the teaching of games. *Physical Education Review, 17* (2), 90-96.
- Fox, D. (1981). *El proceso de investigación en educación*. Pamplona: Universidad de Navarra, S. A. (EUNSA).
- Fradua, L., y Figueroa, J. A. (1995). Construcción de situaciones de enseñanza para la mejora de los fundamentos técnico-tácticos individuales en fútbol. *Apunts: Educación Física y Deportes* (40), 27-33.
- Fraile, A. (1992). Alternativa a la formación permanente en educación física. *Revista Interuniversitaria de Formación del Profesorado* (15), 97-107.
- Fraile, A. (1997). Reflexiones sobre la presencia del deporte en la escuela. *Revista de Educación Física. Renovar la teoría y la práctica, 64*, 5-10.
- Fraile, A. (2005). Metodología de entrenamiento. *Training Fútbol* (117), 8-17.
- Fraile, A. (2009). Los métodos de enseñanza en el entrenamiento. *Training Fútbol, 157*, 24-37.
- French, K. E., Werner, P. H., Taylor, K., Hussey, K., & Jones, J. (1996). The effects of a 6-week unit of tactical, skill, or combined tactical and skill instruction on badminton performance of ninth-grade students. *Journal of Teaching in Physical Education, 15* (4), 439-463.
- García, J. E. (2002/03). Una propuesta de construcción del conocimiento en el ámbito de la educación ambiental basada en la investigación del alumno. *Kikirikí* (67), 39-52.
- García, L. M. (2008). Investigación y enseñanza técnico-táctica en el fútbol. *Cultura, Ciencia y Deporte, 3* (9), 161-168.
- Gardner, P. L. (1996). The dimensionality of attitude scales: A widely misunderstood idea. *International Journal Of Science Education, 18* (8), 913-919.
- Garganta, J. (2002). Competencias no ensino e treino de jovens futebolistas [Versión electrónica]. *Lecturas: Educación Física y Deportes, Revista Digital*, 45. Consultada el 20/08/06 en http://www.efdeportes.com/efd45/ensino.htm
- Garganta, J., y Pinto, J. (1997). La enseñanza del fútbol. En A. Graça y J. Olivera (Eds.), *La enseñanza de los juegos deportivos* (pp. 97-138). Barcelona: Paidotribo.
- Gilbert, W. D., Côté, J., & Mallet, C. (2006). Developmental paths and activities of succesful sport coaches. *International Journal of Sport Science & Coaching, 1* (1), 69-76.
- Gilbert, W. D., & Trudel, P. (2001). Learning to coach through experience: Reflection in model youth sport coaches. *Journal of Teaching in Physical Education, 21* (1), 16-34.
- Gilbert, W. D., & Trudel, P. (2004a). Analysis of coaching science research published from 1970-2001. *Research Quarterly for Exercise and Sport, 75* (4), 388-399.
- Gilbert, W., & Trudel, P. (2004b). Role of the coach: How model youth team sport coaches frame their roles. *The Sport Psychologist, 18*, 21-43.
- Giménez, F. J. (1999). Fundamentos básicos de la iniciación deportiva en la escuela. Sevilla: wanceulen.
- Giménez, F. J. (2001). El entrenador en la iniciación al fútbol. *Training Fútbol* (67), 38-45.
- Giménez, F. J. (2003a). La formación del entrenador en la iniciación al baloncesto. Sevilla: Wanceulen.
- Giménez, F. J. (2003b). El entrenador en la iniciación deportiva. *Fútbol. Cuadernos técnicos* (27), 52-64.
- Giménez, F. J. (2006). ¿Se puede educar a través del deporte? [Versión electrónica]. *Wanceulen E. F. Digital*, 2. Consultada el 19/02/07 en

http://www.wanceulen.com/revista/numero2.mayo06/articulos/ARTICULO%202-6htm
- Giménez, F. J., y Sáenz-López, P. (1996). La iniciación deportiva en Primaria a través de juegos competitivos. En J. L. Pastor, A. Del Moral, J. M. De Lucas, A. Mayor y P. M. Alonso (Eds.), *Actas del III Congreso Nacional de Educación Física de Facultades de Educación y XIV de Escuelas Universitarias de Magisterio* (pp. 139-148). Alcalá: Universidad de Alcalá.
- Giménez, F. J., y Sáenz-López, P. (2000). *Aspectos teóricos y prácticos de la iniciación al baloncesto*. Huelva: Diputación de Huelva.
- Giraldez, A., Yagüe, J. M., y Cuadrado, J. (2001). Coloquio técnico: metodología práctica del entrenamiento en el fútbol. *Training Fútbol* (60), 16-19.
- Goetz, J. P., & Lecompte, M. D. (1984). *Etnography and qualitative desing in educational research*. Orlando (Florida): Academic Press, inc.
- Gómez, M. A., y Morillas, M. (2001). Aspectos a tener en cuenta en la iniciación deportiva. En F. A. F. C.E.D.I.F.A. (Ed.), *Manual de iniciación y orientaciones metodológicas para escuelas de fútbol* (pp. 81-89). Sevilla: F.A.F. C.E.D.I.F.A.
- Gómez, M. A., y Lorenzo, A. (2006). Análisis de los procesos perceptivos y de toma de decisión en jugadores cadetes de baloncesto [Versión electrónica]. *Lecturas: Educación Física y Deportes, Revista Digital*, 95. Consultada el 09/03/07 en http://www.efdeportes.com/efd95/balonc.htm
- González, D. (1999). El proceso de la investigación por encuesta. En L. Buendía, D. González, J. Gutiérrez y M. Pegalajar (Eds.), *Modelos de análisis de la investigación educativa* (pp. 129-165). Sevilla: Alfar, S. A.
- González, M. J. (1997). *Metodología de la investigación social. Técnicas de recolección de datos*. Madrid: Aguaclara.
- González, M. D., y Aznar, R. (2007). La importancia de las teorías implícitas del alumnado en la didáctica de los deportes de raqueta [Versión electrónica]. *Lecturas de E.F. y deportes, Revista Digital*, 107. Consultada el 04/05/07 en http://www.efdeportes.com/efd107teorias-implicitas-del-alumnado-en-la-didáctica-de...
- González, M. D., Campos, A., y Abella, C. P. (2008). La enseñanza del deporte escolar en los centros educativos: ¿orientación a la competición? *Revista de Entrenamiento Deportivo, Tomo XXII* (2), 5-10.
- González, S. (2009). Revisión sobre la formación específica en fútbol. *Training Fútbol*, 156, 26-46.
- Gordillo, A. (1992). Orientaciones psicológicas en la iniciación deportiva. *Revista de Psicología del Deporte* (1), 27-36.
- Graça, A. (1997). Los cómos y los cuándos en la enseñanza de los juegos. En A. Graça y J. Olivera (Eds.), *La enseñanza de los juegos deportivos* (pp. 25-33). Barcelona: Paidotribo.
- Gréhaigne, J. F., & Godbout, P. (1995). Tactical knowledge in team sports from a constructivist and cognitivist perspective. *Quest* (47), 490-455.
- Gréhaigne, J. F., & Godbout, P. (1997). The teaching of tactical knowledge in team sports. *Canadian Association for Health, Physical Education, Recreation and Dance*, 63 (4), 10-15.
- Gréhaigne, J. F., Godbout, P., & Bouthier, D. (1997). Performance assessment in team sports. *Journal of Teaching in Physical Education*, 16 (4), 500-516.
- Gréhaigne, J. F., Godbout, P., & Bouthier, D. (1999). The foundations of tactics and strategy in team sports. *Journal of Teaching in Physical Education*, 18 (2), 159-174.

- Gréhaigne, J. F., Godbout, P., & Bouthier, D. (2001). The teaching and learning of decision making in team sports. *Quest, 53* (1), 59-76.
- Gréhaigne, J. F., Richard, J.-F., & Griffin, L. L. (2005). *Teaching and Learning Team Sports and Games*. New York. United States of America: RoutledgeFalmer.
- Grosser, M., y Neumaier, A. (1986). *Técnicas de entrenamiento. Teoría y práctica de los deportes*. Barcelona: Martínez Roca.
- Griffin, L. L. (1996). Improving net/wall game performance. *Journal of Physical Education, Recreation and Dance, 67* (2), 34-37.
- Griffin, L. L., Dodds, P., Placek, J. H., & Tremino, F. (2001). Chapter 4. Middle school students' conceptions of soccer. Their solutions to tactical problems. *Journal of Teaching in Physical Education, 20* (4), 324-340.
- Griffin, L., & Patton, K. (2005). Two decades of Teaching Games for Understanding: looking at the past, present, and future. En L. Griffin y J. I. Butler (Eds.), *Teaching Games for Understanding. Theory, Research, and Practice* (pp. 1-17). Champaign, IL. United States of America: Human Kinetics.
- Guillén, F., y Miralles, J. A. (1995). Análisis de las características de eficacia de los entrenadores de voleibol de división de honor. *Revista de Entrenamiento Deportivo, Tomo VIII* (4), 9-12.
- Gutiérrez, D. (2007). Modelo de intervención para educar en valores a través del fútbol: una experiencia con entrenadores de fútbol de la Comunidad de Madrid. Tesis doctoral inédita. Universidad Politécnica, Madrid.
- Hahn, E. (1988). Entrenamiento con niños. Teoría, práctica, problemas específicos. Barcelona: Martínez Roca.
- Halliwell, W. (1994). La motivación en los deportes de equipo. *Apunts: Educación Física y Deportes* (35), 51-58.
- Hammond, J., & Perry, J. (2005). A multi-dimensional assessment of soccer coaching course effectiveness. *Ergonomics, 48* (11-14), 1698-1710.
- Hare, M. k., & Graber, k. (2000). Student misconceptions during two invasion game units in physical education: a qualitative investigation of student thought proccesing. *Journal of Teaching in Physical Education, 20* (1), 55-77.
- Haslam, I. R. (1990). Expert assessment of the National Coaching Certification Program (NCCP) theory component. *Canadian Journal of Sport Science, 15* (3), 201-212.
- Hernández, D. (1998). Importancia del aprendizaje significativo y de los contenidos conceptuales en un proceso de alto rendimiento. *Training Fútbol* (31), 20-26.
- Hernández, J. (1988). *Baloncesto. Iniciación y entrenamiento*. Barcelona: Paidotribo.
- Hernández, J. (1994). Fundamentos del deporte. Análisis de las estructuras del juego deportivo. Barcelona: INDE.
- Hernández, J. (1999). La diversidad de prácticas. Análisis de la estructura de los deportes para su aplicación a la iniciación deportiva. En D. Blázquez (Ed.), *La iniciación deportiva y el deporte escolar* (pp. 287-310). Barcelona: INDE.
- Hernández, J., Castro, U., Gil, G., Cruz, H., Guerra, G., Quiroga, M. et al. (2001). La iniciación a los deportes de equipo de cooperación/oposición desde la estructura y dinámica de la acción de juego: un nuevo enfoque [Versión electrónica]. *Lecturas: Educación Física y Deportes, Revista Digital,* 33. Consultada el 29/08/02 en http:www.efdeportes.com/efd33/inicdep1.htm
- Hernández, R., Fernández, C., y Baptista, P. (2007). *Metodología de la investigación* (4ª ed.). México: McGraw-Hill/Interamericana Editores, S.A. de C.V.
- Holt, N. L., Strean, W. B., & García, E. (2002). Expanding the teaching games for understanding model: new avenues for future research and practice. *Journal of Teaching in Physical Education, 21* (2), 162-176.

- Hopper, T. (1998). Teaching Games for Understanding. Using progressive principles of play. *Canadian Association for Health, Physical Education, Recreation and Dance, 64* (3), 4-7.
- Howarth, K. (1989). Games teaching. *Bulletin of Physical Education, 25* (2), 29-35.
- Ibáñez, S. J. (1997). Variables que afectan al establecimiento de modelos de entrenador de baloncesto. *Habilidad Motriz* (10), 30-37.
- Ibáñez, S. J. (2000). La enseñanza del baloncesto dentro del contexto educativo. *Habilidad Motriz* (15), 12-21.
- Ibáñez, S. J., Delgado, M. A., Lorenzo, M., Del Villar, F., y Rivadeneyra, M. L. (1997). Análisis de la formación del entrenador deportivo. El entrenador de baloncesto. En *experiencias de formación de docentes y entrenadores en el ámbito de la actividad física y el deporte. Investigaciones en ciencias del deporte (icd)* (pp. 83-130). Madrid: M.E.C. C.S.D.
- Ibáñez, S. J. y Medina, J. (1999). Relaciones entre la formación del entrenador deportivo y la formación del profesor de Educación Física. *Apunts: Educación Física y Deportes, 56*, 39-45.
- Iglesias, D., Ramos, L. A., Fuentes, J. P., Sanz, D., y Del Villar, F. (2003). El conocimiento y la toma de decisiones en los deportes de equipo: una revisión desde la perspectiva cognitiva. *Revista de Entrenamiento Deportivo, Tomo XVII* (2), 5-11.
- Imbernon, F. (2001). Claves para una nueva formación del profesorado. *Investigación en la Escuela* (43), 57-66.
- Jiménez, F. (1994). Análisis y tratamiento didáctico de las actividades deportivas de cooperación-oposición. En S. Romero (Ed.), *Actas del I Congreso Nacional de Educación Física de Facultades de Ciencias de la Educación y XII de Escuelas Universitarias de Magisterio* (pp. 207-212). Sevilla: Universidad de Sevilla. Wanceulen.
- Jiménez, F. (2000a). Estudio praxiológico de la estructura de las situaciones de enseñanza en los deportes de cooperación/oposición de espacio común y participación simultánea: balonmano y fútbol sala. Tesis doctoral. Universidad de las Palmas de Gran Canaria, Las Palmas de Gran Canaria.
- Jiménez, F. (2000b). Perfil profesional y didáctico de los técnicos de los deportes colectivos en la oferta pública de práctica deportiva en edad escolar. En J. Díaz (Ed.), *Actas del I Congreso Nacional de Deporte en edad escolar* (pp. 435-452). Dos Hermanas (Sevilla): Excmo. Ayuntamiento de Dos Hermanas.
- Jiménez, F. (2001). De la lógica interna al diseño de situaciones de enseñanza en la iniciación a los deportes de cooperación/oposición de espacio común y participación simultánea. En F. Ruiz (Ed.), *Actas del XIX Congreso Nacional de Educación Física de Facultades de Educación y Escuelas de Magisterio* (Vol. I, pp. 653-672). Murcia: Universidad de Murcia.
- Jiménez, F. (2003). Construyendo escenarios, promoviendo aprendizajes: las situaciones de enseñanza en la iniciación a los deportes de cooperación/oposición. En F. J. Castejón (Ed.), *Iniciación deportiva. La enseñanza y el aprendizaje comprensivo en el deporte* (pp. 55-86). Sevilla: Wanceulen.
- Jiménez, F., Navarro, V., Álvarez, A., Pardos, M., Serrano, R., y Gómez, A. (1999). De la lógica interna a la lógica didáctica. Un estudio de situaciones de enseñanza en un juego deportivo colectivo (balonmano). En P. Sáenz-López, J. Tierra y M. Díaz (Eds.), *XVII Congreso Nacional de Educación Física de Facultades de Educación* (Vol. II, pp. 777-791). Huelva: Universidad de Huelva.
- Jiménez, S. (2008). El desarrollo de la pericia en los entrenadores expertos de baloncesto. Etapas en la formación del entrenador a partir del estudio de su itinerario vi-

- tal. Tesis doctoral inédita. Universidad Polotécnica. Escuela Técnica Superior de Arquitectura, Madrid.
- Jiménez, S., y Lorenzo, A. (2007). Estrategias de formación en los entrenadores expertos de baloncesto. *Cultura, Ciencia y Deporte, 3* (7), 117-122.
- Jiménez, S., y Lorenzo, A. (2009). El mentoring como medio formativo en la educación del entrenador de baloncesto. *Revista Internacional de Ciencias del Deporte, 5*, 36-45.
- Jones, C., & Farrow, D. (1999). The transfer of strategic knowledge: a test of the games classification curriculum model. *Bulletin of Physical Education, 35* (2), 103-124.
- Jones, R. (1990). Coach-player interaction: a descriptive analysis of certified football association coaches' teaching basic technique at the youth level. *British Journal of Physical Education, Research Suplement, 7*, 6-10.
- Jones, R. (1992). Certified Football Association Coaches: Background, Training and Role Perceptions. *British Journal of Physical Education, Research Suplement, 12*, 2-6.
- Jones, R. (1996). English Football Association Preliminary Coach Certification: an investigation of youth coach and employer perceptions. *FIEP, Bulletin, 66* (3), 16-23.
- Jones, R. L., Armour, K. M., & Potrac, P. (2003). Constructing expert knowledge: A case study of a top-level professional soccer coach. *Sport, Education and Society, 8* (2), 213-229.
- Kirk, D. (1983). Theoretical guidelines for 'teaching for understanding'. *Bulletin of Physical Education, 19* (1), 41-45.
- Kirk, D. (1990). *Educación Física y currículum*. Valencia: Server de Publicacions universitat de Valencia.
- Kirk, D. (2005). Future Prospects for Teaching Games for Understanding. En L. Griffin y J. I. Butler (Eds.), *Teaching Games for Understanding. Theory, Research, and Practice* (pp. 213-227). Champaign, IL. United States of America: Human Kinetics.
- Kirk, D., & Mcdonald, D. (1998). Situated learning in physical education. *Journal of Teaching in Physical Education, 17* (3), 376-387.
- Kirk, D., & MacPhail, A. (2002). Teaching games for understanding and situated learning: rethinking the Bunker-Thorpe model. *Journal of Teaching in Physical Education, 21* (2), 177-192.
- Knapp, B. (1979). *La habilidad en el deporte*. Madrid: Miñón.
- Knorr, J. (1996). The need to rethink coaching certification. *Scholastic Coach and Athletic Director, 65*(6), 4-7.
- Konzag, I., Döbler, H., y Herzog, H.-D. (2000). *Fútbol. Entrenarse jugando. Un sistema completo de ejercicios* (3ª ed.). Barcelona: Paidotribo.
- Lago, C. (2001a). La iniciación en los juegos deportivos colectivos desde su lógica interna. *Revista de Educación Física. Renovación de Teoría y Práctica* (83), 13-19.
- Lago, C. (2001b). El proceso de iniciación deportiva en fútbol. Secuenciación de contenidos técnico-tácticos. *Training Fútbol* (66), 34-45.
- Landis, J. R., & Koch, G. G. (1977). The measurement of observer agreement for categorical data. *Biometrics, 33*, 159-174.
- Lapresa, D., Amatria, M., Eguén, R., Arana, J., y Garzón, B. (2008). Análisis descriptivo y secuencial de la fase ofensiva del fútbol 5 en la categoría prebenjamín. *Cultura, Ciencia y Deporte, 3* (8), 107-116.
- Lasierra, G. (1991). Aproximació a una proposta d'aprenentatge dels elements tàctics individuals en els esports d'equip. *Apunts: Educación Física y Deportes* (24), 59-68.
- Lasierra, G., y Lavega, P. (1993). 1015 juegos y formas jugadas de iniciación a los deportes de equipo. Barcelona: Paidotribo.

- Launder, A. G. (1993). Coach Education for the twenty first century. *Sports Coach, 16* (1), 2.
- Launder, A. G. (2001). *Play Practice. The Games Approach to Teaching and Coaching Sports*. Champaign, IL. United States of America: Human Kinetics.
- LEA. (2008). LEY DE EDUCACIÓN DE ANDALUCÍA: Fundación ECOEM. Ley 17/2007, de 10 de diciembre, de Educación de Andalucía. BOJA nº 252, 26 de diciembre de 2007.
- Le Boulch, J. (1990). La educación por el movimiento en la edad escolar. Barcelona: Paidós.
- Le Boulch, J. (1991b). El deporte educativo. Psicocinética y aprendizaje motor. Barcelona: Paidós.
- Light, R. (2005). Making Sense of Chaos: Australian Coaches Talk About Game Sense. En L. Griffin y J. I. Butler (Eds.), *Teaching Games for Understanding. Theory, Research, and Practice* (pp. 169-181). Champaign, IL. United States of America: Human Kinetics.
- Light, R. (2008). Complex learning theory - its epistemology and its assumptions about learning: implications for physical education. *Journal of Teaching in Physical Education, 27*, 21-37.
- Lillo, J. M. (2000). Consideraciones de aplicación al entrenamiento de la táctica. *Training Fútbol* (47), 8-13.
- López, M. J. (2004). Análisis comparativo de dos metodologías en iniciación deportiva a través del diario del profesor [Versión electrónica]. *Lecturas: Educación Física y Deportes, Revista Digital*, 79. Consultada el 12/03/07 en http://www.efdeportes.com/efd79/diario.htm
- López, V. (2000). El comportamiento táctico individual en la iniciación a los deportes colectivos: aproximación teórica y metodológica. En J. Díaz (Ed.), *Actas del I Congreso Nacional de Deporte en edad escolar* (pp. 425-434). Dos Hermanas (Sevilla): Excmo. Ayuntamiento de Dos Hermanas.
- López, V., y Castejón, F. J. (1998a). Técnica, táctica individual y táctica colectiva: teoría de la implicación en el aprendizaje y la enseñanza deportiva (I). *Revista de Educación Física. Renovación de Teoría y Práctica* (68), 5-9.
- López, V., y Castejón, F. J. (1998b). Técnica, táctica individual y táctica colectiva: implicación en el aprendizaje y la enseñanza deportiva (práctica) (II). *Revista de Educación Física. Renovación de Teoría y Práctica* (68), 12-16.
- Lorenzo, A., y Prieto, G. (2002). Nuevas perspectivas en la enseñanza del baloncesto [Versión electrónica]. *Lecturas: Educación Física y Deportes, Revista Digital*, 48. Consultada el 20/08/02 en http:www.efdeportes.com/efd48/ensb.htm
- MacPhail, A., Kirk, D., & Griffin, L. (2008). Throwing and catching as relational skills in game play: situated learning in a modified game unit. *Journal of Teaching in Physical Education, 27*, 100-115.
- Magill, R. A. (1998). Knowledge is more than we can talk about: implicit learning in motor skill acquisition. *Research Quarterly for Exercise and Sport, 69* (2), 104-110.
- Mahlo, F. (1981). *La acción táctica en el juego*. La Habana: Pueblo y Educación.
- Manzano, V. G., Rojas, A. J., y Fernández, J. S. (1996). *Manual para encuestadores*. Barcelona: Ariel. Practicum.
- Marcelo, C., y Parrilla, A. (1991). El estudio de casos: una estrategia para la formación del profesorado y la investigación didáctica. En AA.VV. *El estudio de caso en la formación del profesorado y la investigación didáctica*. Sevilla: Publicaciones de la universidad de Sevilla.
- Marcet, P. R. (1999). Educar a través del fútbol. *Training Fútbol* (35), 32-37.

- Marín, F. J. (2004). Capacidades y conocimientos que un entrenador de fútbol base debe poseer para la formación del joven futbolista, jugadores y directivos de la provincia de Almería. En M. A. Naharro, J. Díaz, R. Varela, S. Romero, J. P. Sanchís, J. Roca, J. M. Lara, F. Carrasco, A. Aliaga y F. J. Monrové (Eds.), *Congreso Nacional de Deporte en edad Escolar, «Deporte y Educación»* (pp. 399-409). Dos Hermanas (Sevilla): Patronato Municipal de Deportes.
- Martin, R. J. (2004). An investigation of tactical transfer in invasion/territorial games. *Research Quarterly for Exercise and Sport, 75* (1, Supl.), A-73-74.
- Martin, S. B., Dale, G. A., & Jackson, A. W. (2001). Youth coaching preferences of adolescent athletes and their parents. *Journal of Sport Behavior, 24* (2), 197-212.
- Martínez, R., Molinero, O., Jiménez, R., Salguero, A., Tuero, C., y Márquez, S. (2008). La motivación para la práctica en la iniciación al fútbol: influencia de la edad/categoría competitiva, el tiempo de entrenamiento y la relación con el entrenador. *Apunts: Educación Física y Deportes, 93*, 46-54.
- Martínez, H. F. (2001). Fútbol: caracterización de los modelos de enseñanza. Una oportunidad para el aprendizaje significativo [Versión electrónica]. *Lecturas: Educación Física y Deportes, Revista Digital*, 36. Consultada el 29/08/02 en http:www.efdeportes.com/efd36/futbols1.htm
- Martínez, J. (1995). Estructura ocupacional del deporte en España. Encuesta de los sectores de entrenamiento, docencia, animación y dirección. En *Estructura ocupacional y mercado de trabajo en el deporte. Investigaciones en ciencias del deporte (icd), nº 4* (pp. 77-128). Madrid: M.E.C. C.S.D.
- Martínez, C. (1996). Hockey. La actividad física y deportiva extraescolar en los centros educativos. Madrid: MEC.
- Martínez, O., y Gil, J. (2001). El parámetro «responsables» en el sistema deportivo de Aragón. En Diputación General de Aragón, *Cuadernos técnicos del deporte nº 32. XIX seminario aragonés «municipio y deporte». El parámetro «responsables» en el sistema deportivo de Aragón* (pp. 11-68). Caspe (Zaragoza): Diputación General de Aragón.
- Martínez, F. (2002). El cuestionario. Un instrumento para la investigación de las ciencias sociales. Barcelona: Laertes psicopedagogía.
- McCullick, B. A., Belcher, D., & Schempp, P. G. (2005). What works in Coaching and Sport Instructor Certification Programs? The Participants' View. *Physical Education and Sport Pedagogy, 10* (2), 121-137.
- Mckernan, J. (1996). *Investigación-acción y currículum*. Madrid: Morata.
- McMorris, T. (1998). Teaching Games for Understanding: its contribution to the knowledge of skill acquisition from a motor learning perspective. *European Journal of Physical Education, 3* (1), 65-75.
- McNamee, M. (1992). La enseñanza para la comprensión en los juegos deportivos: una revisión crítica. En J. Devís y C. Peiró (Eds.), *Nuevas perspectivas curriculares en Educación Física: la salud y los juegos modificados* (pp. 237-247). Barcelona: INDE.
- Medina, J. (1997). Propuesta de intervención didáctica para la enseñanza del fútbol. En M. Díaz, F. J. Giménez y P. Sáenz-López (Eds.), *El deporte escolar. Curso de formación de Educación Física en la escuela* (pp. 111-117). Huelva: Universidad de Huelva.
- Medina, J. (1999). El estudio del conocimiento práctico como mejora de las prácticas de enseñanza del profesor de Educación Física. Propuestas de formación. En A. Sierra, J. Tierra y M. Díaz (Eds.), *Formación del profesorado de Educación Física* (pp. 129-142). Huelva: Servicio de publicaciones de la Universidad de Huelva.
- Medina, M. P. (2006). Los equipos multiculturales en la empresa multinacional. Tesis doctoral [Versión electrónica]. Consultada en http//www.eumed.net/tesis/2006/mpmb/.

- Memmert, D., & König, S. (2007). Teaching Games in Elementary Schools. *International Journal of Physical Education, XLIV* (2), 54-67.
- Méndez, A. (1999a). Modelos de enseñanza deportiva. Análisis de dos décadas de investigación [Versión electrónica]. *Lecturas: Educación Física y Deportes, Revista Digital*, 13. Consultada el 12/02/07 en http://www.efdeportes.com/efd13/amendez.htm
- Méndez, A. (1999b). Efectos de la manipulación de las variables estructurales en el diseño de juegos modificados de invasión [Versión electrónica]. *Lecturas: Educación Física y Deportes, Revista Digital*, 16. Consultada el 09/04/08 en http://www.efdeportes.com/efd16/juegosm1.htm
- Méndez, A. (2000). Análisis comparativo de las técnicas de enseñanza en la iniciación al «floorball» patines. *Apunts: Educación Física y Deportes* (59), 68-79.
- Méndez, A. (2004). Técnicas de enseñanza en la iniciación al baloncesto. Barcelona: INDE.
- Metzler, M. W. (1990). Teaching in competitive games-not just playin' around. *Journal of Physical Education, Recreation and Dance, 61* (8), 57-61.
- Miles, M., & Huberman, A. (1984). *Qualitative data analysis*. London: Sage Pub.
- Mills, B. D., & Dunlevy, S. M. (1997). Coaching certification: What's out there and what needs to be done? *International Journal of Physical Education, 34*, 17-26.
- Ministerio de Educación y Ciencia. (1990). LEY ORGÁNICA 1/1990, de 3 de octubre, de Ordenación General del Sistema Educativo: BOE de 4 de octubre de 1990.
- Ministerio de Educación y Ciencia. (1994). REAL DECRETO 594/1994, de 8 de abril, sobre enseñanzas y títulos de los Técnicos Deportivos: BOE nº 102 de 29 de abril de 1994.
- Ministerio de Educación y Ciencia. (1997). REAL DECRETO 1913/1997, de 19 de diciembre, por el que se configuran como enseñanzas de régimen especial las conducentes a la obtención de titulaciones de técnicos deportivos, se aprueban las directrices generales de los títulos y de las correspondientes enseñanzas mínimas: BOE nº 20, de 23 de enero de 1998.
- Ministerio de Educación y Cultura (1999). Orden de 5 de julio de 1999 por la que se completan los aspectos curriculares y los requisitos generales de las formaciones en materia deportiva a las que se refiere la disposición transitoria primera del Real Decreto 1913/1997, de 19 de diciembre: BOE nº 167 de 14 de julio.
- Ministerio de Educación y Ciencia. (2000). REAL DECRETO 320/2000, de 3 de marzo, por el que se establecen los títulos de Técnico Deportivo y Técnico Deportivo superior en las especialidades de Fútbol y Fútbol Sala, se aprueban las correspondientes enseñanzas mínimas y se regulan las pruebas y los requisitos de acceso a estas enseñanzas: BOE nº 76, de 29 de marzo de 2000.
- Ministerio de Educación, Cultura y Deporte (2002). Orden ECD/3310/2002, de 16 de diciembre, por la que se regulan los aspectos curriculares, los requisitos generales y efectos de la formación en materia deportiva, a los que se refiere la disposición transitoria primera del Real Decreto 1913/1997, de 19 de diciembre: BOE nº 312, lunes 30 de diciembre.
- Ministerio de Educación y Ciencia. (2006). REAL DECRETO 1513/2006, de 7 de diciembre, por el que se establecen las enseñanzas mínimas de la Educación Primaria: BOE nº 293, de 8 de diciembre de 2006.
- Ministerio de Educación y Ciencia. REAL DECRETO 1363/2007, de 24 de octubre, por el que se establece la ordenación general de las enseñanzas deportivas de régimen especial. En: B.O.E. nº 268, de 8 de noviembre de 2007.

- Mitchell, S. A. (1996). Tactical approaches to teaching games. Improving invasion game performance. *Journal of Physical Education, Recreation and Dance, 67* (2), 30-33.
- Mitchell, S. A., & Oslin, J. L. (1999). An investigation of tactical understanding in net games. *European Journal of Physical Education* (4), 162-172.
- Mitchell, S. A., Griffin, L. L., & Oslin, J. L. (1995). An analysis of two instructional approaches to teaching invasion games. *Research Quarterly for Exercise and Sport, 66* (1), A-65-66.
- Mitchell, S. A., Oslin, J. L., & Griffin, L. L. (1995). The effects of two instructional approaches on game performance. *Pedagogy in Practice: Teaching and Coaching in Physical Education and Sports, 1* (1), 36-48.
- Mitchell, S. A., Oslin, J. L., & Griffin, L. L. (2006). *Teaching sport concepts and skills* (2ª ed.). Champaign, IL. United States of America: Human Kinetics.
- Morcillo, J. A. (2004a). Orientaciones para la creación de situaciones de enseñanza-aprendizaje. *Fútbol. Cuadernos Técnicos* (29), 27-48.
- Morcillo, J. A. (2004b). El desarrollo profesional del entrenador de fútbol base centrado en el trabajo colaborativo en un club amateur. Tesis Doctoral inédita. Universidad de Granada, Granada.
- Morcillo, J. A., Cano, O. P., y Martínez, D. (2006). El valor de lo invisible. Fundamentación y propuesta de organización y entrenamiento específico de fútbol [Versión electrónica]. *Lecturas: Educación Física y Deportes, Revista Digital*, 92. Consultada el 12/03/07 en http://wwwefdeportes.com/efd92invisib.htm
- Morcillo, J. A., y Moreno, R. (1999a). Propuesta de estructuración y secuenciación de los medios técnico-tácticos, y modelo de clasificación de las tareas de enseñanza en fútbol. *Revista de Entrenamiento Deportivo, Tomo XIII* (3), 19-24.
- Morcillo, J. A., y Moreno, R. (1999b). Necesidad de una enseñanza planificada del fútbol y propuesta de clasificación de las tareas de enseñanza entrenamiento. En P. Sáenz-López, J. Tierra y M. Díaz (Eds.), *XVII Congreso Nacional de Educación Física de Facultades de Educación* (Vol. II, pp. 862-871). Huelva: Universidad de Huelva.
- Morcillo, J. A., Cano, O. P., Maldonado, R. A., y Nuñez, F. J. (2001). Aproximación a la utilización de medios específicos de entrenamiento en la enseñanza del fútbol [Versión electrónica]. *Lecturas: Educación Física y Deportes, Revista Digital*, 39. Consultada el 19/08/08 en http://www.efdeportes.com/efd39/mf1.htm
- Moreno, M. I. (1997). La formación básica del entrenador deportivo en la edad escolar. En M. A. Delgado (Ed.), Formación y actualización del profesorado de Educación Física y del entrenador deportivo. Experiencias en formación inicial y permanente (pp. 197-203). Sevilla: Wanceulen.
- Moreno, P., Fuentes, J. P., Del Villar, F., Iglesias, D., y Julián, J. A. (2003). Estudio de los procesos cognitivos desarrollados por el deportista durante la toma de decisiones. *Apunts: Educación Física y Deportes* (73), 24-29.
- Moreno, F. J., Oña, A., y Martínez, M. (1999). Habilidades motoras abiertas y su aprendizaje. *Habilidad Motriz* (13), 9-16.
- Moreno, R., y Morcillo, J. A. (2001). Aprender a entender el juego: el modelo comprensivo en el entrenamiento de fútbol. *Training Fútbol* (62), 24-40.
- Mosston, M. (1988). *La enseñanza de la educación física*. Barcelona: Paidós.
- Muniesa, A., Sáenz-Benito, J. L., y Rodríguez, M. (1997). El parámetro «responsables» en el sistema deportivo aragonés. En Diputación General de Aragón, *Cuadernos técnicos del deporte nº 25. XIV seminario aragonés «municipio y deporte». El parámetro responsables en el sistema deportivo aragonés* (pp. 13-50). Teruel: Diputación General de Aragón.

- Murillo, P. (2006). La profesión docente en la sociedad actual. En F. Larrosa y Mª D. Jiménez (Eds.), *Análisis de la profesión docente* (pp. 45-62). Alicante: Ediciones CAM. CEE Limencop.
- Murillo, P. (2007). Nuevas formas de trabajar en la clase: metodologías activas y colaborativas. En F. Blanco (Ed.), *El desarrollo de competencias docentes en la formación del profesorado* (pp. 129-154). Madrid: M.E.C. Colección Conocimiento Educativo.
- Nash, C., & Collins, D. (2006). Tacit Knowledge in Expert Coaching: Science or Art? *Quest, 58*, 465-477.
- Nelson, L. J., Cushion, C. J., & Potrac, P. (2006). Formal, Nonformal and Informal Coach Learning: A Holistic Conceptualisation. *International Journal of Sports Sciences & Coaching, 1* (3), 247-259.
- Nevett, M., Rovegno, I., Babiarz, M., & McCaughtry, N. (2001). Chapter 6. Changes in basic tactics and motor skills in an invasion-type game after a 12-lesson unit of instruction. *Journal of Teaching in Physical Education, 20* (4), 352-369.
- Nevett, M., Rovegno, I., & Babiarz, M. (2001). Chapter 8. Fourth-grade children's knowledge of cutting, passing and tactics in invasion games after a 12-lesson unit of instruction. *Journal of Teaching in Physical Education, 20* (4), 389-401.
- Nieto, T. (1998/99). El educador-entrenador en el fútbol base. En *Primeras jornadas sobre los valores humanos y técnicos en el deporte*: Madrid: Área de deportes de Las Rozas.
- Novak, J. D. (1988). El constructivismo humano: hacia la unidad en la elaboración de significados psicológicos y epistemológicos. En R. Porlán, E. García y P. Cañal (Eds.), *Constructivismo y enseñanza de las ciencias* (pp. 33-40). Sevilla: Díada.
- Nuviala, A. (1997). Iniciación a los deportes de equipo mediante el juego. En F. J. Giménez y P. Sáenz-López (Eds.), *El deporte escolar* (pp. 75-83). Huelva: Universidad de Huelva.
- Nuviala, A. (2003). Las escuelas deportivas en un entorno rural aragonés. El caso del Servicio Comarcal Ribera Baja. Zaragoza: Gobierno de Aragón.
- Nuviala, A., León, J. A., Gálvez, J., y Fernández, A. (2007). Qué actividades deportivas escolares queremos. Qué técnicos tenemos [Versión electrónica]. *Revista Internacional de Medicina y Ciencias de la Actividad Física y el Deporte*, 25. Consultada el 21/05/07 en http://cdeporte.rediris.es/revista/revista25/arttecdeport39.htm
- O'Connor, A., & MacDonald, D. (2000). The World According to a Teacher... or is that a Coach? The Shifting Identities of a Secondary Phys Ed'. *ACHPER Healthy Lifestyles Journal, 47*, 32-37.
- Oslin, J. L. (1996). Tactical approaches to teaching games. *Journal of Physical Education, Recreation and Dance, 67* (1), 27.
- Palacios, L. (2000). La entrevista. En G. Edel. *Manual teórico-práctico de investigación social. (Apuntes preliminares)* (pp. 99-108). Buenos Aires: Espacio editorial.
- Pardo, A., y Ruiz, M. A. (2002). *SPSS 11. Guía para el análisis de datos*. México: McGraw-Hill.
- Parlebas, P. (1988). *Elementos de sociología del deporte*. Málaga: Unisport.
- Parlebas, P. (1996). Perspectivas para una Educación Física moderna. Cuadernos Técnicos del Deporte, nº 25. Málaga: IAD.
- Parra, M., López, M., Carreño, E. P., y Rovira, M. (2002). Iniciación deportiva-iniciación para la vida. *Habilidad Motriz* (19), 47-53.
- Pascual, F. (1997). Planteamientos de entrenamiento físico-técnico-táctico globalizado en el fútbol actual. Economía de objetivos y contenidos de entrenamiento en el fútbol actual. *Training Fútbol* (12), 28-33.

- Petersen, S. C. (1992). The sequence of instruction in games: implications for developmental appropiateness. *Journal of Physical Education, Recreation and Dance, 63* (6), 36-39.
- Piaget, J. (1979). *El nacimiento de la inteligencia*. Madrid: Aguilar.
- Pino, J., Vegas, G., y Moreno, M. I. (2001). La formación conceptual del deportista en los deportes de equipo en la fase de iniciación [Versión electrónica]. *Lecturas: Educación Física y Deportes, Revista Digital*, 41. Consultada el 19/08/06 en http://www.efdeportes.com/efd41/inic.htm
- Pintor, D. (1989). Objetivos y contenidos de la formación deportiva. En Antón (Ed.), *Entrenamiento deportivo en la edad escolar. Bases de aplicación* (pp. 153-185). Málaga: Unisport.
- Placek, J. H., & Griffin, L. L. (2001). Chapter 9. Understanding and development of learner's domain-specific knowledge: concluding comments. *Journal of Teaching in Physical Education, 20* (4), 402-404.
- Ponce, F. (2006). La eficacia de la utilización de una técnica de enseñanza mediante indagación o búsqueda en la mejora de la comprensión y toma de decisiones, en futbolistas de categoría infantil, frente a una técnica de enseñanza mixta [Versión electrónica]. *Lecturas: Educación Física y Deportes, Revista Digital*, 101. Consultada el 21/05/07 en http://www.efdeportes.com/efd101/futbol.htm
- Ponce, F. (2007). Análisis de diversas investigaciones realizadas en torno a la aplicación de varios modelos de enseñanza-aprendizaje en el ámbito deportivo [Versión electrónica]. *Lecturas: Educación Física y Deportes, Revista Digital*, 106. Consultada el 06/03/07 en http:www.efdeportes.com/efd106aplicación-de-varios-modelos-de-enseñanza-apren...
- Quinn, R. W., & Carr, D. B. (1998). The Instructional design Process in Coaching Education: The Development of the U.S. Soccer National Youth Coaching License. *Applied Research in Coaching and Athletics Annual, 13*, 32-49.
- Read, B. (1992). El conocimiento práctico en la enseñanza de los juegos deportivos. En J. Devís y C. Peiró (Eds.), *Nuevas perspectivas curriculares en Educación Física: la salud y los juegos modificados*. Barcelona: INDE.
- Read, B., y Devís, J. (1990). Ensenyament dels jocs Esportius: un canvi D'enfocament. *Apunts: Educación Física y Deportes* (22), 51-56.
- Reverter, J., Mayolas, C., Adell, L., y Plaza, D. (2009). La competición deportiva como medio de enseñanza en los centros educativos de primaria. *Retos. Nuevas Tendencias en Educación Física, Deporte y Recreación, 16*, 5-8.
- Rezende, A., y Hiram, V. (2004). Métodos de estudo das habilitades táticas (4): abordagem comparativa entre modelos de ensino técnico e tático [Versión electrónica]. *Lecturas: Educación Física y Deportes, Revista Digital*, 75. Consultada el 16/03/07 en http://www.efdeportes.com/efd75/tatica.htm
- Richard, J.-F., & Wallian, N. (2005). Emphasizing student engagement in the construction of game performance. En L. Griffin y J. I. Butler (Eds.), *Teaching Games for Understanding. Theory, Research, and Practice* (pp. 19-32). Champaign, IL. United States of America: Human Kinetics.
- Rieder, H., y Fischer, G. (1990). *Aprendizaje deportivo. Metodología y didáctica*. Barcelona: Ediciones Martínez Roca, S. A.
- Riera, J. (1994). Aprendizaje de la táctica deportiva. *Revista de Psicología del Deporte* (5), 111-124.
- Rink, J. E. (1996). Tactical and skill approaches to teaching sport and games: introduction. *Journal of Teaching in Physical Education, 15* (4), 397-398.

- Rink, J. E. (2001). Investigating the assumptions of pedagogy. *Journal of Teaching in Physical Education, 20* (2), 112-128.
- Rink, J. E., French, K. E., & Graham, K. C. (1996). Implications for practice and research. *Journal of Teaching in Physical Education, 15* (4), 490-502.
- Rink, J. E., French, K. E., & Tjeerdsma, B. L. (1996). Foundations for the learning and instruction of sport and games. *Journal of Teaching in Physical Education, 15* (4), 399-417.
- Robles, J. (2008). Tratamiento del Deporte dentro del Área de Educación Física durante la Etapa de Educación Secundaria Obligatoria en la Provincia de Huelva. Tesis Doctoral. Universidad de Huelva, Huelva.
- Rodríguez, J. Mª. (1995). *Formación de profesores y prácticas de enseñanza. Un estudio de caso*. Huelva: Servicio de Publicaciones de la Universidad de Huelva.
- Rodríguez, J. Mª. (1997). Bases y estrategias de formación permanente del profesorado. Huelva: Hergué.
- Rodríguez, L., Díaz, F. J., y Nájera, M. M. (2001). Formación de valores en la educación física [Versión electrónica]. *Lecturas: Educación Física y Deportes, Revista Digital*, 37. Consultada el 29/08/07 en http://www.efdeportes.com/efd37/valores.htm
- Rodríguez, G., Gil, J., y García, E. (1996). *Metodología de la investigación cualitativa*. Málaga: Aljibe, S. L.
- Rodríguez, C. (1994). La entrevista psicológica. En J. M Delgado y J. Gutiérrez. *Métodos y técnicas cualitativas de investigación en ciencias sociales* (pp. 241-258). Madrid: Síntesis psicológica.
- Romero, C. (1997). Una nueva perspectiva de iniciación al fútbol en la escuela. *Training Fútbol* (16), 28-38.
- Romero, C. (2005). Un modelo de entrenamiento en el fútbol base desde una visión didáctica [Versión electrónica]. *Lecturas: Educación Física y Deportes, Revista Digital*, 80. Consultada el 12/03/07 en http://www.efdeportes.com/efd80futbol.htm
- Romero, S. (1999). El deporte educativo, fracaso de la enseñanza pública. *Élide, revista Anaya de Didáctica de la Educación Física* (1), 20-28.
- Rovegno, I., & Bandhauer, D. (1997). Psychological dispositions that facilitated and sustained the development of knowledge of a constructivist approach to physical education. *Journal of Teaching in Physical Education, 16* (2), 136-154.
- Rovegno, I., & Kirk, D. (1995). Articulations and silences in socially critical work on physical education: toward a broader agenda. *Quest, 47*, 447-474.
- Rovegno, I., Nevett, M., & Babiarz, M. (2001). Chapter 5. Learning and teaching invasion-game tactics in 4th grade: introduction and theoretical perspective. *Journal of Teaching in Physical Education, 20* (4), 341-351.
- Rozengardt, R. (2006). El deporte como herramienta educativa [Versión electrónica]. *Lecturas: Educación Física y Deportes, Revista Digital*, 97. Consultada el 09/03/07 en http://www.efdeportes.com/efd97/deporte.htm
- Ruiz, L. M. (1994). Deporte y aprendizaje. Procesos de adquisición y desarrollo de habilidades. Madrid: Visor.
- Ruiz, L. M. (1998). La variabilidad en el aprendizaje deportivo [Versión electrónica]. *Lecturas: Educación Física y Deportes, Revista Digital*, 11. Consultada el 09/04/07 en http://www.efdeportes.com/efd11a/lmruiz.htm
- Ruiz, L. M. (1999). Rendimiento deportivo, optimización y excelencia en el deporte. *Revista de Psicología del Deporte, 8* (2), 235-248.
- Rupert, T., & Buschner, C. (1989). Teaching and Coaching: A comparison of Instructional Behaviors. *Journal of Teaching in Physical Education, 9*, 49-57.

- Sabock, R. J., & Chandler-Garvin, P. B. (1986). Coaching certification. United States requeriments. *Journal of Physical Education, Recreation and Dance, 57* (6), 57-59.
- Sáenz-López, P. (1997). La educación física y su didáctica. Manual para el Profesor. Sevilla: Wanceulen.
- Sáenz-López, P. (2000). El maestro principiante de Educación Física. Análisis y Propuestas de Formación Permanente durante sus primeras experiencias. Huelva: Servicio de publicaciones de la Universidad de Huelva.
- Sáenz-López, P., y Giménez, F. J. (1997). Baloncesto educativo en primaria. En F. J. Giménez y P. Sáenz-López (Eds.), *El deporte escolar* (pp. 119-133). Huelva: Universidad de Huelva.
- Sáenz-López, P., y Giménez, F. J. (2000). Diseño, selección y evaluación de las tareas motrices en Educación Física [Versión electrónica]. *Lecturas: Educación Física y Deportes, Revista Digital,* 21. Consultada el 09/03/07 en http://www.efdeportes.com/efd21/tareasm.htm
- Sage, G. H. (1989). Becoming a high school coach: From playing sports to coaching. *Research Quarterly for Exercise and Sport, 60* (1), 81-92.
- Sáinz, P. M. (2002). Orientaciones metodológicas para el entrenamiento de los fundamentos tácticos en el fútbol base desde la perspectiva de la psicología cognitiva. *Training Fútbol* (76), 24-33.
- Sainz, P., Llopis, L., y Ortega, E. (2005a). Metodología global para el entrenamiento (I). *Fútbol. Cuadernos Técnicos* (34), 47-58.
- Sainz, P., Llopis, L., y Ortega, E. (2005b). Metodología global para el entrenamiento (II). *Fútbol. Cuadernos Técnicos* (35), 47-58.
- Sampedro, J. (1999a). Fundamentos de táctica deportiva. Análisis de la estrategia de los deportes. Madrid: Gymnos.
- Sampedro, J. (1999b). La inteligencia motriz deportiva. *Revista de Educación Física Gymnos, II* (5), 4-8.
- Sánchez, F. (1992). Bases para una didáctica de la educación física y el deporte. Madrid: Gymnos.
- Sánchez, M., y Carmona, J. (2004). *Materiales para la docencia. Análisis de datos con SPSS 12*. Huelva: Universidad de Huelva. Servicio de Publicaciones.
- Sans, A., Frattarola, C., y Sagrera, S. (1999). La etapa de iniciación del joven futbolista. *Training fútbol* (46), 26-46.
- Sarasa, J. (2002). Tareas motrices en el fútbol y aplicación de recursos para mejorar la técnica. *Training Fútbol* (76), 1-23.
- Saura, J. (1996). *El entrenador en el deporte escolar*. Lleida: Institut d' Estudis Ilerdencs.
- Schmidt, R. A. (1975). A schema theory of discrete motor skill learning. *Psychological Review, 82* (4), 225-260.
- Seirul·lo, F. (1999a). Criterios modernos de entrenamiento en el fútbol. *Training Fútbol* (45), 8-17.
- Seirul·lo, F. (1999b). Valores educativos del deporte. En D. Blázquez (Ed.), *La iniciación deportiva y el deporte escolar* (pp. 61-75). Barcelona: INDE.
- Seirul·lo, F. (2005). Línea general de trabajo para el fútbol como deporte de equipo. *Training Fútbol* (109), 26-33.
- Sibson, A. (1992). An approach to games teaching for the National Curriculum. *British Journal of Physical Education, 23* (2), 15-17.
- Siedentop, D. (2002). Sport education: a retrospective. *Journal of Teaching in Physical Education, 21* (4), 409-418.

- Sierra, R. (1982). *Técnicas de investigación social. Teoría y ejercicios*. Madrid: Paraninfo.
- Singer, R. N. (1986). *El aprendizaje de las acciones motrices en el deporte*. Barcelona: Hispano Europea, S. A.
- Singer, R. N., & Chen, D. (1994). A classification scheme for cognitive strategies: implications for learning psychomotor skills. *Research Quarterly for Exercise and Sport, 65* (2), 143-151.
- Sisley, B. L., & Wiese, D. M. (1987). Current status: Requirements for interscholastic coaches. Results of NAGWS/NASPE coaching certification survey. *Journal of Physical Education, Recreation and Dance, 58* (7), 73-85.
- Smith, M. D. (1991). Utilizing the games for understanding model at the elementary school level. *Physical Educator, 48* (4), 184-187.
- Solana, A. M. (2004). La actuación docente de los entrenadores en el fútbol. *Training Fútbol* (101), 32-43.
- Sousa, R. M., & Bandeira, M. A. (1994). Knowledge of results precision and learning: a review. *Revista de Psicología del Deporte* (6), 23-34.
- Spackman, L. (1983). Invasion games: an instructional strategy. *British Journal of Physical Education, 19* (1), 98-99.
- Spackman, L. (1985). Guidelines for practice in the teaching of games. En C.O.N.I. Scuola dello Sport (Ed.), *Teaching Team Sports. International Congress* (pp. 209-215). Roma, 1983: C.O.N.I. A.I.E.S.E.P.
- Stewart, C. C., & Sweet, L. (1992). Professional preparation of high school coaches: The problem continues. *Journal of Physical Education, Recreation and Dance, 63* (6), 75-79.
- Stoddart, P. (1985). Teaching for understanding in games... Does it really work? *Bulletin of Physical Education, 21* (7), 29-34.
- Strean, W. B. (1995). Youth sport contexts: Coaches' perceptions and implications for intervention. *Journal of Applied Sport Psychology, 7*, 23-37.
- Strean, W. B., & Holt, N. L. (2000). Coaches', Athletes', and parents' perceptions of fun in youth sports: assumptions about learning and implications for practice. *Avante, 6* (3), 83-98.
- Sweeney, M. M., & Everitt, A. L. (2002). Teaching games for understanding: what undergraduate students think. *Research Quarterly for Exercise and Sport, 73* (1), A-83.
- Sweeting, T., & Rink, J. E. (1999). Effects of direct instruction and environmentallly designed instruction on the process and product characteristics of a fundamental skill. *Journal of Teaching in Physical Education, 18* (2), 216-233.
- Tabernero, B., Márquez, S., y Llanos, C. (2002). Elementos a analizar en el proceso de iniciación deportiva. *Retos. Nuevas tendencias en Educación Física, Deporte y Recreación* (3), 9-15.
- Taylor, J. A., y Bogdan, R. (1986). *Introducción a los métodos cualitativos de investigación*. Barcelona: Paidós.
- Terry, C. E. (2004). Instrumentos de evaluación para conocer el nivel técnico-tactico en jugadores escolares de fútbol. *Training Fútbol* (95), 24-33.
- Thomas, J. R., y Nelson, J. K. (2007). *Métodos de investigación en actividad física*. Barcelona: Paidotribo.
- Thorpe, R. (1992). La comprensión en el juego de los niños: una aproximación alternativa a la enseñanza de los juegos deportivos. En J. Devís y C. Peiró (Eds.), *Nuevas perspectivas curriculares en Educación Física: la salud y los juegos modificados* (pp. 185-207). Barcelona: INDE.

- Thorpe, R., & Bunker, D. (1982). From theory to practice: two examples of an understanding approach to the teaching of games. *Bulletin of Physical Education, 18* (1), 9-15.
- Thorpe, R., & Bunker, D. (1983). Issues that arise when preparing to teaching for understanding. *Bulletin of Physical Education, 19* (1), 9-11.
- Thorpe, R., & Bunker, D. (1985). A new approach to the teaching of games in physical education curriculum. En C.O.N.I. Scuola dello Sport (Ed.), *Teaching Team Sports. International Congress* (pp. 229-238). Roma, 1983: C.O.N.I. A.I.E.S.E.P.
- Tinning, R. (1998). Coaching kids in 'new times': Thoughts on sport pedagogy, coaching and physical education. *Sport Coach, 2*, 568-590.
- Trepat, D. (1999). La educación en valores a través de la iniciación deportiva. En D. Blázquez (Ed.), *La iniciación deportiva y el deporte escolar* (pp. 95-112). Barcelona: INDE.
- Turner, A. P. (1996). Teaching for understanding: myth or reality. *Journal of Physical Education, Recreation and Dance, 67* (4), 46-55.
- Turner, A. P. (2005). Teaching Learning Games at the Secondary Level. En L. Griffin y J. I. Butler (Eds.), *Teaching Games for Understanding. Theory, Research, and Practice* (pp. 71-89). Champaign, IL. United States of America: Human Kinetics.
- Turner, A. P., & Martinek, T. J. (1992). A comparative analysis of two models for teaching games (tecnique approach and game-centered (tactical focus) approach). *International Journal of Physical Education, 29* (4), 15-31.
- Turner, A. P., & Martinek, T. J. (1995). Teaching for understanding: a model for improving decision making during game play. *Quest, (Champaign, III), 47* (1), 44-63.
- Turner, A. P., & Martinek, T. J. (1999). An investigation into teaching games for understanding: effects on skill, knowledge, an games play. *Research Quarterly for Exercise and Sport, 70* (3), 286-296.
- Valero, A. (2005). Análisis de los cambios producidos en la metodología de la iniciación deportiva. *Apunts: Educación Física y Deportes* (79), 59-67.
- Vázquez, M. L., y Ferreira, M. R. (2006). Análisis de los datos cualitativos. En M. L. Vázquez (Ed.), *Introducción a las técnicas cualitativas de investigación aplicadas a la salud*. Barcelona: Universitat Autònoma de Barcelona. Servei de Publicacions.
- Velázquez, R. (2002). Sobre las reglas de juego y sobre su valor educativo y didáctico en la iniciación deportiva escolar [Versión electrónica]. *Lecturas: Educación Física y Deportes, Revista Digital*. Consultada el 29/06/07 en http://www.efdeportes.com/efd45/juego.htm
- Vegas, G. (2006). *Metodología de enseñanza basada en la implicación cognitiva del jugador de fútbol base. Tesis Doctoral*. Universidad de Granada, Granada. Consultada el 11/08/09 en http://hera.ugr.es/tesisugr/16164465.pdf
- Viciana, J. (1999a). La planificación del deporte escolar en el currículo de Educación Física. Los factores de progresión en las tareas, la motivación y la continuidad en la práctica extracurricular [Versión electrónica]. *Lecturas: Educación Física y Deportes, Revista Digital*, 16. Consultada el 19/03/07 en http://www.efdeportes.com/efd16/planif.htm
- Viciana, J. (1999b). La programación e intervención didáctica en el deporte escolar (I). La técnica de enseñanza. *Apunts: Educación Física y Deportes* (56), 10-16.
- Viciana, J., y Delgado, M. A. (1999). La programación e intervención didáctica en el deporte escolar (II). Aportaciones de los diferentes estilos de enseñanza. *Apunts: Educación Física y Deportes* (56), 17-24.

- Wallhead, T. L., & Deglau, D. (2004). Effect of a tactical games approach on student motivation in physical education. *Research Quarterly for Exercise and Sport, 75* (1), A 83-84.
- Wein, H. (1995). Fútbol a la medida del niño. Un óptimo modelo de formación como clave de futuros éxitos. Madrid: CEDIFA. RFEF.
- Wein, H. (1998). Hacia una óptima progresión en las competiciones formativas del fútbol base. *Training Fútbol* (33), 24-33.
- Wein, H. (1999). Fútbol a la medida del adolescente. Programas formativos para desarrollar y mejorar su capacidad de juego. Sevilla: CEDIFA. FAF. Diputación de Sevilla.
- Wein, H. (2002). ¿Qué es más importante en el fútbol de los niños y jóvenes, buscar la victoria o una óptima formación del joven talento? Aspectos que ayudan para tomar una decisión, porque una cosa excluye casi siempre la otra [Versión electrónica]. *Lecturas: Educación Física y Deportes, Revista Digital*, 45. Consultada el 19/08/08 en http://www.efdeportes.com/efd45/form.htm
- Wein, H. (2005a). Requisitos necesarios para la formación de jugadores creativos. *Training Fútbol* (118), 24-29.
- Wein, H. (2005b). Metodología de entrenamiento en el fútbol base. *Training Fútbol* (113), 8-15.
- Wein, H. (2007). Winning Vs. player development. *Succes in Soccer, 10* (1), 41-43.
- Weineck, J. (1988). Entrenamiento óptimo. Cómo lograr el máximo rendimiento. Barcelona: Hispano Europea.
- Werner, P. H. (1989). Teaching games. A tactical perspective. *Journal of Physical Education, Recreation and Dance, 60* (3), 97-101.
- Werner, P. H., & Almond, L. (1990). Models of games education. *Journal of Physical Education, Recreation and Dance, 61* (4), 23-27.
- Werner, P. H., Thorpe, R., & Bunker, D. (1996). Teaching games for understanding: evolution of a model. *Journal of Physical Education, Recreation and Dance, 67* (1), 28-33.
- Werthner, P., & Trudel, P. (2006). A new theoretical perspective for understanding how coaches learn to coach. *The Sport Psychologist, 20*, 198-212.
- Whiting, H. T. A. (1989). Aplicaciones del aprendizaje motor al deporte. En *Actas del III Congreso Nacional de Psicología de la Actividad Física y del Deporte* (pp. 51-64). Pamplona: Departamento de Educación y Cultura, Gobierno de Navarra.
- Woodman, L. (1993). Coaching: a science, an art, an emerging profession. *Sport Science Review, 2* (2), 1-13.
- Wulf, G., & Weigelt, C. (1997). Instructions about physical principles in learning a complex motor skill: to tell or not to tell... *Research Quarterly for Exercise and Sport, 68* (4), 362-367.
- Yagüe, J. M. (1997). Modelos de intervención en el entrenamiento del fútbol. *Training Fútbol* (16), 22-27.
- Yagüe, J. M. (1998). El trabajo colaborativo como estrategia de formación permanente del entrenador de fútbol. Tesis doctoral inédita. Valladolid. Facultad de Educación, Valladolid.
- Zabala, M., Viciana, J., y Lozano, L. (2002). La planificación de los deportes en la educación física de E.S.O. [Versión electrónica]. *Lecturas: Educación Física y Deportes, Revista Digital*, 48. Consultada el 08/11/07 en http://www.efdeportes.com/efd48/eso.htm

ANEXOS

ANEXO 1. CUESTIONARIO

CUESTIONARIO SOBRE EL PERFIL Y EL GRADO DE FORMACIÓN DE LOS ENTRENADORES/AS DEL FÚTBOL BASE DE LA PROVINCIA DE HUELVA

Estimado compañero/a, estamos estudiando el perfil y el grado de formación de los entrenadores/as del fútbol base de las Escuelas Deportivas de la provincia de Huelva, así como las necesidades y demandas que éstos/as presentan. De esta manera, le estaríamos muy agradecidos si contestara al cuestionario que le adjuntamos. Recuerde que éste es totalmente **ANÓNIMO**, por lo que le rogamos la máxima sinceridad. Sin más, aprovechamos la ocasión para mandarle un saludo y agradecerle de antemano su colaboración.

SEÑALE CON UNA "X" LA CASILLA CORRESPONDIENTE.

1. Género:

Hombre	
Mujer	

2. Edad:

Menos de 20 años	
Entre 21 y 30 años	
Entre 31 y 40 años	
Entre 41 y 50 años	
Más de 50 años	

3. ¿Cuál es su actividad PRINCIPAL?

Amo/a de casa	
Estudiante	
Jubilado/Pensionista	
Parado/a	
Trabajador/a. Indique en qué trabaja.	

4. ¿Qué MÁXIMA TITULACIÓN académica posee QUE HAYA COMPLETADO?

Sin estudios	
Estudios primarios completos, certificado escolar	
Formación Profesional	
Estudios secundarios, bachillerato o B.U.P. y C.O.U.	
Diplomado en Educación Física	
Licenciado en Educación Física	
Diplomado y Licenciado en Educación Física	
Otros estudios universitarios de grado medio	
Otros estudios universitarios de grado superior	
Doctor	

5. ¿Cuántos años LLEVA ENTRENANDO en el fútbol base (niños/as entre los 6 y los 16 años)?

Entre 0 y 2 años	
Entre 3 y 5 años	
Entre 6 y 8 años	
Entre 9 y 11 años	
Más de 11 años	

6. LA/S CATEGORÍA/S en la/s que entrena es/son:

Pre-benjamín	
Benjamín	
Alevín	
Infantil	
Cadete	

7. ¿Posee el título de entrenador/a de otro/s deporte/s distinto al fútbol?

Sí	
No	

¿De qué deporte/s?

8. ¿Ha sido o es JUGADOR/A FEDERADO/A DE FÚTBOL? Si contesta negativamente, pase a la pregunta número 10.

Sí, he sido jugador de fútbol federado	
Sí. Y aún juego como federado	
No	

9. ¿Cuál ha sido la MÁXIMA CATEGORÍA en la que ha jugado?

Categorías inferiores	
Regional	
Regional preferente	
Tercera división	
Segunda división *"B"*	
Segunda división *"A"*	
Primera división	

10. ¿Qué MÁXIMA TITULACIÓN de fútbol posee? Si contesta ninguna, pase a la pregunta número 28.

Ninguna	
Curso de Iniciación Aspirante a Técnico Deportivo de Fútbol	
Entrenador/a de fútbol de Primer nivel	
Entrenador/a de fútbol de Segundo nivel	
Entrenador/a de fútbol de Tercer nivel	

¿Qué IMPORTANCIA cree que tienen los SIGUIENTES ASPECTOS en relación con la LABOR DEL ENTRENADOR/A DE FÚTBOL BASE? (Señale el 5 al lado del aspecto o aspectos más importantes, el 4 al lado del siguiente o siguientes en importancia, y así hasta llegar al 1, el cual ha de corresponder al aspecto o aspectos menos importantes según su opinión).

ASPECTOS	1	2	3	4	5
11. Tener el título de entrenador/a de fútbol					
12. Haber sido jugador/a federado/a de fútbol					
13. Formación deportiva					
14. Formación académica					
15. Enseñar/educar a otras personas					
16. Realizar cursos, jornadas, etc. de Educación Física y de Deportes					
17. Realizar cursos, jornadas, etc. de fútbol					
18. Leer libros y revistas de Educación Física y de Deportes					
19. Leer libros y revistas de Fútbol					
20. Ver partidos y entrenamientos de fútbol					

21. ¿Qué CONTENIDOS DEL CURSO DE ENTRENADORES/AS de fútbol que hayas realizado han sido los que más le han servido para entrenar en el fútbol base? Conteste según su grado de acuerdo o desacuerdo.

Variable	Muy en desacuerdo	En desacuerdo	De acuerdo	Muy de acuerdo
Técnica individual y colectiva				
Preparación física				
Seguridad deportiva				
Metodología de la enseñanza y del entrenamiento del fútbol				
Táctica y sistemas de juego				
Reglas del juego				
Dirección de equipos				
Desarrollo profesional				
Bases anatómicas y fisiológicas del deporte				
Bases psicopedagógicas de la enseñanza y del entrenamiento				
Entrenamiento deportivo				
Fundamentos sociológicos del deporte				
Organización y legislación del deporte				
Primeros auxilios e higiene en el deporte				
Teoría y sociología del deporte				

A CONTINUACIÓN, CONTESTE (MARCANDO CON UNA «X» LA CASILLA CORRESPONDIENTE) A LAS SIGUIENTES MANIFESTACIONES **SEGÚN SU OPINIÓN PERSONAL.**

MANIFESTACIONES	Muy en Desacuerdo	En desacuerdo	De acuerdo	Muy de acuerdo
22. Pienso que el tiempo empleado en el curso de entrenadores/as es suficiente para entrenar en el fútbol base				
23. Creo que los contenidos recibidos durante el curso de entrenadores/as son suficientes para entrenar en el fútbol base				
24. Opino que algunos de los contenidos tratados durante el curso de entrenadores/as me han servido de muy poco para entrenar a mis jugadores/as				
25. Creo que la parte más importante del curso de entrenadores/as fue la práctica				
26. Pienso que tanto la teoría como la práctica, fueron importantes en el curso de entrenadores/as				
27. En general, pienso que los profesores que tuve en el curso de entrenadores/as me enseñaron mucho				
28. Creo que el entrenador de fútbol base ha de estar al día en su formación				
29. Habitualmente suelo hacer cursos, jornadas, etc. para estar al día				
30. Normalmente, los cursos, jornadas, seminarios, etc. que se ofertan no son de mi interés				
31. Creo que con mi experiencia diaria es suficiente para estar al día				
32. Suelo intercambiar opiniones, experiencias, etc. con otros compañeros/as entrenadores/as para completar mi formación				
33. Habitualmente leo libros, revistas, etc. para continuar formándome				

34. En mi opinión, el fútbol es un medio a través del cual puedo educar a mis jugadores/as				
35. Para mí, los resultados obtenidos por mi equipo en las competiciones son muy importantes				
36. La competición es un aspecto más en la formación deportiva de los jugadores/as				
37. Considero que lo primordial es que los jugadores/as se diviertan practicando el fútbol				
38. A través del fútbol podemos enseñar valores como la solidaridad, la cooperación, el *"juego limpio"*, etc.				
39. Suelo utilizar con más frecuencia métodos de enseñanza directivos				
40. Suelo utilizar con más frecuencia métodos de enseñanza basados en el descubrimiento				
41. Habitualmente dispongo de campo, porterías y balones de fútbol para entrenar				
42. Normalmente utilizo, además de campo de fútbol, de otras instalaciones deportivas (gimnasio, pista polideportiva, etc.)				
43. Suelo disponer de material deportivo no específico de fútbol (picas, aros, etc.)				
44. Usualmente utilizo, al menos, un balón de fútbol por pareja				
45. Suelo programar la temporada antes de que comience				
46. Suelo programar el trabajo cada mes				
47. Programo el trabajo cada semana				
48. Programo el trabajo diariamente				
49. Habitualmente trabajo los medios técnico-tácticos con oposición				
50. Suelo dar más prioridad a los aspectos técnico-tácticos que a los físicos				

51. Habitualmente utilizo una metodología basada en el juego				
52. Empleo las mismas actividades, juegos, etc. para todos mis jugadores/as				
53. Suelo centrar mi enseñanza en los contenidos procedimentales (saber jugar al fútbol)				
54. Suelo centrar mi enseñanza en los contenidos conceptuales (conocer reglas, sistemas de juego, etc.)				
55. Suelo centrar mi enseñanza en los contenidos actitudinales (saber comportarse correctamente, *"juego limpio"*, etc.)				
56. Los jugadores/as asisten normalmente a los entrenamientos				
57. Me resulta fácil motivar a los jugadores/as				
58. Habitualmente controlo fácilmente los entrenamientos				
59. Tengo claro los contenidos que he de trabajar en estas edades				
60. Los objetivos que me planteo en estas edades son fundamentalmente educativos				
61. Los objetivos que me planteo en estas edades son fundamentalmente competitivos				
62. Los objetivos que me planteo en estas edades son fundamentalmente recreativos				
63. Realizo una evaluación inicial de los jugadores/as al comienzo de la temporada				
64. A partir de esa evaluación realizo la programación				
65. Evalúo sólo al final de la temporada				
66. Utilizo la competición como un medio de aprendizaje para mis jugadores/as				

67. Creo que la competición en estas edades de iniciación está adaptada a las características psicoevolutivas de los jugadores/as				
68. Creo que todos los jugadores han de participar en las competiciones, independientemente del resultado				
69. Habitualmente, mantengo relaciones amistosas con mis jugadores/as				
70. Normalmente, suelo mantener relaciones cordiales con los padres de los jugadores/as				
71. Usualmente intercambio conocimientos, experiencias, etc. con otros entrenadores/as de fútbol				
72. Los monitores/as-entrenadores/as, dentro del club o colegio donde entrenamos, solemos trabajar en grupo				
73. Entrenar en el fútbol base me reporta una gran satisfacción				
74. Me gustaría tener más tiempo para dedicárselo a la enseñanza del fútbol				
75. En un futuro, mi intención es terminar entrenando en categorías superiores				

76. Actualmente, ¿POR QUÉ SE DEDICA A ENTRENAR? Señale con una "X" su grado de acuerdo o desacuerdo.

Variable	Muy en desacuerdo	En desacuerdo	De acuerdo	Muy de acuerdo
Por motivos económicos				
Porque me gusta entrenar y enseñar				
Por motivos profesionales				
Porque es mi profesión				
Otro/s. Indique cuál/es:				

77. ¿Cree que PODRÍA MEJORAR su formación como entrenador/a del fútbol base?

Sí	
No	

78. En este momento, ¿está dispuesto a SEGUIR FORMÁNDOSE?

Sí	
No	

79. Exprese su GRADO DE ACUERDO O DESACUERDO, según su disposición, para **SEGUIR FORMÁNDOSE** como entrenador/a de fútbol a través de la realización de...

Variable	Muy en desacuerdo	En desacuerdo	De acuerdo	Muy de acuerdo
Cursos, jornadas, seminarios				
Reflexión sobre la propia práctica				
Ver a otros compañeros/as entrenar				
Lectura de libros, revistas específicas de fútbol				
Lectura de libros, revistas relacionadas con el entrenamiento deportivo				
Grupos de trabajo entre entrenadores/as de fútbol				
Visionado y análisis de partidos y entrenamientos de fútbol en video				
Otro/s: indique cuál/les				

80. En el supuesto de que tuviera que realizar un SEMINARIO DE FORMACIÓN, exprese su grado de acuerdo o desacuerdo con los CONTENIDOS O TEMAS concretos sobre los que **LE GUSTARÍA PROFUNDIZAR.**

Variable	Muy en desacuerdo	En desacuerdo	De acuerdo	Muy de acuerdo
Técnica individual y colectiva				
Preparación física				
Seguridad deportiva				
Metodología de la enseñanza y del entrenamiento del fútbol				
Táctica y sistemas de juego				
Reglas del juego				
Dirección de equipos				
Desarrollo profesional				
Bases anatómicas y fisiológicas del deporte				
Bases psicopedagógicas de la enseñanza y del entrenamiento				
Entrenamiento deportivo				
Fundamentos sociológicos del deporte				
Organización y legislación del deporte				
Primeros auxilios e higiene en el deporte				
Teoría y sociología del deporte				
Otro/s. Indique cuál/es				

ANEXO 2. ENTREVISTA

PRESENTACIÓN

Estimado compañero/a, estamos realizando una investigación sobre la formación de los entrenadores/as de fútbol base, cuyo principal **objetivo es profundizar en aspectos relacionados con** el perfil, la experiencia, la formación inicial y permanente, la concepción de enseñanza, la metodología, cuestiones personales y necesidades de formación de los entrenadores de fútbol base. En este sentido nos gustaría que usted, **como EXPERTO**, nos ayudara a comprender mejor todas estas cuestiones. Le recuerdo que la entrevista es totalmente **ANÓNIMA**.

1. ¿Qué importancia cree usted que tiene el entrenador/a de fútbol base en la iniciación deportiva?
2. ¿Qué motivos cree usted que llevan al entrenador/a de fútbol base a dedicarse a la enseñanza del fútbol?
3. ¿Cuál cree usted que es el perfil del entrenador/a de fútbol base? ¿Cuál debería ser?
4. ¿En qué medida cree usted que afecta el hecho de tener experiencia como entrenador/a en el fútbol base?
5. Si relacionamos la experiencia y las categorías en las que se entrena, ¿en qué categorías cree usted que deberían entrenar los entrenadores/as con más experiencia? ¿Por qué?
6. ¿Qué importancia le da usted a la formación de los entrenadores/as de fútbol base? ¿en qué categorías cree usted que deberían entrenar los entrenadores/as con más formación? ¿Por qué?
7. Hemos detectado que muchas de las personas que se dedican a entrenar en el fútbol base no tienen el título de entrenador/a, y que también muchos de ellos tienen solo el titulo de Iniciación Aspirante a Técnico Deportivo de Fútbol, ¿qué opina usted de esto?
8. Respecto a los estudios académicos relacionados con la E. F. (TAFAD, MEF o LDO EF.), ¿cómo cree usted que influyen en la labor del entrenador/a de fútbol base?
9. En cuanto al curso de entrenadores/as de fútbol base (grado medio: Primer nivel), ¿qué aspectos cree usted que son de utilidad? Y ¿Cuáles han de mejorar?
10. ¿Qué importancia cree usted que tiene la formación permanente para el entrenador/a de fútbol base? ¿Qué estrategias de formación (cursos, jornadas, intercambio de experiencias, etc.), considera más adecuadas para este colectivo?

11. ¿Qué importancia cree usted que le dan los entrenadores/as de fútbol base a la competición? ¿En qué medida actualmente la competición está adaptada a las características psicoevolutivas de los niños/as?
12. Según su opinión, ¿qué tipo de objetivos deberían primar en la iniciación al fútbol? ¿Cuáles cree usted que predominan en la enseñanza actual del fútbol? ¿Por qué?
13. ¿Qué tipo de métodos de enseñanza cree usted que predomina en la iniciación al fútbol? ¿Cuáles cree usted que deberían utilizarse con mayor frecuencia?
14. ¿Qué opina usted de la utilización de juegos reducidos, modificados o comprensivos en la enseñanza del fútbol?
15. ¿Qué importancia tiene para usted programar y evaluar la enseñanza del fútbol base? ¿Cree usted que se lleva a cabo en la realidad? ¿Por qué?
16. En general, ¿qué contenidos considera usted claves en la formación de los entrenadores/as de fútbol base?

www.ingramcontent.com/pod-product-compliance
Lightning Source LLC
Chambersburg PA
CBHW062126160426
43191CB00013B/2212